法文化への夢

千葉正士

法文化への夢

✾✾✾

学術選書
148
法社会学

信山社

はしがき

法学の中で人間の居場所はどこか、それを探す夢に誘われて私は研究人生を始めた。法哲学で習った法理論はドイツ流に精緻かつ堅固で隙があるとは見えなかったが、田舎育ちの私の心はこれに疑念を抱き社会の中の人間を夢に求めた。最初は日本村落の慣行法で神社と祭りに学区制度、ついでアジアひいて非西欧の伝統法、その理解のために社会学的紛争理論と人類学的未開法、進んで人類とくに非西欧の固有法、さらに後にはスポーツ法および時間制、等々とテーマは移り変わったが、実は法文化の花園に紛れこんでいた。専門細分化を本旨とする近代科学としては上のどのテーマも有意義なのでそれぞれの成果は得られたが、文化は寸断され一研究者の学問的関心としては自分でも散漫むしろ自己分裂であり、それだけにひたすら夢をまさぐっていたのだが正体はわからないでいた。

しかし世界の学界はさすがに事実に気づき、前世紀の末に法文化に総合テーマとして着眼し今やその真を証明しつつある。そこで私の夢は現実となり主題も判然となった。すなわち、西欧文化に彩られた法文化に対して、まず非西欧の諸法文化を確認し、次いで両者を総合する人間の法文化を、法学として樹立することである。研究に歩んだ旅路で産んだ成果はすべてそれを探る試行錯誤であったとようやく自分も納得する気になった。してみると、上記の諸専門的テーマからは外れているので残された諸論稿が、やはり花園のどこかで匂っていていいとおしい。それらには、論文のほか研究報告もエッセイもあり形は不揃いを免れないが皆発表されており、各テーマは別々でもこの総合テーマの中ならばどこかに居場所がある。そう思って纏めた論集が本書である。

したがって本書は、総合テーマの広い花園からすれば組織性を欠くが、なお意味があろうと私は期待している。何よりも花園の広さと奥深さを示唆して有志のさらなる夢を誘うであろうことは学界に訴えてもよかろうし、法を法だけでなく人間と社会＝文化の中で理解しようとする意図は法理論家には検討してもらいたいし、最初は未知のテーマを探ろうとする学問研究の旅路の一先例としては研究生活を始めた若い諸君を激励するかもしれないからである。

そういうことを自分から言おうとは思っていなかったが、最近関係学界の環境が変わり私が自制するよりむしろ自分を大方の検討・批判にさらす方がよいかと思い始めた。環境の変化とは、日本では、法人類学とスポーツ法学が徐々に浸透し角田猛之君が理論を安田信之君がアジア法学をそれぞれ先導して、法文化研究が進み、世界では、国際法人類学会に法社会学界も応じて非西欧法研究が開けていたところ、二〇〇三年になって私の理論をケルゼンの根本規範に類比する書評が現れ（Feest 2003）ロー・アンド・ソサイエティ・アソシエーションが私の業績を顕彰して（宮澤二〇〇三）、非西欧法が一段と脚光を浴びたこと、法学の脇道とばかり諦めていた私の研究が本道からも認められたことである。本書はその道程を記し、長い間研究と編集出版に私を応援してきた内外の学友に感謝の念を表すものである。

二〇〇三年一二月

千葉正士

「はしがき」に添えて

大塚　滋

『法文化への夢』と題された本書の著者である千葉正士先生は、二〇〇九年一二月に逝去された。享年九〇歳であった。本書は、国内外に向けて多くの著書論文を発表され続けてきたその千葉先生が、亡くなる六年前の二〇〇三年一二月に発行するべく準備されていたが、様々な事情から初校段階で中断されたまま、出版元である信山社に保存されていたものである。そこから既に一一年以上が、先生が他界されからも五年ほどが経過しているが、この著書の存在を私たち、すなわち、本書の「あとがき」の執筆者角田猛之とこの『はしがき』に添えて」の執筆者大塚滋が知ったのは、本年、角田が中心となって企画した千葉先生の追悼論文集と全集の刊行について、他の編集委員数名とともに信山社で協議している場であった。

それを知ったこの編集委員会は、眠っていた本書を公刊することも、これまで準備してきた一連の千葉正士先生追悼プロジェクトの一環に加えることが相応しくかつ必要であると考え、迷わず、中断していたその校正作業を再開し、ここに出版の運びとなった次第である。なお、校正は角田と大塚が担当した。

本書の内容は、初出が一九八五年から二〇〇三年までの既発表論文、エッセイ等であるが、それらは三部に分けられ、各部の冒頭に先生ご自身の簡潔な解説が添えられている。本書をまとめた趣旨を述べた「はしがき」とこれらの解説、そして再録にあたって多くの章に付された補注等を読んでいくと、本書は最晩年を迎えられた千葉先生が私たち次世代そして次々世代の研究者たちに伝え残そうとされた法文化論の学問的遺言に他ならないのではないかとの思いを強く持つようになった。

先生ご自身の表現を借りれば、これまで、「法文化への夢」を追い求めてきた折々での報告や論文執筆の機会をご自分に与えてくれた多くの「学友」たちに対する感謝と、ご自分が生涯かけて求め続けて、漸く現実のものとなり始めた「夢」をさらに確固たるものにする努力を「後続の有志」に期待し、彼らを激励することばに満たされているからである。おそらく千葉先生はご自身でもこの「夢」の追求を継続したかったであろうと想像する。しかし、傘寿を超えた老学者は、自らの老躯に鞭を打つよりは、同志の学友たちと、確実に育ち始め、そして自立し始めたご自分の学問的子供たちに同じ夢の実現を託す道を選んだのだと思われる。だから本書は、法文化学者千葉正士が半世紀以上にわたり積み上げてきた赫々たる学問的相続財産と、それにもかかわらず手をつけられずに残され後続に委ねられた課題の目録となっているのである。

私的なことになるが、千葉先生は二〇〇六年のある時、比較的近隣に在住の私大塚と北村隆憲に、遺影として使うべき写真を添えて、ご自分の「遺言書」のコピーを手渡して下さった。自分が死去したときのために、これを読んで準備をしておいてくれ、ということだった。突然のことで、私たちは何と応答すべきか困惑し、言われるがままにその遺言書を受け取り、読ませていただいた。

それは「公式遺言書（要録）」と「私的遺言」の二部分からなっており、後者の日付は二〇〇三年三月、二〇〇六年八月補正となっていた。前者は省くが、後者は実に周到なもので、Ⅰ．基本方針、Ⅱ．当面の措置、Ⅲ．権利関係、Ⅳ．残されたM子（奥様）が死去の場合、の四項目があり、さらに末尾には、メモ：基本資料と題された資料が添付されていた。そこには、まず、ご本人および奥様の簡単な履歴が記載された上で、法定相続人、親戚、特別関係者の氏名住所、財産、遺言信託先、公的関係の届け先と処置、私的関係の通知先が詳細に列記されていた。最後の通知先については、「通知は、大塚、北村両君に委託して事後にする」と付記されてあった。私たちに遺言書のコピーを渡された理由はここにあった。

この遺言書を最初に認められた二〇〇三年三月はまさに本書の出版準備をされていた時期であったが、同じ三月には『法と時間』を上梓され、さらに同年から東海法学誌上では毎号のように「夢の旅路の拾い物」シリーズを連載されるなど、相変わらず旺盛な執筆活動を続けておられた。二〇〇六年ごろは確かに耳が少し遠くなられていたが、我が恩師の死は弟子にとって少しも現実的なことではなかったために、その時以来、先生の遺言書の写しは先生の矍鑠としたお姿の写真とともに私の机の引出しの奥にしまったきりになったのである。

しかし、本書を目にした今になって思うことであるが、先生は二〇〇三年頃から、私的な身辺整理だけでなく、学問的な身辺整理にも着手されていたわけである。

ところで、この遺言書の通知先リストには、国内の関係者、学会などの他に、ISA Research Committee on Socioligy of Law, Oñati IISL, IUAES Commission on Folk Law and Legal Pluralism, Sociologia del diritto, Droit et Société といった国際的な研究機関、そして、ポーランドの A. Kojder 氏、フランスの A.-J. Arnaud 氏、イギリスの G.R. Woodman 氏と W.F. Menski 氏、オーストラリアの P.G. Sack 氏、ドイツの J. Feest 氏と T. Raiser 氏といった外国の研究者の名前が並んでいた。千葉先生は、英語での複数の著書論文の発表、国際学会での報告などを通じて国際的に活発な活躍をされ、大変高い評価をも獲得した、わが国では稀有な研究者であったことは改めて言うまでもないだろう。これらの機関、研究者のうちの多くは本書の中でも何度か言及されているが、とりわけ個人研究者にあっては、先生は、単にアカデミックな交流関係だけでなく、プライベートにも親しく交友関係を結んでいたことが見て取れた。

一九八七年夏、神戸において、法哲学・社会哲学国際学会連合（IVR）の第一三回世界会議が開催された。この、わが国で、いや東洋で初めて開催されるIVR世界会議に合わせて、千葉先生は、これまで知遇を受けた国内外の多くの研究者に声をかけてパーティーを開いた。「千葉パーティー」と称されたこの気さくで和やかな集まりには錚々たる学者たちが集まったが、冒頭に先生がホストとして歓迎の挨拶をしている時、遅れてやってきたのか後ろの方にいた赤ら顔の男性が、先生を大きな声で「Masaji!」と呼びながら、先生の真面目だがやや堅苦しい英語のスピーチに笑顔で合いの手を入れていた。それはNiklas Luhmannであった。

この時私は、世界的に著名な社会学者ともファーストネームで呼び合う関係を先生が築き上げてこられていたことに大きな感動を覚えたことを今でもありありと思い出す。先生は、弟子たちが思う以上に〈世界のChiba〉であったのである。言うまでもなくそれは、先生の着実な国際的活動のみならず、その真摯な学問的な姿勢と誠実な人格が先生に与えた尊称である。

本書を読んだ多くの若き学者たちが、この〈世界のChiba〉の相続人となってくださることを願って、本書を世に送ることとする。

二〇一五年二月

目次

第二部　法文化――人類社会に実在する

法文化への夢

序章　夢は呼ぶ、非西欧法へと(1)

一

夢は実現するものだ、ただし最初のとは多少とも違った形で。

と思うようになったのは数年前のことで、それが年とともにだんだん強くなり、ごく最近ではこうはっきりと人前で言ってもいいかなと思うようにまでなった。その一番大きなきっかけとも言ってよいものが、今回の、滞在たった二日のスペインとんぼ返り旅行である。

と書き始めたのは、一九八九年五月二二日、成田飛行場で出発便を待つ間である。冒頭の感慨はもちろん自分個人のものだが、夢が夢みられてから今一つの形で実現することの自分史が、実は世界における法社会学の発展展開をごく一面からだが語るものであり、そして他方でそのなまなましい実際を知るすべもない若い世代の研究者がふえているから、記しておけば参考にしてもらえることがあるかもしれないと思って書き始めた次第である。

夢は実現するものだなと最初にぼんやりと感じたのは、もう一〇年以上も前のことだろう。フト気がつくとそう思い始めていた。

そのころ、私の法社会学のテーマが、自然のように、アジア法に収斂しつつあった。一九六五年アメリカのミネソタ大学に留学に行った時は、私のそれまでの法社会学は日本を素材とするものだったが、研究生活のおそらくはちょうど半ばのその時期に、自分の学問を変えようと考えた。一つには、あたかもその折に戦後社会科学の大きな発展を背景として世界にさきがける新しい方法を開拓しつつあったアメリカの法社会学を吸収し、わけても「法と紛争」の社会理論を探ること（結果は千葉一九八〇）だった。

もう一つは、素材を世界に求めとくに学界に知られることの少なかったアジア・アフリカを注視するとともに、これに適用する方法は近代社会の学である社会学ではたりないので文化と未開社会の学である人類学を学ぶことだった。そのころカリフォルニア大学のフィリップ・セルズニクとともにアメリカで法社会学を推進していたアーノルド・M・ローズ（シウォーツ一九六八を参照）と、すでに国際学界で最も指導的な法人類学者として活動していたE・アダムソン・ホーベル（千葉＝中村訳一九八四「訳者あとがき」参照）と、二人がいたことが、私がミネソタ大学を選んだ理由であった。

この留学一年の間に私の得たものは大きかった。その一つ法人類学については、日本では当時から見ても四〇年も前のマリノフスキーだけで代表されていたこの学問に、英米ではその後の人類学者たちが多くの業績をあげていたことを知って、私は目をみはった。まずその研究の状況と成果を正確に知ることが、帰国後第一の私の仕事となった。その文献を集めるには苦労したが一応法人類学の歴史と現状ができた（千葉一九六九）ころ、目標は二つにわかれた。一は、外国の業績を学ぶだけで終ってはならず、進んでこれを十分に消化応用しさらにできれば外国に自分の成果をうちだすことであった。これが一つの夢となった。

つぎは、目をみはったほどの欧米の成果にも次第にスキが見えてきたので、そのスキをつくことであった。スキの最大のものは、感心した業績は大部分が人類学の手法によるものだったので、対象がいわゆる未開社会の慣習法に限られ、それを現に包みこんで働いているはずの国家法が無視されていることであった。他方、英米の法社会学者には、未開社会ないし前近代社会をみむきもしない傾向が強かった。非西欧諸国における国家法下の未開法——これが、追求すべき二つ目の夢を与えた。

二　この夢を育てる機会が訪れた。一九七三年、イギリスのケンブリッジ大学で開かれた国際法社会学会の年次会議のさいに、七〇年にワルシャワを訪問したことから親しくなっていたアダム・ポドグレツキ副会長から、大変なことをささやかれた。それは、一九七五年の同学会の年次会議を日本で開催しないかという打診だった。私は、最初はむしろ動転した。自分と数少ない専門の法社会学者はもちろんのこと、他の分野の法学者を含めて、純粋の国際的法学会を日本が主催した例を私は知らず、要するに国際学会を主催する能力と資格が日本にあるとは思われなかった。何よりも、この学会における私の先輩、川島武宜教授と十分に打合せる必要があり、返答を留保するほかなかった。

　この雲をつかむような話を積極的に考えようという空気は、日本にはなかった。情況からすればそれが当然であった。しかし、このままこの話を返上することが私には惜しかった。もし日本がこれを開催できれば、日本としては、外国で行われる時にはごく少数の運にめぐまれた者だけしか参加できないのと違い、望む者はだれでも参加し刺戟を直接に受ける国際会議が可能だし、来日の外国学者としては、興味があるはずの日本で非西欧の文化と歴史をはだで感ずる絶好の機会となるはずである。

　それに、実現の可能性はないわけではないと、私には思われた。第一にこの会議の組織については、二つの問題のうち一つの、取扱うテーマの選択と報告者の選定ひいてプログラムの作成は、とくに言葉と通信の不便さからして日本では無理と思われるので、これは学会の本部に任せればよい。他の、会議の運営とそのための事前の準備と事後の後始末については、私もこの学会のほかいくつか他の国際学会に出席した経験からして大すじは心得ていたし、何よりも経験ゆたかな国際文化会館の事務的援助をうけられる見通しがえられた。費用も、日本学術振興会とユネスコ国内委員会などから少しずつ集められる見通しが立った。

結局、川島教授を長とする組織準備委員会（のちに組織委員会）ができ、私が事務局長として、この国際会議を引受けることになった。ところがこれを決定する段になって、ユネスコ国内委員会の人との折衝中にもらされたその希望を、私は忘れることができなかった。それは、ユネスコとしては至って当然の考えで、要するに途上国援助を、そして学界でもその少し前までかなり勢の上っていたAA研究を重視することだった。これをうけて、組織委員会は、「開発途上国の法」をその会議の一テーマとして採択しその報告者も当方が推薦することを、学会の本部に提案した。学会の理事会はただちにこれをうけいれ、それに加えユネスコ本部も日本委員会の提案によりAA諸国から四名の専門家を招く旅費を出してくれる手配も整えられた。

こうして、この会議が開催されたその記録は、千葉他一九六五―六六。これには国際法社会学会にとって初めてのことが重なった。第一に欧米から外に出たことは言うまでもないが、第二として非西欧の法に関するテーマが取り上げられたことも、第三に日本はさておき非西欧出身の専門家が少ないとはいえ一グループとして参加したことも、日本からの提案の結果だった。このために、その準備の二年間に経験した苦労は大変だったが、終ってみるとその結果が私のつぎの機会を生んでくれることとなった。

その最初は、この会議に参加した四人のAA学者のうち一人はオランダ出身の人類学者だったが、インド・スリランカ・エジプトから来てくれた他の三人の法学者とは初対面のときから意気の投合することを感じていたので、会議後に折衝を重ねた結果、イランとタイとからも新たに一人ずつを誘って計六名の共同研究を始めることにしたことである。これが、日本を加えてアジア文化圏の諸国を対象とし、一九七七年発足、一九八六年完成の『アジア固有法――移植法との相互影響』（Chiba 1986）である。

その企画を相談していたころ、国際法社会学会の事務局長（現会長）ジャン・ファン・ウト教授からの、一九七八年ウプラサの年次会議で「現代法と伝統法」の部会を組織しないかとの誘いが、第二の機会として訪れた。この誘いはうれしかった。幸い、前記七五年の会議以後、非西欧法について私の知ったことも、知りあった専門研究者もふえていたので、一も二もなく承諾した。組織の趣旨を書き報告者を選んで交渉し、会議の後、報告を二つの外国雑誌に掲載してもらうための交渉は楽ではなかったが、これもできた。(2)

以上二つと違い第三の機会は日本人学者との共同研究であった。これはやり易いだろうと思っていたが、実は案外にてこずり、一九七八年発足のものが一九八八年になってやっと完成した（千葉編一九八八）。これは、前記『アジア固有法』研究と同じ理論的前提に立つ、その姉妹編である。てこずった理由は、私の見通しの甘さがもとだったろうが、そもそも共同研究を効率的に遂行するには、その理論的前提ひいて作業仮説が明快で共同者に徹底していること、そして共同者のチームワークが円滑なことが、必要とされる。その前提とチームワークのできている者の共同ならば比較的容易であり効率もいいが、この共同研究はチーム作りから着手という状況だったから、長くかかったのもやむをえまい。ほんとうは、このチームが次の仕事にかかればよりよい仕事が効率的にできると信ずるのだが、自分には年齢的にこれをやる自信のないことが残念である。

三　こうした自然の成行きで、私はあきらかに、アジア固有法を、自分の法社会学、というよりは法人類学の中心テーマとすることになっていた。このころに、夢は実現するものかなと、最初に思いつくことがあった。きっかけは、私が一九四三年一〇月東北大学大学院に入学した時の研究テーマが「大東亜共栄国の慣習法」だったことを、偶然の機会に思いだしたことにあった。

私の大学院志望は法哲学の研究であったが、きびしい戦時下に閑学問と見えるテーマは許されない。特別研究生として採用されたのでもあるし、そのころの周囲にうけいれられるテーマをとらざるをえなかった。かと言って国策のお先棒をかつぐことなどできず、考えた結果が、当時八紘一宇の日本法の下にまつらうべきと言われていたアジア各地に、固有の慣習法が根づいていることを言いたかったのでこのテーマを定めたと、今は理解している。その思いはよしとしても、科学的な研究書を入手もできず、まして現地調査など及びもつかないのにこのようなテーマを選んだことは、実は無謀であった。十分な成果など出るはずがない。幸か不幸か、大学院修了二年のまじかに終戦となり、このテーマも、形式的な報告書を出しただけで終りとすることができた。そして以後は、自分にとって新しい学問が始まった。

と思って、そのテーマを忘れることもなく忘れて約四半紀後に、これを突然に思いだしたのである。学問の前半生に日本を素材とする法社会学を追っていたのを、後半生に入ってから法人類学に向きを変えアジア固有法にテーマを集中してきたと知った時、まず自分の学問はこれで一つの前進をしたように感じた。だが同時に、大学院時代のかつてのテーマをも思いおこし、そして愕然とした。それは、新しいテーマにたどりつくような前進をしたかとひそかに喜んだことは、実はさにあらず、単に振り出しに戻っただけで、つまりは前進などしていなかった証拠ではないか。この不安感におそわれて愕然としたのである。

ほんとうはそうであるのかもしれない。しかし、四半世紀間に進歩が何もなかったということは、おかしい。そうだとしたらむしろはなはだ残念なことだから、どこかに進歩のあとがないかと、負け惜しみかもしれないけれども考えざるをえなかった。その結果、二つの理由から進歩はあったと思いたかった。ただし、それを自分だけの言いわけでなく仲間の学者からも認められるものでなければならないから、そのことを自分の今後の努力目標にするという条件づきである。その理由とは、対象がアジアの慣習法だけでなく非西欧全体さらに全世界の固有法に及んでおり、したがって問題も世界の多元的法体制に発展していること、および、幸いにしてこの問題に関しては世界の同学の友人たちを仲間として持てるようになったことである。

それを実現することが努力目標であったわけだが、今回のスペイン旅行は、それが実現されたことの一つと言ってよさそうに思われ、その全面的な実現にはまだ先があるはずだとしても、実証という責任をとりあえず一つは果たすことになるという安心感を与えてくれるものであった。と過去形で書いたのは、このあたりから帰国数日後に書いているからである。

四　戦後社会科学の急速な発展と国際化の中で、やる気のある社会科学者が理想とする新しい形の研究所が少しずつ生れてきた。私が知っているものに、たとえば、ミシガン大学の紛争解決研究センターがあった。これは、ケネス・E・ボールディングの名に代表されるもので、研究会議・機関誌・研究所活動を通じて新しい紛争研究を促進した功は大きい（千葉一九八〇、二四―三二頁参照）。スタンフォードの高度科学研究センターも、世界から研究者を集め各自のテーマの研究・執筆に必要なサービスを提供し名著を何冊も世に送りだした。イタリー・コモ湖畔の古城を利用したアメリカ・ロックフェラー財団の研究・会議センターは、それと似た機能を果たすが環境の点で一層優っている（千葉一九八一）。

私の属している国際社会学会も、できればそれに類する常設の研究所はほしいのだが、そんなことは夢のまた夢なので、希望としても話に出ることさえなかった。そこに、まったく突然、夢でも出なかったほどの話が降ってわいてきた。昨年（一九八八年）の秋、スペインのバスク自治政府がそのための施設と予算を提供してくれるというのである。学会の幹部は異議なくこれを受け入れてその開設の準備を進め、さる五月二四日の開所式にこぎつけた。

バスク地方は、スペイン北部に位置し、古くから、今も公認されているバスク語と、原語でペロタとよばれる球戯のハイアライとで代表される、独立精神旺盛な地域で、フランコ総統時代には抑えられていたが、現代では自治政府を組織していて伝統の誇りを守っている。その政府が、小さな古都のオニャティの遊休状態にあったアンティグア大学の旧施設を改装し、予算をつけて、この研究所を誘致したのである。スペイン政府がオリンピックや万国博覧会を開いて自国の国際的高揚をはかるのと似て、こちらは、それよりは小さいが別の国際的事業を企画したのである。

行ってみると、オニャティは、バスクを代表する北岸の商都サンセバスチァンから、自動車で一時間余、盆地の中の小市である。研究所は、中世の僧院風の四角の建物の内部を完全に改装したものである。図書室・研究室・会議室はもちろん、いずれ食堂・宿泊施設も完備し、世界の研究者がいつでも自由に会して語りあう場所として運営されるはずで、研究所自体もセミナーや会議を組織し、会報・雑誌を発行する計画をたてている。その所長に招かれ運営の最高責任を任されたのが、フランスの国立科学研究センターとの兼任だがこちらを主とするという、アンドレ=ジャン・アルノオ教授である（北村＝千葉一九八七参照）。

そのアルノオ所長が突然に電話をよこし、私に、その開所式に出席し多元的法体制を主題とする記念講演をせよ、というのである。こういうことは、欧米では大変名誉なことであり、私にその依頼があろうなどとは、夢にも考えていなかったので、最初は当然答えに窮した。しかし、かれの話は熱心であり、この機会にぜひ私に非西欧法と世界の多元的法体制のことを話させたいのだと言う。そうきくと、これこそ努力目標を実現できる一つの場だと言ってよさそうである。そう考えて承諾してしまった。

アルノオ教授と私との関係は、直接には古いことではなかった。私は、その名はもちろん承知していたが、会議などで一緒になったことはなく、一九八五年にかれが主催してエクス-アン-プロヴァンスで国際法社会学会の年次会議を開いたときも、私は参加しながら運わるくかれとあう機会を逃した。それがその二年後に神戸でアジア初の国際法哲学会の大会が行われたとき、私もかれとともに総会の主報告者に選ばれたこと（矢崎他編一九八九がその記録）から交流が始まった。そこで交換した論文でたがいに共通点を発見し、神戸でも実際に一夜語りあって意気投合とも言いたい共感をおぼえた。

　そのせいであろう、かれは翌年春に、苦心して編集出版した、法理論に関する大部の事典（Arnaud 1988）を贈ってくれた。これは、多様な法理論を総合しようとする学界初の野心的な企画であったので、私もこれに明確な意見を持たねばならないと思い、フランス語は得意ではないが、おもな項目に目を通した。そしてまったく偶然に他の用件で翌年日本を再訪したかれと夏の一日語りあい、その前例のない企画をたたえるとともに、非西欧法については非西欧人の文化的立場からこれを見ようとする態度がまったく欠けていると、批判した。私の驚いたことに、かれはこれをうけいれたばかりでなく、ただちに非西欧法関係項目を集める補遺版を出版する意向を固め、帰国後にその準備をととのえて、私にその編集を委託してきた。私は喜んで承諾し、現在この仕事を進めつつある。

　この事典に返礼のつもりで、私は、さる二月に出版した二冊目の英文の図書（Chiba 1989）を彼に贈った。その主題が『多元的法体制』であった。かれはこれを評価してくれ、アジアの一代表者によって、従来の学会で一般的には無視されていたこの問題を提起させ、新研究所の今後の重要課題の一つに取り上げようと考えたものであろう。私も知っている、数ある欧米の適格者をしりぞけて私を選んだかれの意図を、私はこう推測した。

　自分がその意図に簡単に応ずることは僭越ではないか、それに自分にそのような大役をこなす力がはたしてあるか、そういう不安で私は一瞬ちゅうちょしたが、かれの熱心な話に対応してゆくうちに、よしやろうという意欲がわいてきた。一つには、私の研究生活後半期の二つ目の目標――法人類学の自分の成果を世界に問うことと非西欧法の意義を強調することと、この二つをともに果たす一つの機会がこれだと思ったから、そして二つには、世界の学界で初めての事業を責任をもって始めたかれアルノオの個人的な友情と信頼にこたえたいと願ったからであった。

それだけに、時間は三〇分間にすぎないが、ぶざまな格好はできない。もし世界から集まった学者がたに感銘を与えかねるようなことがあれば、自分の当初の目標の努力目標もフイになり自分は世界の片スミの一自称学者になりはてるだけでなく、日本のおよびアジアの学者全体に累を及ぼし非西欧法重視の機会は一層遠のくことになろう。それに、きくところによれば、議長として、まだあったことはないがフランス理論法学の大御所ジャン・カルボニエ教授が私を紹介し、国際法社会学会育ての親であるイタリーのレナト・トレヴェス教授がしめくくってくれるという。光栄だが責任は重い。

そう思って、「真の国際的法社会学のために――世界に現存する多元的法体制の研究を通じて」(3)の原稿を書いた。国際法社会学会の成立事情と非西欧の主題、およびそれらへの私のかかわりを短く回顧したあと、欧米だけのでなく全世界の法社会学を展開するための要件を四点指摘し、非西欧だけでなく実は西欧社会にも現存する多元的法体制の研究を促進することを訴えて結んだ。

五　所長も親しい何人かの友人たちもこの記念講演を祝福してくれたが、はたしてほんとうに成功だったかは、これからの学界の動きによって判断するほかないから、それだけでまだ安心はできない。しかし、このスペイン旅行は急な話で、一カ月そこそこの間に始まりから終りまですんでしまったあわただしいものだったとしても、私自身の、もう半世紀にもなんなんとする研究生活の中では、特筆して記録すべきことだったと思う。その理由が上述したところである。

と思うと、半世紀前の最初からではないとしてもかなり早い時期からえがきはじめていた研究生活の夢が、これでいくらかは実現できたのかなとも、また思う。

夢で理想としたことがそのとおりに実現したなどとは、とても言えるものではない。かと言って、夢が完全に崩壊したというわけでもない。しかし追いかけてきた夢があったからこそ、研究生活なかばに思いきって研究方針をかえ、世界で勝負することを試みつづけ、とにかく研究仲間から友人として遇されるようにもなった。持ちつづけた夢は、何かの形では実現したと言うこともできるのではないかと思う。

およそ夢とはそういうものであろう。もともと夢は建築設計図のように厳密なものではないから、むしろきまった形がないと言う方が正しいかもしれない。それに未熟な時代の夢にはまた未熟なおそれが多分にあるからそのとおりに実現しない方がむしろいいのだとも言えよう。

そんなものでも、夢があればこそこれを追うことができるし、違った形でも何とか実現できることがある。夢と結果との違いの大小も世の無数の例の中にはいくらも出てくるから、そこで結果が大きな違いとなった夢を見たことをムダだと見る人もいる。かりに、夢を追った結果が主観的には期待に反する、あるいはまったく期待外れということも、多々あるであろう。だがしかし、それでも、本人が夢を追いつつ人生を送ったという事実は残る。そのことは、その人生の社会的評価はどうであっても、その人本人にとってはまさに人生への真実さの記念碑であるに違いない。

夢は実現するものだ、ただし最初のとは多少とも違った形でと、私はつくづく思う。これは個人的な感慨ではあるが、若い諸君が、そういう先例もあると知って自分自身はどういう夢を見ようかと考えてくれれば幸い、と思うのである。

（1）本章の原文は、「夢を追うこと」、東海大学『望星』五七号、一九八九。

（2）会議の概要については、千葉「法における伝統と近代」、法律時報五一巻一号を参照。二つの雑誌とは、*Verfassung und Recht in Übersee*, 12 Jg., 2 Ql., 1979 と、*Law and Development*, 1978-1979 issue, University of the Philippines Law Center, 1980 とである。

（3）原題は "Toward a Truly International Sociology of Law through the Study of the Legal Pluralism in the World" で、すぐに André-Jean Arnaud, ed., *Legal Culture and Everyday Life*, Oñati Proceedings 1, Oñati, Spain: Oñati: International Institute for the Sociology of Law に印刷された。後に、原文は "Appealing for the Study of Non-Western Law" と改題して Chiba 2002: Chap.1 に、邦訳は「非西欧法学の促進を訴える」として千葉一九九八、終章に転載されている。

第一部　法文化

——現代法学も知る

私の研究は、人類社会の法文化を夢みて追った旅路であった。旧制高校のころはギリシャ以来の智慧を研ぎすませた近代ヨーロッパの学問に憧れ、東北大学大学院でこれを法哲学に学んだ。だが同時に、少年の心に刻まれていた田舎の慣行が国家法とは無関係でも村人の法ではないかという疑念も消えず、まず神社と祭り次いでは小学校の学区と、村の法を探り始めた。この村落慣行法の観念はすぐに膨らみ、アジアひいて非西欧の伝統法そして人類社会の固有法にと拡がり、そのあげく私の夢は人類の法文化なことが知られた。

同時に、最初に憧れた近代法学理論はケルゼンに代表される近代法一元論かつ西欧法普遍論で、それが法理論としては偏狭だと証明する宿題が明らかとなった。学界ではすでに一九世紀に正統の近代法学に疑念を呈する新傾向が兆し、二〇世紀には多元的国家論から法社会学や法人類学などの着想となり、この世紀の後半には法学も展開して新しい着想と分野に発展し、私の夢を証明する資料が散発的ながら蓄積されていることに気づき、それらの証拠資料を漁る旅路に出た。そこで見つけたものを土産物として書いた論文ないしエッセイが第一部にまとめた諸編である。

第一章は、現代法学は原則としては国家法しか扱わないが人間の社会にはそれとは異種の法が色々とあるのが事実なことを概説し、第二章は、国家法一元でなく多元的法体制こそ人類の法だという最近の主張を紹介し、第三章は、比較法学は対象を西欧法だけに限ることなく非西欧法にも及ぼすべきだとの主張を支持し、第四章は、法学界にもあったスポーツの実定法学を社会科学のスポーツ法学に発展させていたことを要約し、第五章は、かねてから叫ばれていたアジア法学を現実にするためにその可能性と条件を検討し、第六章は、新しい法人類学が実際に挙げてきた実績を要約し私が考えつく今後の課題を展望した。

本道の法学は知らぬ顔でも脇道の法学はこれだけ法文化の実在を知っていたことが明らかであるから、その実証が待たれている。

第一章　法外の法——近代法学が棄てた(1)

一　法イコール国家法か？

法といえば、国家の法だけだと思いこんでいる人が多い。この国家法一元観には、もっともな理由がある。第一に事実として、地球上の土地と水面は、北極と南極および公海を除き、すべてが現在どこかの国の領土・領海に属している。そこに居住している人びともその国の国籍を持ちその法の管轄下にある。国際法も、主権国の合意と承認によるものと説明されている。

第二に政治的正統性という点でも、国家法は卓越している。もともと法という言葉は、一定の社会で普遍的な権力に基づき、順守が要求され違反が匡正されるべき正統的な社会規範を意味する。これまで出現した国家には性質と形態にさまざまの違いがあるが、どの国家にも共通しているのは、唯一の正統的権威を権力機構をもって維持する政治組織だということである。とくに現代の国家は、国内統治の全権を掌握管理していてその主権を国際的に尊重しあっており、その法もそれにふさわしく整備されている。そのことが現代社会の要請となっている。

国家法といえば本来は一国家のものだが、実はすべての国家法に共通性があることも、有力な理由である。古代には、エジプト・インド・中国などのように国家は相互に無関係に存在するか、遭えば戦争に陥るかだったが、しだいに国家間の平和的交流が進むようになった。そして中世には、カトリシズムの影響下にヨーロッパ諸国家に共通の西欧法が誕生し、これをプロテスタンティズムが精錬して近代的国家法とその共通原理を創造した。その一部は社会主義法による反発をうけたが、人権を憲法によって保障するという国家法の原則は貫徹され、それがここ一世紀余りの間に世界の諸地域に移植された。現代の国家法はそれだけ世界中に普遍的である。

二　社会あるところ法あり

だが同時に、「社会あるところ法あり」とも古来言われている。これにも否定することのできない真理が含まれている。

人間は、個人として生命を維持するために、一定の食物を誰からも妨害されることなく自分のものとして食べることを、その社会から保障されている必要がある。同様な保障が、衣服や住居にも必要である。そこから、一定の財産を自己のものとして独占的に利用する、人の社会的な資格と責任が成立する。その社会の正統的な権威がこの資格と責任を独自の規範をもって公認し保障するとその社会での財産権が成立し、その社会規範は財産法となる。

同時に、社会は、そのメンバーが子どもを生み育てないと世代をこえて維持できないから、メンバーの結婚・家族生活・親族生活・相続などを保障する資格と責任を同様に公認して、親族権・親族法が成立する。こうして財産法と親族法は、どんな人類社会にもそれぞれに成立する。だが、人間の社会活動はもっと多様だし、時代とともにさらに多様化するから、それに応じて別な領域の法も成立する。採集狩猟・農耕・漁撈・商業取引・工業生産などの生産様式、身分・階層・階級・支配・国家などの社会政治体制、その他種々の生活領域に多様な法が生まれる。つまり、法は社会とともに多元的に成立する。そしてそれらの間には、相違や矛盾もあることが自然である。

三　法の共通化

ところが実際には、各社会は、隣接する社会と、そして何か方法があれば遠隔の社会とも、人と物と文化の交流をするようになる。交流が深まると、自己の社会の法と他の社会の法との矛盾を調整する必要に迫られる。この調整には、大別して二つの型がある。ひとつは各社会が自己の法を維持したままその上位に他と共通の法を新たに作りだす、いわば二元制であり、もうひとつは、自己の法の正統性を放棄して共通の法に統一される、いわば一元制である。

現代の人類社会は、こうして社会が交流を深め、法が共通化を進めてきた過程の一段階にある。その長い歴史と広い世界の多数の実例のどれに注目するかによって、法の概念も異なるのが当然である。古代法・中世法・近代法、原始法・未開法・部族法、宗教法・家法・村法・ギルド法、「生ける法」(後述)・慣習法・フォーク・ロー、その他いろいろの名でよばれる法が、「社会あるところ法あり」の法である。それらの法は、共通化によって、どのような命運をたどるのだろうか。

四　神社と祭りの法

まず日本社会の慣行のなかから、その事実を拾ってみよう。「村の祭り」といわれる行事は全国どこにもある。ここでは、鎮守の氏子が、その社会を維持するために金銭や労力を提供する義務を負い、その祭りに参加する権利を享受している。神社総代は、神社の維持と行事とくに祭りの執行という管理運営の権利義務を担っている。これらの権利義務の明確さと厳格さには大きな幅があり、都会では一部少数に限られ、農村でも時に衰退が嘆かれる。けれども、氏子にとっては、その社会に固有の法である。

この氏子の法のなかでも格別に厳格なのが、宮座の法である。ここでは、座員の資格が株として特権化していて、それだけ責任も重い。とくに毎年交代して運営の責任にあたる頭屋・当番は、権限も大きいが義務も厳しい。このかたちの組織は、近畿や山陰が本場だが、山形県の黒川能で知られるように全国にも伝播しているし、神社の神事ではないが、三河の花祭のような伝統的な多くの年中行事でも厳守されている。

このような神社と祭りの法は、一方では衰えつつあるともいわれる。しかし他方、とくに近年は、祭りは都市活性化の手段としてむしろ奨励さえされている。浅草の三社祭、長崎のおくんち、秩父祭、高山祭、京都の大文字と左大文字などの例を見ると、その実施と組織のための義務権利の体系つまり法が、よく整備されていて実効的なことに驚嘆するほどである。

五　伝統社会の固有法

それに類する法は、寺にもある。寺院の法は、もともとは出家した僧侶の社会である寺や宗派のためのものだから、一般市民の氏子に関する神社の法よりも範囲が狭い。だが寺の法も在家の俗人から檀家のほか門前町の住民や寺で働く人たちにも及ぶことがある。他方、僧侶としての戒律・修行規律・身分規定や集団としての管理制度は厳格だし、大寺・名刹・宗派となるとそれらの法はいっそう組織的に整えられている。

家元集団の法もある。茶道・華道・能楽が代表的だが、諸種の音楽・舞踊・古武道などに大相撲・歌舞伎などの変形も加えると、わが国の伝統芸能は、家元を中心とする集団組織によって担われていると言える。家元が技芸の免許権と組織の統帥権を掌握し、名取その他の階位による門人が階層制をなしてこれを支え、その法が芸能と集団を維持している。

伝統的な社会の法は、ほかにも多い。「家法」は、一般にはなくなったが家柄を尊ぶ家族あるいは一族では今も生きている。「村の掟」は、今では農村の崩壊が言われかつての力を失ったがまだ消滅しきってはいないし、「仲間うちの掟」とか義理あるいはいじめというかたちでは、むしろ社会に拡散しているといえる。林野・漁場・温泉などの「入会」慣行も、現行法の下で変形しながらなお生きている。さらに、講・連・中などとよばれる小集団も同様にそれぞれの法があるから成り立っている社会である。

以上のさまざまな法は、伝統文化の所産だから、移植法と対照させて固有法と名づけてよいだろう。

六　現代日本の非公式法

しかし日本には、伝統社会があるだけでなく、欧米文化を移植した現代社会が発達していて、むしろ後者が有力である。それを代表する諸集団も、メンバーの権利義務をめぐる規定と集団の管理組織つまり自主的な法を持っている。

代表的な例をあげれば、政党その他の政治団体、会社・銀行などの経済組織とくに大企業、労働組合、各種の協同組合や協会、学校とくに大学、宗教・学問・芸術・慈善・教化・医療・スポーツ・親睦友好・趣味娯楽その他の文化団体等々、さまざまの組織的集団があり、それらの連合組織もまた何重にも重なり合っている。そのいずれもが、メンバーの権利義務と組織運営の法によって維持運営され、現代日本の社会を構成している。

こうした社会に生きるわれわれは、個人としても所属する集団の権利義務を引き受けむしろ作り出して日常生活を送っている。たとえば、他人とつきあうとは、相手と何かを約束しその権利義務に従って行動することだし、劇場や乗り物で空いている席に座ればその座席権が発生する。そういう権利義務をまわりの人は尊重する義務を負っている。

それらは、現代社会の非公式な権利義務と法である。伝統社会の固有法も現在生きているかぎりは同様だから、これらを合わせて「非公式法」といってよい。

七　国家法と非公式法との二元制

ところが、国家法一元観は、そのような非公式法を法とは認めない。本人は神社や学校の法、あるいは友人との約束に従ったつもりでも、国家法はこれを基本的人権に基づく個人の自由、なかんずく契約と結社の自由という権利の具体例とみなし、あるいは国家法の「反射」（副産物）にすぎないと片づける。この説明は行政と裁判の場つまり公務員の立場としては共通するしむしろ必要なことだが、市民の日常生活の場ではそういっただけではすまない。

たとえば、結婚にあたっては、多くの場合結納を交わし仲人をたて結婚式・披露宴をする。この非公式法は結婚についての民法上の義務とならぶほどよく守られている。会合の際の服装や席次あるいは特定の機会にする贈答なども、特に厳しい義務となっている。これらは、非公式法が国家法の空白を補充している例である。

この補充を国家法が公認してしまっている例もある。ハンコはその典型である。冠婚葬祭は、公務員や会社員などが法律上の義務を免除される公認の理由となる。スポーツでは、事故が不可避だと見られれば、人が死ぬようなことがあっても責任は免除される。

非公式法が国家法に代わって通用している例もある。未成年者の飲酒と喫煙あるいは高速道路のスピード違反などが半ば公然と行われていることは、その代表例である。どちらが合理的か正しいかは別に判断しなければならないが、事実としてここでは国家法が拒否されている。

そのような非公式法は、国家法がどう変わってもまたたとえなくなっても、ほとんど変わらずに生き残る。それは国家法以前の法、つまり国家法とは区別された、法社会学のいう「生ける法」なのである。だから、社会の法は、大別すれば国家法と非公式法の二元制ということになる。

八　世界の非公式法

このような二元的法体制は、世界を見渡すといくらも見つかる。

西欧社会でも、伝統社会の固有法が国家法に採用されて、その一部をなしている例がみられる。イギリス農民の人会、スイス農民の放牧、スペインの農業用水、ギルドに由来するドイツのマイスター制度などはその例である。宗教法はもっと有力で、教会法は国家法とともに公式法なのである。非西欧社会では、ムスリム諸国のイスラームやオセアニア諸国の固有法などが、憲法上の原理にもなっている。また婚姻・家族・相続に関する固有法も、しばしば国家法として制定されている。

国家法から認められようが認められまいが、むしろ国家法よりも実効的な法がある。とくに部族法については、法人類学が報告するとおりである。アフリカ諸国にその例が最も多く知られているが、アジアでも、インドからビルマ・タイ・インドシナ半島へと続く山岳地帯に住む山地民族や、オセアニアを典型とする島嶼民族にも、その例はよくみられる。

なかには、国家法から保護の特権を与えられ、少数民族保護法というべき一領域をなすものもある。代表的なのはアメリカ合衆国のインディアンの場合だが、北欧諸国のサーメ人もその例だし、最近は、カナダがエスキモー（イヌイット）について、またオーストラリアがアボリジニについて、その政策を進めている。ただしそれらは、征服民族がいったんは無視した被征服民族の固有法を改めて見直すというかたちだから、当の民族からの不満・抗議や外部の識者からの批判を、とかく免れない。現に、アメリカ・インディアンの土地への権利については、訴訟や政治問題が絶えることがない。

固有法を持つ集団が、国家から政治的な自治権を認められることもある。中国の少数民族や自治区の制度はその好例であるし、旧ソヴィエト連邦内の各共和国および共和国内の自治州などは、国家に準ずる法の主体なのであった。

九　世界の多元的法体制

以上の例に見られる非公式法は、近代国家以前からも存在していたのだが、近代人は、国家と法は社会に一元的にあるべしという要請を規範としたために、それを度外視して国家法一元論を成立させたのであった。だが、第二次大戦後に各地の植民地が国家として独立してから、それが再認識されることになった。新国家は西欧法を移植して国家法を作ったが、同時に固有法を公式・非公式に採用せざるをえなかったからである。

この事実を知った欧米の一部の学者が、非西欧諸国の法は二元的法体制だと言いだした。だが実は、二元的法体制は、西欧社会にもあるのだから、人類社会に普遍的である。またその実態は、単純な二元だと言ってすまされないほど複雑である。

まず非公式法には、前述のように準国家・自治州から少数民族・部族のほか多種多様の社会組織がそれぞれに持つ法に加え市民日常の慣行法まで、何層もの違うレベルがある。国家法も、内には連邦国家の連邦法と州法などと分かれる例も軍隊や宮廷などが別個の法に分かれる例もあり、また外では教会法その他の宗教法と並んでいて、国家法自体が実は多元である。

その上、国家法の上位にも、世界全体はもとより地域ごとに成立している国家連合にも範囲が大小の国際法があり、また国家を抜きにしても人道法や人類普遍の法が事実機能している。

すなわち世界人類の法は、大別でも非公式法・国家法・世界法の三元があり、さらに正確に言えば、三元にはとどまらぬ複雑な多元制なのである。各元は時には反発しながらも大体においては補いあって、つまり多元的な法が個人に連続的に働きかけているのである。

一〇　インローとアウトロー

だが、連続的なのは市民の日常生活においてであり、政治的権威の面では事情が異なる。現代社会では、国家法は、国内の多元的な法と社会規範に一つの統合を保障する任務を与えられているから、自己を唯一の正統的権威と前提し、非公式法は非正統だとして自己との非連続を主張しなければならない。けれども、国家法が、もし狭量な基準に固執して非公式法の社会・文化的な固有性を無視するなら、人びとの自尊心を傷つけ反発を呼び起こしかえって国家法の任務を果たせなくなる。その例は歴史に山と残されている。そこで近代西欧人は、基本的人権ひいては私的自由という包容力に富む画期的な基準を創造し、国家法の正統的権威と非公式法の文化的固有性との両立、つまり法の多元制を可能にした。

ここでは、非公式法の大部分は、正統的権威によって、私的自由に属すると解釈されて公認されあるいは時に国家法としても制定され、また時には自治も認められる。この意味で、非公式法とそれによる行為は、国家が独自に作った憲法・行政法・刑法などの公法と並んで、インロー（法の内側）の存在となり、国家の側から特別に問題とされることはない。

これに対して、国家法が是認しない行為を行う人とその集団・組織が、普通アウトローといわれる。わが国では、暴力団をはじめ、賭博や麻薬、禁制品の密売・偽造、売春・密輸などの犯罪、および反政府・革命・独立運動などの政治的反逆の行為をする者が、よくその例とされる。そこには、自己の正統的権威をもって社会全体の秩序を守ろうとする国家法の任務と誇りが、躍如として表明されている。

しかし、それらのアウトローには、盗み・殺し、詐欺・脅迫、暴行・放火など普通の犯罪とは違うところがある。そこが問題の核心である。

二　アウトローの実例

それを確かめるために、アウトローと理解されている典型例をあげてみよう。

第一に、侠客とよばれるものがある。この名称は、幡随院長兵衛や国定忠治、清水次郎長などに代表される日本固有のものと思う人が多い。だが、ひろく任侠集団あるいは無頼の徒とよばれるものと解すると、古代中国の遊侠の英雄や、一〇世紀前後のイスラーム社会の任侠組織など、世界の歴史にも例があり、その変形は現代にも伝えられている。

次に、人類社会に普遍的な秘密結社も、その多くはこれに該当する。反権力・革命を目的とする政治的なものは、世界のどこでもまたいつの時代でも枚挙にいとまがない。それらが完全なアウトローであるのと異なり、現代の秘密結社といわれるクー・クラックス・クラン、マフィア、フリーメーソンなどの類は、インローの形式を利用してアウトローの行為をするものである。未開社会の呪術宗教団や年齢集団とくに男子結社は、秘密性ではアウトローだが存在そのものはむしろインローである。

異教・異端といわれるものも、アウトローの存在である。宗教とくに一神教は、正統に反するものの存在を許しておけないから、正統はこれを異教として排斥し異端として絶縁をはかる。今日のキリスト教は、そのための闘争をくりかえしてきた歴史の結果である。イスラームも同様だが、暗殺の語源となったアサッシン派などを生んだだけに、その闘争と分裂は一層はげしい。技芸・武道・学問などの分野でも、日本流にいって家元の確立している組織では世界のどこでも正統と非正統の争いが、とかく生ずる。

社会的にも、他人を非正統ときめつけて差別する例がいろいろとある。この差別は、階級制の枠組みが固かった中世以前には、むしろ社会の正義とされていたほどだが、現代にも見られる。なかでも、中世以来差別されてゲットーに追い込まれナチスからは抹殺されようとしたユダヤ人、アメリカで白人優越感により差別された黒人の例は、誰もが知るところである。わが国でも、かつてあった階級・男女・部落などの差別は、国家法上はなくなったが社会的には今でも一部残っているといわねばならないだろう。

二 アウトローの非公式法

以上の実例を通して、アウトローには注目すべき性格が見出されている。

第一に、彼らは非正統という烙印を一方的におされても、正統的権威を無視して存在を続けむしろこれに抵抗する。それを可能にする一要因として、第二に、ある程度は外部社会からの支持も得て彼ら自身が存在に確信を抱く、つまり大義名分をもつ。他の要因として、第三に、社会的差別の場合を除くと、アウトローは特殊な儀式やシンボルによって象徴される閉鎖性を厳守して、メンバーの権利義務と集団の管理体制による組織性要するに非公式法を維持している。

そうだとすると、アウトローとは、単なる犯罪者ではない。それぞれが、それなりの存在理由を社会的に持っている。それが、ある時ある所で、正統的権威から非正統と判定されることはやむをえないとしても、その判定が実は誤っていた例、したがってやがて正統と非正統が逆転した例、正統派の方が権力的な圧政・暴政に陥った例、そして時と所が別であれば正統か非正統かの判定自体も異なる例は、過去にはもちろん現代でも世界に無数にある。

それに、アウトローの語義としては、正統の法による保護を奪われた者という上記の意味とともに、法が特別の規制をせずに放置している者という意味もある。これは、現代の国家法のもとでは、基本的人権としての私的自由に含まれるものすなわち立派なインローである。

そうであるとすれば、アウトローとインローとは社会的存在としては連続しているのに、アウトローは、正統的権威によってたまたま非連続と判定されただけのことである。この判定を、責任ある社会構成員として非情に貫かねばならないのは、社会に生きる人間の宿命である。しかし同時に、この非情な基準を少しでも普遍的価値に近づけるために努力を続けることが、人間の栄光と言えるのではないだろうか。

（1）　原文は、「法の内と外」、週間朝日百科『世界の歴史』一一世紀の世界・生活「アウトローの世界」、朝日新聞社一九八九。再録が『世界史を読む事典』地域からの世界史二〇、同社一九九四。

第二章　非公式法——多元的法体制論が認める(補1)

一　legal pluralism の用法

千葉でございます。最初に legal pluralism という言葉についてご説明いたします。私が本シンポジウムで与えられました課題は、主題である多元的民族社会を法の側面から考察することであります。コーディネーターの大森元吉教授はこれを英語で legal pluralism と言ってお示しくださいましたが、legal pluralism という言葉は法学界では大別三つの意味に使われております。

一つは、法は典型的には国家法なのでありますけれども、実は国家法以外にも法というべきものがあって、それが国家法と並んで存在しているという意味です。これは、言ってみますと、広い意味での「法の多元性」ということにあたります。このことは、法学にとってはむしろ自明なこととして前提とされておりますけれども、それではその意味がどうであるか、その多元性を構成する構造は何かというようなことを立ち入って検討する論議はなされておりません。二つ目は、法は道徳・慣習その他の社会規範と不可分に関連しているということです。これは言ってみますと、法と社会の関係というようなことで、法哲学が長い間伝統的に議論しているところであります。

三番目は新しい問題で、「一つの地域に異文化の法が数種類併存」していることをさします。これは、第二次大戦後に第三世界といわれる国々が世界の各地で成立いたしまして国際的地位を確立して参りました後、一九七〇年以降に、非西欧諸国の国家法には伝統的な固有法が中に浸透して制定されている、あるいは国家法の外に別な規範として機能しているという、こういう事態を言うものであります。これを取り扱っていたのは、伝統的な法哲学ではなくして、法社会学・法人類学といわれる戦後の新しい学問で、それがこの現象を legal pluralism と言っております。この意味の legal pluralism の問題が、その後大きくなりまして世界の学会では、全世界を通ずる特に非西欧社会を通ずる理論的な法の問題として大きくなっております。それが今度のこのシンポジウムのテーマの中で取り上げられましたことを私は大変喜ばしく思っておりますが、この意味のものを私は日本語で「多元的法体制」と訳しております。訳ですからどういう言葉でもかまわないのですが、私はそのように訳しまして、以後のお話を続けることにいたします。

二　多元的法体制論の由来

次に、それでは法学界におけるその「多元的法体制論」という研究ないし議論が、どう発展してきたかということを、簡単に概括いたします。

法学の眼で見ますと、フランスの人権宣言とナポレオン民法とによって確立した近代法といわれるものが、一九世紀から二〇世紀にわたって世界に行われることになりました。その基本原理が個人の基本的人権と立憲主義に拠る主権国家の体制です。これを保障する国家法が人類にとって唯一の法であるという理論、ドグマが建てられました。私はこれを国家法一元論といっております。そして表では言いませんがこの国家法は実は西欧文化から生まれた西欧法ですので、西欧法普遍論でもあります。この性格を持った近代法、言いかえれば近代的国家法を研究する学問が正統の法学ということになり、二〇世紀中にこの正統法学が確立して新しい伝統となりました。もちろんこの正統法学に対して、異論を呈するものがないわけではありませんでした。たとえば、一九世紀中にはイギリスのメインやドイツのサヴィニーの名前で知られております歴史法学とか、あるいはドイツの法学者のポストとかコーラーなどが唱えました民族法学といわれるようなものがありました。二〇世紀になりますとさらにドイツのエールリッヒが生ける法と法社会学を唱えましたし、マリノフスキーは未開法を強調して法人類学を生みました。そういういわば異端の法の法学が生まれたのですが、大勢は正統法学を崩すまでには至りませんでした。

それが二〇世紀も進んで参りますと、特にその後半頃から大きな変化が出て参ります。その変化を与えた要因の一つは、社会主義法及び社会主義法学でした。これが生まれたのはロシアにおいて共産主義革命の後だったのですが、これはまさしく正統法学に対する正面からの挑戦だったので、正統法学はこれを徹底的に排除し弾圧することにしました。むしろ無視いたしました。しかし無視している間にいつの間にかそれが世界に浸透いたしまして、第二次世界大戦後には世界の多くの国で社会主義国が生まれ、それから西欧諸国にも社会主義政党が生まれるようになりました。そこで正統法学は、その社会主義法学の言うところの法を、若干取り入れざるを得なくなりました。取り入れた結果が、例えば労働とか福祉に関する権利ですね。これは実はそういう意味で、社会主義法学の影響の結果でありました。

それからもう一つの要因は、戦後に植民地から独立した第三世界の国々でありました。これらの新興国は、当然もとの宗主国の国家法をモデルとして、新しい自分の国家法を制定しました。そして、最初のうちは新国家法によって伝統的な古い固有法を全部統合すると思っておりましたが、あにはからんや、しばらく経ちますと、統合しきることのできない事情がわかって参りました。新しい新興国家の国家法はむしろ伝統的な固有法によって様々に侵食されあるいは効力が覆されているという事実が分かって参りました。そこでそのような事実に気が付きますと、西欧の学問も、一部の者とくに政治学とか比較法学とか法哲学といわれる学問をしている者はこの現象に注目しまして、非西欧は法文化がどうも西欧と違うのではないかというようなことを言い出しました。そしてそれでは異なる法文化に対して適用されるべき現代の正統法学にはどこか不足があるのではないかということで、法学に対する批判が起こって参りました。これが七〇年代頃から批判法学（critical legal studies）としてアメリカやイギリスで大きくなって参りました。

　では批判されるべきものは何かといって探しているうちに、次第々々に焦点が明らかになって参りました。それは要するに正統法学が金科玉条としておりました近代性あるいは近代主義、それこそが批判されるべき焦点であるということが分って参りましたので、そうなりましてからは焦点がポストモダン法学（post-modern jurisprudence）という考え方に変わって参りました。一九九〇年頃のことであります。ところがそのようなことを言っている西欧の学者の実際の問題は何かと言いますと、いろいろありますが主なものは、一つは女性の問題です。女性は、今まで保護されるべきものとして特殊な権利を与えられておりましたが、むしろ男性と対等な権利を享受すべきである、それではそれはどういう権利か、という問題。もう一つはみなさんご承知の通り、生命の権利です。一方では、人間が生まれるまでに、受胎中はもちろん、まだ精子卵子の段階からいろいろな操作ができるようになりまして、その権利の問題。他方では、死ぬときには脳死等に絡まる問題等があり、あわせて生命の権利の問題です。これらがポストモダン法学の主な問題です。そういうわけでポストモダン法学とよばれる新傾向の法学は、実はまだ西欧社会と西欧法学の問題に関わっておりまして、非西欧法の問題にはほとんど関心を向けておりません。

三　多元的法体制論の内容

それに代わるように非西欧法の問題を扱っているのが「多元的法体制論」であります。多元的法体制(legal pluralism)の論議はまだ十分に展開したとはいえませんが、いくつかの代表的な本をあげることができます。まず一九七二年にベルギーのジョン・ジリサーンという人が一書を編集しまして、そこで初めてこの名を書名に掲げました。それから七五年になりますと、イギリスのM・B・フーカーという覚えておいていただいていい名前ですが、この人がイギリス法を中心として、フランス法やドイツ法などの西欧法が世界の各植民地にどう行われ、それが現地ではどのように固有法と衝突あるいは調和しているかということを書きました。これは大変な力作でありました。しかしこれはイギリス人から見た旧植民地の問題にとどまっていて、その後一九八六年にオーストラリアのピーター・サックという人が、オセアニアについて従来の学界では非常に情報の少なかったのを補い、これを主として同じく多元的法体制を論じました。そしてなお付け加えますと、私も八九年に論文を集めまして、このころ特殊だといわれた日本がむしろ非西欧諸国の一事例だからそこに非西欧法一般をも見るべきだ、というような主旨を提出いたしました。こういうわけで、非西欧の法学を担当する法学は現在では多元的法体制論だと言ってよろしいかと思います。

実はもう一つ、非西欧の法には第三世界法学(Third World Legal Studies)というものが生まれております。これは第三世界を研究する法学者の中で、それぞれの国家法は西欧の国家法とは実は違う、そしてその違う状態を明らかにしなければならないといって集まって作った学会で国際的に活動しておりますが、この問題はあくまでも国家法だけでありまして、国家内の伝統的固有法のことについては特別な関心を持ちません。よって、ここでは論外になります。さらにもう一つ、法の多文化主義(multiculturalism)を主張する学者もおりますが、その問題は西欧国家内部の少数民族あるいは移民・難民で、非西欧圏へはまだ及んでいませんので、同様にここでは省略いたします。

その次に、多元的法体制論は、どういうことを議論しているのかということを申します。まず現在の多元的法体制論が考えている多元とは何かと言いますと、これは二重構造と言いかえてもいいものです。つまり非西欧における新興国家が西欧から移植した国家法で国内統治を行おうとするのですが、実は伝統的な固有法が生きていて、この二種の法が西欧人にはわからないような形で奇妙な調和あるいは対立をしているということ、この二重構造を多元的法体制と言っておりましたわけです。従って彼らの研究は主に、第三世界における諸国家の国家法とその下にある固有法例えば部族法であるとか宗教法であるとかあるいは特殊な地方慣習であるとか、そういった国内諸法が制度としてつまり伝統的制度としてどうかという制度面の考察に追われております。その点ではこのような新しい問題を発見したことに対して、私は大きな功績であったと評価することにやぶさかではありません。

しかし実際にはその多元的法体制は大変に複雑です。たとえば、アメリカ、カナダ、スウェーデン、オーストラリア、インド、中国などはそうですが、国内の各少数民族を一個の法的な団体として憲法上認めております。またムスリム諸国では、国家法すなわち西欧的国家法を移植しておりますが、実際とその観念においてはイスラーム法の方が固有法としてもっと大きな基礎になっております。それからオセアニアの諸国では、それまでの政治的な西欧の影響が少なかったせいか固有の慣習を多分に残しておりまして、それをそのまま憲法に採用している例が多々あり、したがって明らかに近代的な国家法の原則とは矛盾するものが平然と憲法の中に入っているというようなことがございます。そういった二重構造でも、その実体を綿密に調査してそれを正確に報告した上でないと簡単には言えないわけですから、これが今後の課題として残っております。それに私が加えたいと思っているのは、その二重構造にも問題が三つあることです。

四　多元的法体制論の問題点

一つは、「民衆の主体的観点を顧慮せよ」ということであります。法学では民衆を受範者すなわち規範を受けとる人と言っております。受範者は、たとえば国家法一元論の場合には法といえば国の法律だけですから、一定の場合に自分がどういう行動をすべきかということを決定するには国家法だけに従えばいいので、法の面から言えばその他のことを考える必要がない。ところが多元制の場合においては、法として守ってい い基準が二つあるいは二つ以上あるわけですから、当然そこで選択の問題が起こります。この選択は、多元制が社会的に公認されたものである以上、当然個人の権利として自由です。選択では当然いい方を採ります。それはいいのですが、今度は、選択されないで拒否された方の権威すなわち社会的権威あるいはその法の元である政治的権威とくに国家からすると、自分の法を排除した反逆者になります。多元制のもとでは、しばしば受範者にとっては、そのような利益あるいは喜びと他方ではそのゆえに受ける圧迫あるいは排除という相反する問題が実は盛んに起こってきております。

たとえば最近の報告によりますと、パプア＝ニューギニアの山地民族の数人が、村に禍をもたらす呪術師を村の固有法に従って排除したつまり殺してしまったら、今度は国の刑法によって犯罪として起訴されました。一審の裁判では幸い部族出身の裁判官が固有法を適用したことによって刑罰でなく損害賠償で済んだのだけれども、最高裁判所では国の刑法で有罪になったという例があります。あるいは、インドのある村で、まもなく結婚しようとする娘の不倫が発覚しまして破談になりましたら、世間ではコレラにかかって死んでしまったと言われている。実際調べてみたら、実はブラーマンの父親が殺したのです。そのような娘を生かしておくことは、ブラーマンの名誉に反しますし、それから彼女自身次に生まれかわる場合に大きな不幸になりますので、親は二つの禍を避けるために娘を殺しました。これはヒンドゥー法に従うところの、ヒンドゥー法で公認されているやり方です。それを、土地の人も警察も平然と認めていました。このような例が沢山あります。こういったことこそ多元的法体制の主体すなわち受範者に起こる問題ですから、それはもっともっと調べたいということ、これがまず一つです。（以上の二例については、本書一五〇、二五〇―一頁参照）

もう一つは、多元的法体制といっても、一般に言われておりますのは、国家法と部族法などとの間には、右のように矛盾が注目されるのですが、何とか平和的にうまく折り合っている例もあり、実は折り合うことができなくて激しい対立が続き対立が時には戦闘行為にまで至る、ということもあります。スリランカにおける二つの部族の対立。これも単に国家対タミル族の対立というのではない。抵抗するタミル族には一つの立派な組織があり、その組織は彼らの中の法をもって組織を固め財源と武器を用意して戦っております。私はそこに固有法があると見るべきだと思っております。世界では独立を準備するために革命組織を作る例は無数にあり、現に革命のための内戦をしているところもあります。それから中国や朝鮮の両国のように分裂国家と言われているものがありますが、これらはいずれもそれぞれ一種の多元制です。そういうように、「対立闘争中あるいは分裂中の多元制」もある。それが本当の多元制と言ってよいかどうかには検討の余地がありますけれども、それだけにそういう実態を調べ、この多元制という概念をどう使うかをもっともっと整備しなければならないと思います。

そしてもう一つ問題は、仮に国家法と国内諸法との二重構造だとしましても、我々の実際生活を考えてみますと、そこにもう一つ国家を超えるいわば「超国家法」（補2）と言うべき国際的な法が働いていることにすぐ気づきます。今ラドケさんがスーパーステイトとおっしゃいました広域の法がありますし、また世界全体に通ずる世界法もあります。ですから超国家法といっても広い狭いがありますけれども、とにかく今まで絶対であった国家法の上に在る法を認めざるをえません。それが在るからこそ我々の生活があります。現在我々はそういう超国家法があることによって、外国から入ってきたものを食べ、用い、着て、そして電信電話、Eメールまで使って現在の生活をしているわけですが、そういうことをさせる規範である超国家法をも、また考えなければいけません。そこで私は、多元的法体制とは大別しますと、国内諸法、国家法、それから超国家法のいわば「三重構造」の相互の絡まり合いをこれから綿密に調査すべきだというふうに考えているわけであります。

五　多元的法体制の概念と考察方法

それから次に、多元的法体制の概念規定ですが、論者はいろいろなことを言っております。多元的法体制とはこういうものと定義しておりますが、その中で比較的使われているものだけ紹介いたします。アメリカの法社会学者のローレンス・フリードマンという人は、「一政治社会における異なった法体系あるいは法文化の存在」という定義を多元的法体制に与えておりまして、これが比較的多くの人によって使われております。そのうち国家法は明確なのですが、それ以外の法は明示されていません。そこで国家法と異なった法を持っている社会は何かと探しますと、社会学者はこういったことにはあまり知識がありませんので、人類学者の調査に待つことになります。人類学者の中でも、国内の社会組織で法と言うべきものを持つと認めている人は多数おりますが、その中でも、サリー・フォーク・ムーアの言っていることが、法学者によっても比較的よく使われております。それは、英語で申しますと semi-autonomous social field、日本語では「準自治的社会集団」とでも言ったらいいでしょうか、つまりそういう法と国家法が二重だというわけです。ここま

でが多元的法体制論の現状だということができます。(補3)

そこまで西欧の学者が非西欧の法の問題を見てきたのは大変結構なことではあるのですが、物足りないのは、それではその多元的法体制をどのように観察し、分析するかというとその方法がない、つまりそれを観察分析する道具概念がない。彼らは、現代法学の持っている基礎概念であるところの国家とか主権とか裁判とか権利義務とか犯罪などといった現代国家法上の概念を使って、それで非西欧法を見ます。それでは、それらの概念に合うものがあれば法が非西欧にもあると言うし、それに適合しなければ非西欧には法がないと言うことになってしまいます。そこで非西欧法の実体を正確に把握できるところの道具概念が必要です。典型的な例があります。アフリカのジンバブエで、英語で呪術と言うところの犯罪が起きました。ある人が、犯罪となる呪術を行使したということで、裁判にかけられました。ところが現地の予審官が調べてみたところ、呪術の現地語には一四の意味がありまして、その一四の意味の中の二つか三つくらいは英語の犯罪的な呪術に当たるけれども、それ以外のものはそれほど犯罪的なことではない。そして実際に本人の言った言葉は犯罪にあたらない方だということを見つけまして、それで彼女を無事無罪にしたという話がありました。そこでそのような状況を正確に把握できる道具概念を作ることが必要です。この試みは今の学界にはありません。私はやはり非西欧の立場からそういうものが欲しいと思って、自分で作ってみました。それは注のところに書いてございます。これはまだ未完成ですけれども、こういうようなものをこれから整備したいということを私は申し上げたいと思います。(ジンバブエの例については本書一四九頁参照)

それから法文化論との関係を付け加えます。前にもちょっと申しましたが、実は非西欧の法を扱う際に法文化という問題意識がありまして、法哲学や比較法学などで使われております。この法文化と多元的法体制という二つの論議は、両方とも非西欧法を扱っているにもかかわらず互いに無関係のままなのですね。これは見るところが違いますから無関係でもいいという議論もあるでしょうが、しかし非西欧法を扱うという意味では、二つのアプローチの共通点と相違点とを明らかにしておく必要が双方にあると、私は思っております。

六　おわりに

そして最後に、このシンポジウムでは、多元的社会の対立と協調を問題としますので、これについて私の言いたいことを、一言だけを申し上げて終わることにいたします。多元的法体制と人間との関係についてです。人類社会の法は、古今東西すべて多元的法体制だから、これを無視してはならず、その実状を正確に認識しその多元制を有効に活用する必要があるということが一つ。現代の非西欧諸民族は、自己の法文化に誇りをもって他に主張してもいい、そういう資格を一方で持ちますが、同時に他の法文化を尊重し自分に対する批判に耳を傾けて自己の改善進歩をはかる責任、そういう資格と責任の両方があることが二つ。それから最後に、西欧諸民族そして日本人も、人類の多元的法体制とくに非西欧諸民族の歴史から来る現状を共感をもって十分に理解し、西欧・非西欧両文化共存の理想を目指して、その具体的な方途を開拓するのに努力して欲しいと、そういうことでございます。

注

法の道具概念として、まず三ダイコトミー、すなわち、1　公式法（国家法とその公認する非国家法）対　非公式法（公式法ではないが公式法を明確に補充・変改する法）。2　固有法（一法主体の伝統文化に起源する法）対　移植法（他の法主体から移植された法）［法主体は一体系の法の持主である社会組織］。3　法規則（定式化された個々の規則）対　法前提（法規則を正当化あるいは修正する価値原理）。ついでアイデンティティ法原理（各ダイコトミーの組み合わせと三ダイコトミー全体の組み合わせを選別・決定する最終原理）。〔補注、くわしくは千葉一九九八、三章を参照〕

（補1）　原文は、「多元的法体制」、国際基督教大学学報ⅡB『社会科学ジャーナル』（43）、一九九九。その元は、国際基督教大学社会科学研究所と上智大学社会正義研究所が共催した、第一八回国際シンポジウム「多元的民族社会の緊張・相互理解・協調」（一九九八年一一月一三日、国際基督教大学にて）への報告の速記録である。このシンポジウムを組織し私にも機会を与えてくれた大森元吉教授に感謝する。

（補2）　クルト・W・ラドケ（早稲田大学）の報告「グローバリゼーションの時代における個人の自由」。

（補3）　フリードマンの説は Friedman 1975、ムーアの説は Moore 1978, 1986 をそれぞれ参照。

第三章　非西欧法──総合比較法学が包む(1)

第一節　主題の目的と意図

一　目的と意図

本稿の基本的な目的は、非西欧法研究ないし多元的法体制論を現行の比較法学と合わせて止揚し総合比較法学を推進するよう、一般的に有志に要請することである。比較法学の名の法学は、西欧文化の中で西欧法を正統の法として展開してきたので非西欧法を無視か非正統視かという一種の偏向を免れなかった。そこで近代法学批判が起こった機に非西欧法文化ないし多元的法体制がこれに対する反措定として登場した。両対立項はそれぞれに有意義ではあるが他面では統合も可能ないし必要であること、および、それを実現する条件として主体的観点と操作的概念枠組との二手法を提唱することが、具体的な目的である。(2)

比較法学は、現代わが国における日本比較法学会の活動状況を外部から見て言うならば、日本の法制度を直接間接の基準として、一方では諸外国の法制度なかんずく英米独仏を主としつつも最近他の若干の西欧諸国法と非西欧諸国法にも注意を払いはじめ、他方では法の問題中に法文化を包含させようとしている。学界のそのような関心の拡大は、日本の比較法学の成長にともなう内在的欲求と国際比較法学界の動向という外部的刺激と、双方の相乗作用によることであろう。私は、わが国比較法学のこのような展開を慶賀し、さらに進んで世界の学会をリードすることを使命と自覚し意欲することを期待してやまない。

世界の学界をリードするとは、日本のこれまでの比較法学だけでなく法学のどの分野にとっても、身のほどをわきまえぬ不遜な野望と聞こえるかもしれない。しかしながら、比較法学については、狭く日本の比較法学だけと限らず広く全世界に実在する法を探究する法社会学や法人類学をも含めて、日本の研究者がそのことをあえて意図することも、その実行が可能であることも、さらに進んでそれが日本法学の使命であることにも、積極的な理由があると私は確信する。それを論証することが、上記の目的を立てた私の意図である。

二　私の比較法学

この意図には、疑問は勿論批判も反論もあって当然である。意図の狙いが、日本では考え出しにくい発想である上に、これからの私の論証が完璧であるはずはないからである。私は、本稿の趣旨を説得力がよりあるものに改善するためにその種の疑問・批判・反論を歓迎する。だがそれは本講発表の後で何時になるか予想もつかないが、今でも予想されるものがあるのでそれにはここで前もって答えておきたい。それは、私が過去には比較法学と銘打った研究業績を日本語で発表したことがほとんどなく現在は日本比較法学会の会員でもないから、私には比較法学を論ずる資格があるかと疑う有形無形の声である。

たしかに私は、研究生活の前半期には、法哲学・法社会学・法人類学をさまよい歩き、その間に一時日本比較法学会に入会していたこともあったが実績を残す間もなく退会した。けれども、私がはじめに神社慣行と学区制度とをテーマに選んだのは日本固有法の実例としてであったので、後にはこれらを他の非西欧諸国の固有法と比較して理論化する必要を痛感して、後半期には非西欧法ないし多元的法体制に集中し活動の場を国際学界に求めた。そのために私は、思いながらも日本比較法学会に再加入する余裕がないままで過ぎた。しかし、私自身は自分の仕事を非西欧法からする比較法学と心得てきており、このような志向を理解して私を比較法学者として遇する友人が、国際学界にも[3]日本にもあった[4]。

そして半世紀余にわたった私の非西欧法研究を最近に総括したとき（千葉一九九八、Capeller & Kitamura 1998）、新たな課題を知った。まずは非西欧法学を方法として確立すること、ついでこれを広い比較法学の傘下に組みこみいわば総合比較法学として発展させることであった。その後者を直接に刺激したのが、Capeller & Kitamura 1998 中に掲載されたウッドマンの論文（Woodman 1998）であった。したがって本講は、仏文のこれら二文献の紹介・批判を軸として展開される。

第二節　非西欧法研究の現状

一　日本

わが国では、〝非西欧法研究〟すなわち非西欧法をテーマとして追求する研究業績は、非西欧諸国法個々の研究業績としては比較法学その他の諸分野で相当数が提出されている。しかしそれが法学界一般に通用する用語あるいはテーマとして成熟しているという状況までには至らず、まして法学界の一領域を形成したと言えるほどには到底至っていない。むしろ〝アジア法〟が、一九八〇年前後から法学界の新テーマとして定着しており（千葉一九九八、一七はその数年前までの発展状況を概観）、二〇〇〇年七月には安田信之・稲正樹等の努力によってアジア法研究会の組織が成った[5]。けれども、それが非西欧法の全般にまで広がる動向はまだ見えていないし、それが関係する学者の怠慢だと言いきることもできないそれ相当の理由もある。思うに、一方では、しばしばアジア法と対照されるアフリカ法が全体として共通の実体的特徴を有するのに対して、アジア法にはそれが見当たらないどころか、反対にインド法・中国法・イスラーム法その他の諸法に分立しているものの単なる総称として理解するほかなく、他方では、中国法を中心とする東および東南アジア諸国法が歴史的・文化的に日本と緊密な相関関係にあったことから、他のアジア諸地域に優先して（実は他地域を除外した）〝東アジア法〞ないし〝東南アジア法〞をもってアジア法に替えていた、という実情があった。(6)その二事情にも、私は一部の合理性を認める。

しかしそれにもかかわらず、と言うより東アジア法研究と同時に、他のアジア諸地域を含む〝全体としてアジア法〞の、そしてさらに西欧社会以外の法のすべてすなわち非西欧法の研究を発展させることを、私は要請した（千葉一九九八、とくに序章、終章）。その理由には二つがある。一つは〝実態論上の理由〞で、地理上のアジアの諸地域に多様に散在する法ないし法文化の全範囲に、一見では看取れない共通の特徴が、とくにアフリカ・ラテンアメリカ・オセアニアの非西欧諸洲と対照すると明確に認められる（千葉一九九八、一〇章とくに二三四―二三五頁）ので、その解明が必要かつ可能なことである。

もう一つはいわば〝イデオロギー論上の理由〞である。世界の法学には西欧法学が前提とする国家法一元論と西欧法普遍論が徹底していて、日本の現行法学もそれを受けて、西欧法学が対象とする近代西欧法が人類の規準とすべき唯一の法であり、それが作り上げた近代法学こそ法理論の真正の基準だということを、長く法学の金科玉条としてきた。しかし二〇世紀の末期には、それがイデオロギー的神話にすぎなかったことが、ポストモダン法学が象徴するように認められるにいたっている。ゆえに現代における法理論は、西欧法学のすべてを神話と看做し去るのは勿論過激に過ぎるが、その神話的な部分ないし性質を正確に剔抉することと、換言すればまず西欧法および西欧法学のイデオロギー性を批判せざるをえない。そのイデオロギー性批判の武器には、ポストモダン法学が唱えるような多くのテーマがあるが、中でも端的で強力な武器であるはずのものが非西欧法であり、[7] そしてこれを弁証する観点が非西欧法研究ないし非西欧法学である。非西欧法研究・非西欧法学は、西欧法学と同様に、勿論実態論上の要請によるとともに、イデオロギー論上の要請に応えるものでもある。

当然、非西欧法研究・非西欧法学は誰の為すものでも、非西欧法の多様な事実を正確に観察・分析する実態研究と平行して、そのことが西欧法学のイデオロギー性批判でもある面を強調せざるをえない。私の前著一九九八もそうであったが、その主旨の理解を読者に請うのに叙述には難点が二つあったと今は反省している。一つは、非西欧法研究と非西欧法学との両類語に明確な規定を与えず両用語の区別も不明確なままに使用していたことである。その点の現在の修正を結論的に記すと、非西欧法研究は非西欧法の概念に該当する多様な事実を法学の研究テーマの一つとして観察・分析する特殊研究、非西欧法学は非西欧法に特有の対象と方法を理論として確立させ他の領域とは理論的に判明に区別される法学の一特殊領域、とそれぞれを区別すべきであった。とすると、私の前著は、前者を唱導して多少の実行を試みたが後者には未着手であったという幼稚さであった。

他の点は、肝心の対象である非西欧法の意味も規定せずその研究の意義を要約することもしないままであったことである。たとえば、非西欧法は広義では慣習法ないし法文化を含むということを当然の既知事項と扱って、これを正確に観察・分析するには西欧法学の知らない道具概念を必要とするとして、「アイデンティティ法原理下の三ダイコトミー」と名づけた法の操作的概念枠組を提唱したけれども、非西欧自体の明確な概念については規定も証明もしていなかった。もっとも、弁護するならば、この点に関しては他の機会に私の作業仮説を仏文で提示していた（Chiba 1993a）。その機会とは、フランス語の一事典（Arnaud, ed.

1993）が非西欧法および法文化に関係する諸項目を採用して欧米における非西欧法研究の一転機を成したので、次にその事情を要約しておく。

二　外　国

外国学界の非西欧法研究としては、戦後の画期的大事業であった *International Encyclopedia of Comparative Law*（*IECL*）が、西欧諸法を基準とはするが非西欧諸国の国家法と民衆の法観念をも視野に入れ、一九七五年に第一巻を送りだして以来大きな契機となった。それ以前は、非西欧諸国の法とは西欧法を移植した国家法の西欧的法律学があるだけで各地の固有法は特有の存在意義を認められない状態にあった。実際には固有法がそれぞれの社会に伝統として根強く生きて働いていたことは知られていて、その法としての性質を認めたものに民族法学も現われたが法学では傍流にとどまり、また人類学が個別的な調査報告を提出していたが法学は無視することができたので、それが法の一種と認められたとしても慣習法・未開法・現地法等の非正統を意味する形容詞を付けねばならなかった。

換言すれば、*IECL* を企画した国際比較法学会の学者たちは、非西欧法を西欧法とは異質でせいぜい別世界の法だとして正式の法からは除外してきた過去の観点をそのまま維持することができなくなった。その着眼点は、当初は非西欧法は西欧法と違って慣習ないし慣習法の比重が大きいことであったが、しばらく後には法哲学者たちとともにこれを法文化（legal culture）の相違と認めるようになった。他方で、一部の法学者は法社会学者や法人類学者として、一九七〇年代から移植西欧法と固有非西欧法との共有を多元的法体制（legal pluralism）と呼んで研究を進めた。この二着眼は、その後もたがいに交わることなく別々に進行しているが、現在も非西欧法に対する西欧法研究の代表的な動向となっている。

それは学界の一般傾向であったが、ヨーロッパとアメリカのそれぞれではそれとやや異なる関心も別に発展した。アメリカでは、戦後に独立した新興国の「法と発展」研究が一九七〇年前後に時代の要請として一時期にぎやかであったが、まもなくその観点もアメリカ合衆国の世界政策に乗るものという批判を受けて(千葉一九九八、二二三頁も簡略に言及するが、詳しくは安田一九八七、三四—四五頁を参照)、「別の発展」を探る第三世界法学の名で非西欧国家法の特殊性を探るものと変わった。ヨーロッパ諸国では、法学は何よりもヨーロッパ統合の歴史的趨勢に対応することに追われ、一九九〇年前後からは移民あるいは難民の急増による文化衝突の問題が大きくなり(Gessner et al. 1996)、カナダから発信された(Kymlicka 1995)文化多元主義(multiculturalism)を実感するようになった(Raz 1998)が、いずれにしても大勢の関心は欧米先進国内部の問題にあり、非西欧法を注視する見解は多元的法体制あるいは法文化に着眼する一部学者の例外にとどまった。

しかしその例外は、一九八〇年代以来、西欧法とは異なる非西欧法の実態に基づく問題提起を続けて、国際法人類学会(IUAES Commission on Folk Law and Legal Pluralism)はじめ、多くのグループや個人有志が企画した諸図書と、*Recht in Übersee; Journal of Legal Pluralism and Unofficial Law; Law and Anthroplogy* その他の雑誌が掲載する諸論文により、研究成果は格段に増加した。だがしかし、それらの関心全体にまたがる非西欧法の「非西欧性」を正面から追及する問題が提起されたことはなかった。最近は、文化多元主義が欧米の学者間に常識となった観があり公式法のほかに非公式法を認めたり(フリードマン二〇〇〇)、非西欧法を加えた比較研究を必須と主張したり(グロスフェルト二〇〇〇)するものも出たが、依然として西欧からの観点にとどまっていることには変りない。

その傾向を破って非西欧法を正面から見直す動きが二度現われた。第一は、アンドレージャン・アルノオの総合編集による『法理論事典』〈第二版〉（Arnaud 1993）が、「非西欧法」（Chiba 1993）を含め非西欧法文化に関する一一項目に加えて、比較資料としてヨーロッパ法文化に関する四項目を収載したことである。(8)第二が『非西欧法文化入門』（Capeller & Kitamura 1998, 以下本書と言う）で、ブラジル法から出発してラテンアメリカ法を専攻するワンダ・カペレ（アルノオ夫人）が、所属するL'Akadémie Européenne de Théorie du Droit, Bruxellesのセミナーで前記事典の非西欧法論を紹介したことが同アカデミーの眼を非西欧法にも向けさせることになり（ibid.: "Avant-propos" 参照）、同アカデミーの一叢書として北村隆憲の協力を得て編集したものである。その内容は、前記事典中の非西欧法の九項目を再録した上に新稿四編を加えて中核とし、彼女の序文で始まり私の結論と業績目録で終わるものである（詳しい由来は、本書第一五章第二節参照）。

本書は、その理由によりArnaud 1993を吸収・発展させて非西欧法文化をタイトルに掲げその非西欧性を明確にしようとするもので、それとしては世界で初、よってこれを非西欧法研究を非西欧法学に発展させる出発点とするにたりる業績と、私は受け取る。故にこれを検討することにより、世界の学界における非西欧法学の意義、その必要性とともに本書の限界を補って十全に発展させるための条件を考察し、進んで総合比較法学を展望することができると、私は信ずる。

第三節　非西欧法をめぐる論争

一　「非西欧法」の作業仮説

本書の中で論争の発端を成したのが、拙稿の「非西欧法」（Chiba 1993a の再録）である。その内容は事典中の初稿を準備した一九九〇年ころまでの資料に拠ったものなのでその五年後の本書企画時には補正したい点もあったが、本書の編集者と他寄稿者の根拠も初稿に拠っていたので新たに補正する余裕がなかった。しかし私自身の現在の基礎的な認識は当時と変わるものがないので、まずはそれをそのまま紹介することから本稿の議論を進める。ただし、と言うよりは以上の理由で、以下の叙述は有志の共同作業によって順次補正してゆくべき作業仮説である。

その冒頭で、当時の国際学界において実際に使用されていた非西欧法の概念ないし用法を整理して五種に分類した。第一は「非西欧諸国の法」の意味で、西欧諸国家の法と区別する目的のものだが肝心の法の概念を検討することがないので地理的観念にとどまり、科学的には無用である。第二は「非西欧諸国家の国家法」と法概念を限定する点は一歩前進だが、三傾向に分かれる。その一は法を国家法に限り非公式法を無視するので、前者と同様に無用である。その二は国家法に対して固有法あるいは社会＝文化的要因の不可分の影響を認めるのでさらに一歩前進だが、そう言うだけでその実態を解明はおろか実は理解もしていないので未熟である。対してその三は「国家法下の多元的法体制」に着目する法学者に多く、固有法の意義ないし影響あるいは植民地主義の後遺症に注目するのはよいとしても、その実態については人類学か社会学に譲ってしまい法学として認識まして分析するには至っていない。第三は、同様に多元的法体制を承認するがもっぱら「固有法に専念し国家法を度外視」するもので、人類学者に多い。第四は「国家法と固有法との交錯関係」を主眼とするもので、今日の多元的法体制論の主流を成す。第五は固有法あるいはその国家法との交錯関係を総体的に「法文化」と把握するもので、具体的な業績はまだ少ないがこれが非西欧法研究の本来の姿である。

次に、現存する非西欧法ないし非西欧法文化の代表的特徴を三点にまとめて挙げた。第一は「法の形態が多様」なことである。多様とは、国家法も多くの国でキリスト教の教会法やイスラーム法等の宗教法に部族法その他の非公式法を部分的には公認して公式法とすることが多いから、一国の公式法体系はそれらの全体であること、また、在るがままの非公式法は地方・部族・宗教・階層等々ごとに正に多種多様に分かれること、そして、国家法のいわば上位には超国家法があって国家法にも非国家法にも直接間接の影響をしていることを考慮に入れると、多元的法体制は二元ではなく実は三元であること、等を指摘する。第二は「文化の態様も多様」なことである。その実態が比較的に知られているのはアフリカ次いでアメリカだが両文化圏内も実情からすれば既知よりも未知の部分がはるかに多く、アジアやオセアニアあるいはラテンアメリカからの報告はほんの少数にとどまり、東南アジアと中央アジアとは人類史を代表する有力な諸法文化の移植が重なった例としてその検討が待たれるのにその関心は学界にない。第三は「植民地主義の影響」である。〝現実的〟に植民地化された国々の情況は言う必要がないほど周知のところだが、政治的には植民地化を免れても経済・文化等の面で〝比喩的〟な植民地化もあり、さらには西欧法帝国主義などの批判には〝象徴的〟植民地化という用法もあるから、植民地主義の影響にはより緻密な究明が望まれる。

　最後に非西欧法の研究に新方法の開発を要請する。西欧法学は現行の比較法学に見られるように非西欧法の観察分析にあたり、法自体をはじめ権利義務、所有、契約、犯罪、訴訟、家族等々西欧法上確立した法概念を使用してきたが、その手法は二重の意味で〝非科学的〟である。第一に、それらの諸概念は西欧文化の所産である西欧法の中で創りだされたもので、文化的実体の異なる非西欧法を正確に把握できないことをまったく意とすることなくこれをそのまま適用し、実は西欧法という特殊な鏡に写った映像を非西欧法の実態と誤認して満足したことである。それと関連して第二に、法の客観的認識のためには、西欧も非西欧も含めすべての実態に適用可能な科学的道具概念の枠組みを第三の観点から創出することが必要であるのに、その着想が皆無なことである。西欧法学の方法の誤りを示唆するのに、社会学と人類学の成果と貢献はある意味で大きかった。しかし実は社会学には社会の基礎単位を個人におくことに明らかなように本来は近代を弁証する学問であった性格が残り、また人類学も西欧文明社会が未開社会に気付いて生まれたのでその文化相対主義にもとかく西欧優越思想が潜み（Renteln 1990: ch. 3）、いずれも現地諸社会の主体的観点には隔靴掻痒である。そこで、それらの欠を十分に充たす新しい〝操作的概念枠組の開発〟が、非西欧法学樹立のために要請される。その試案の例は世界にはまだ現われていないが、私の提案「アイデンティティ法原理下の三ダイコトミーの法（公式法対非公式法、固有法対移植法、法規則対法前提）」は、本書では要領の説明しかできなかったが（詳しくは、千葉一九九八、三章、その他）、その一案として有志の検討を待つものである。

二　ウッドマンの批判

上の私の作業仮説の要点の幾つかのうち重要な二点を、本書の中心を成すゴードン・ウッドマンの新稿（Woodman 1998）が正面から批判した。ウッドマンは、ロンドン大学でアントニー・アロット（アフリカ法研究の先駆者でイギリス政府のアフリカ法リステイトメント〈Restatement〉政策を指導した）に学び、ナイジェリアを主とするアフリカ法の専門家として出発、やがて多元的法体制研究を先導するようになり、国際法人類学会の二代会長を務めた後、最近はその機関誌 *Journal of Legal Pluralism*（*and Unofficial Law*）の編集主任をしており、本学会で現在最も指導的な活動をしている学者である。

私見に対するかれの批判の第一は、私見は西欧法理論のエスノセントリズムを批判するものとしては意味があるが、非西欧法の特殊性三点を主張するうち、植民地主義の影響を指摘する一点はよいとしても、他の二点は疑問だということである。まず、非西欧法が文化とともに多様だということは西欧法についても同様であるので、その点では「西欧も非西欧も区別できない」（以上、Woodman 1998: 119-123）。ついで、私見が

「固有法を慣習法と同視」して結果的に後者を無視し、慣習法には、国家法に採用されて多かれ少なかれ変質させられたものと、採用されずに本来のまま生きているものとを区別すべきであるのにこの区別をしていない、と言う。かれはこの慣習法二分論を持論としていてその理由で多元的法体制を国家的（state）と深層（deep）との二に分け、この区分を無視するのは「国家法中心主義」に連なると言う（以上、ibid.: 125-132）。

その批判の主旨の、法文化の多様性は西欧も非西欧も同じ、および、国家法に採用された慣習法は変容する、という事実については、私もかねてより認識し叙述しているところであるからかれの見解には異論を持たない。むしろその理由によって、私に対する批判としては見当違いだと返上せざるをえない。前の点については、私見を執筆するとき非西欧法だけをテーマにしたので西欧法学に知られることの少ないその実体の特徴を、私見が西欧法学のイデオロギー性を反駁する意味で強調せざるをえなかった。私が法文化の多様性を西欧と非西欧の両世界に偏ることなく認め私案の概念枠組も両世界にともに妥当するものとして構成したことは、以前から述べており本書でも言及したところである（Chiba 1989: 173; Capeller & Kitamura 1998: 270. Miyazawa 1998(9): 159-160 もこのことを認める）から、かれも知っているはずであり、かれ自身も以前の論文では、非西欧法はその特徴によって西欧法と区別されることを強調している（Woodman 1993）。後の批判点については、私も、慣習法は本来は非公式法であるが国家権威により公式法に採用される場合は性質を変えることを明言している（Chiba 1989: 178）。

ゆえにかれの批判に、私は何の痛痒を感ずる必要がなく、基本的にはむしろ私と同見解を表明するものとして賛意を表することができる。その上で、むしろ些末に属するが一部を再批判することも可能である。何かと言うと、かれは私の英文前著（Chiba 1989）を書評したことがあり（Woodman 1992）、その書に上記二つの論点を私が記述しているのを読んだはずであるのに、本書の新稿ではこれを棚上げにしていることである。これに対しては、かれは、その批判は本書に掲載された私の小論文一つの内容に関するかぎりでそこに書かれていないことは顧慮する必要がないと答えるであろう。その上、かれの批判は私も歓迎するところだろうと自ら冒頭に書いた（Woodman 1998: 117）のは、二人の間に見解の相違が実はないことを承知しているからだと、私には思われる。私はこれに改めて反駁する必要を認めない。

そう考えると、この論争には論点の問題よりも、批判という学問の協力作業のあり方に関する大事な示唆が二つ得られていることに、もっと注目すべきである。この点は本稿には傍論なのだが大事と思うので一言しておくと、一つは、論争を通じて両者の間の相違点と同意点むしろ誤解点と説明不足点とが明確になり、しかも同意点の方が学界に対して重要な提言を含むことであるが、その意味は次節に改めて詳説する。他は、他人の業績を読む者がこれを正確にしかもその全体像の中で読み取ることがいかに難しいかということ、そして書く者が読む者に自説の誤解を与えぬよう万全に書くこともまた難しいこと、である。そこに、書く方と読む方と双方とも細心の注意が要請されるとともに、人間の為すことであるから多少の落度には寛容に理解しあう態度が要る。そのような批判・論争が積極的な効用を結果するのである。(10)

第四節　総合比較法学と新概念枠組への展望

一　ウッドマンの提案

ウッドマンは、上述のように私見の表現を批判するけれども基本的問題点については私と認識を共有することが明らかである。そして進んで、私が主張する、「現に働いている法の全体構造」を正確に理解すること、そのために適切な分析の「道具概念」を創出すること、の必要性に賛成する（Woodman 1998: 134）。ただし、私は非西欧と西欧の双方に適用可能な概念枠組の全体構造を、したがってその内部構造を成す三ダイコトミーの六法概念とこれを統合するアイデンティティ法原理の機能を重視するのに対し、かれは、専門とするアフリカ法研究の成果（Woodman 1993）に基づき、異なる重点を強調する。

その一は「法規則と法前提との関係」である。その理由は、国家法の法規則は厳格に規定されるが実際の運用は曖昧と隣合わせなくらいに柔軟で、その柔軟性が異なる法の相互間の調整をも果たすことで、ゆえにこの点の一層の研究を期待する（Woodman 1998: 137-141）。第二は法移植の態様で、戦後、アフリカに移植された近代西欧法は各国で新官僚の操るところだったが、実態は社会経済の展開に推進されて多元的法体制を形成したので、その究明が要る（ibid.: 141-143）。

第三が新概念「フィールド（champ, field）」の提案である。これは、多元的法体制のもとではそれを構成する諸法が弁別が困難なほど相互に交錯しているが、それぞれに特有の権威と領域を持っているに違いないので(11)、それをフィールドの概念をもって弁別する方途を探る課題として提起するのである（ibid.: 144-149）。そこから、かれの結論が導かれる。すなわち、私の非西欧法論をさらに発展させる意味で、「比較法学の研究者は、西欧社会の法だけでなく世界に在るすべての法の存在を解明しその相互関係の調整を探索する法理論を発展させることを求められている」（ibid.: 149-150）という、「包括的比較法学」の提唱である。

二　本書の主眼点

「包括的比較法学」は、ウッドマンだけでなく本書中で宮澤節生もまた展望するところである。宮澤は私の法文化研究とくに概念枠組を丁寧にフォローし紹介する新稿を本書に寄せた（Miyazawa 1998）。その結論部分の主旨は、私の法文化論は傾聴すべきだが人類学的には発見的手段にとどまっていて未探索の部分を多分に残すと批判し、またアイデンティティ法原理が内部諸勢力のヘゲモニー争いを隠蔽し日本では政治的イデオロギーとして働く作用を警戒しつつ（ibid.: 169-172）、アメリカの法文化論とも共通する目標を包括的比較法学に発展させるべきだと、ウッドマンと同じ言葉で結ぶ[12]（ibid.: 172-175）。

この二人の一致する目標を具体化するためには、ウッドマンも私論に同調して言うように、非西欧法を適切に観察する方法を創出することが前提となるが、これを本書中で正面から主張するのがオセアニア法から出発したピーター・サックである（Sack 1998）。その主旨は明快である。そもそも西欧法の観点は、ローマの技術とギリシャの知とユダヤ＝キリスト教の宇宙観との産物でこれをノルマン＝ブリテンの立憲主義が一種のイデオロギーに仕上げ、他の諸法に対しては帝国主義的態度をもって望むことになった。対して非西欧法は、この西欧法の概念では絶対に把握できない多元的構造を有するので、その観点としてはこれに適切に即応する「第三の基準」が必要である。それが何かが比較法学の課題なのだが、かつて野田良之が民衆の心意を重視して*IECL*に書いた中国法（Noda 1975）が示唆を与える。すなわち法は形と道と礼の三形態に現われることで、これを精錬すれば非西欧法だけでなく西欧法の観察にも役立つ[13]。かくてサックも言葉は違いながら、新概念枠組を必要とし包括的比較法学を展望することが明らかである。そうしてみると、この点が本書の主眼点に違いない。

本書収載論文中非西欧法を一般的に考察する論文は、以上以外にもある。第一は編者カペレの序文（Capeller 1998）で、学界の非西欧法に対する関心と研究成果を概観するものであり、第二は他の編者北村隆憲が、大学院以来私と同行してきた経験と私との対談（本書中に〝Antretien〟として掲載）とを踏まえて一研究者としての私を描いたものである（Kitamura 1998）。いずれも、その労を私は多とするが、上述によって明確となった本書の主眼点に直接言及するものではない。第三は私の結論で、非西欧法を法文化圏ごとに概観し中でも東南アジアと中央アジアとを人類の為した法移植史のモデルケースとして再検討することを提唱するものである（Chiba 1998b; 千葉一九九八、一〇章が日本語のその趣旨）。他の収載論文は第二部を成す七編でアフリカ・イスラーム・中国・上座部仏教・オセアニア各法文化の個別的概説であって(14)、いずれも非西欧法一般論には論及するものではない。

第五節　結論――総合比較法学の待望

一　結論の国際学界における意義

包括的比較法学の提唱という本書の理論上の結論は、本書中の主要四論文が一致して待望する新目標、すなわち法学上の新観点の確立とその実行のための新概念枠組の採用を唱えるものである。表面は私の非西欧法論を批判しその新発展を説くウッドマンの主張であるが、その実体は私も本来展望していたところであり、その上に宮澤節生もサックも一致する見解である。このことはそれだけでなく進んで、ウッドマンも私も実証的な非西欧法研究から出発して多元的法体制論を推進している実績からすると、現在における国際学界の非西欧法に対する関心を代表するこの両人が共有する目標ということになる。

国際学界で非西欧法に関心を持つアプローチとして私の知るものに、外にも三つがある。第一は、非西欧の事態を直視することがなく西洋民主主義国内部の非西欧的因子として民族的マイノリティを問題とする多文化主義論である（前掲 Kymlicka 1995; Raz 1998 参照）。これを論者たち自身は多元的法体制のそれだとは言わず、また多元的法体制論者もこれを自論に該当する欧米の例だとも見ず、これまで両論は併存したままで交わることがない。しかし、アプローチは相互に異なっているとしても対象とする事実は同種であるから、まさしく欧米における多元的法体制を問題とするものにほかならない。まして、その論議の発信源を成すとも言ってよいウィル・キムリッカは、これをアジアや中東、ラテンアメリカ、アフリカ、中東欧の諸国にも及ぼすべきだという趣旨を述べる（Kymlicka 1995; 日本語版への序文）から、実は非西欧法をもその視野の一端に入れている。とすれば、それも多元的法体制論ひいて比較法学と協調できる、否すべきはずである。第二は法哲学者らの言う法文化論だが、これも多元的法体制論・比較法学と協調ができるだけでなくすべきであることは、言うまでもないだろう。第三が比較法学である。比較法学の全般について私個人の批判や提案をすることは、私の能力にも資格にも無い。けれども、私も関わる学界の共通見解を仲介して比較法学界に伝えることは、研究者の広い意味での権利でも義務でもあり、比較法学もまた適切に応答してくれるものと、私は信ずる。本書に現われた包括的比較法学の待望はその共通見解の一つである。

比較法学界にも、従来の西欧法学本位の観点を脱却して全世界の法文化を公平に観察すべきだという主張がその試みとともに現われていることが、その外にいた私も知るほどすでに顕著である。私が知ったところでは、ポーリング・タンは東アジア法を正確に把握するのに伝統の法系論では不足だとしてそれ以外の観点を模索しとくに多元的法体制論ひいて私の概念枠組にも注目し（Tan 1997）、木下毅は西欧と非西欧にわたる世界法文化圏の観察を展開した（一九九九）。その方向は、西欧法と非西欧法とを共に視野に入れる観点であるから、本書でウッドマンと宮澤が「包括的比較法学」と呼んだものにほかならない。私は、その趣旨を全面的に支持する。しかしその名称については、強く争うつもりはないが、「包括的」よりも「総合」を使いたいと思う。理由は、「包括的」は、比較法学が従来の西欧法本位の観点を非西欧法にも及ぼす観点に広げるという意味では妥当であるけれども、そこには西欧法を基準とする観念が少なくとも現在では潜在しており、また将来の真正な比較法学を展望すれば法の分類は西欧と非西欧とだけではなく他に幾様も可能と思われる理由で、私は若干の危惧を感ずるからである。対して「総合」は、今後確認されるであろう新たなものの一切を差別なく客観的に包括することができるからである。よって比較法学界に私が伝えたいことは、総合比較法学推進の要請である。

ただし現在の比較学界はただちにそれに踏みこむことに躊躇せざるをえない事情があることも、私は知っているつもりである。それは、総合比較法学の目標はよいとしてもこれを実行するのに適用可能な具体的な方法が当面は学界には無いからである。その理由を私に言わせれば、比較法学が対象考察の手段として信奉する現在の方法論は、法観念については西欧法を前提としたまま、したがって西欧法を構成する実体的要素概念をそのまま道具概念としているために、西欧法とは文化の異なる非西欧法の観察も分析も正確にはできないことである。

これを打開するには、法観念の展開と新道具概念の開発が要る。まず第一に、非西欧法を観察・分析するのに対象である各法主体それぞれの主体的観点に立つことである。ということは、非西欧を外からしかも西欧法が根ざす西欧文化の眼をもって見るのではなく、現地の民衆が自己の固有法を伝統として護り伝えてきたその眼で観ることである（千葉一九九八、二章参照）。もとより、非西欧人自身も排他的なエスノセントリズムを持ってはならず地球上に並んで生きる他の仲間を尊重しむしろ仲間に学んで自己を変革する用意を前提した上である。第二に、西欧法はもとより非西欧法をもそれぞれの実態に即して客観的に把握できる第三の立場からする操作的道具概念を開発することである。それがサックの強調するところそしてウッドマンも私も主張するところである。ただしその具体案がまだ他にない以上、私の提案すなわち法の「アイデンティティ法原理下の三ダイコトミー」（千葉一九九八、三章参照）を検証の上、跡形もなく修正してより適切な新枠組が創出されることを、私は願ってやまない。私案に注目する学者が外国でも（上記の Woodman, Tan, その他）日本でも（安田一九九七b、角田一九九九）あり、最近はトルコとタヒチで検証したもの（Yilmaz 2000, Bambridge 2000）も出たからである。(15)

二　結論の法学的性格と日本法学の使命

上の結論には、関連して考慮すべき事項がさらに二つある。第一は、総合比較法学は今後展開されるべき目標として提唱されたので、その対象は現在通用のものを超え広義に拡大されており、実態としては、西欧社会についてはは現に行なわれている多文化主義研究の、また非西欧社会については現行の多元的法体制研究の両アプローチを総合する意義を持つことである。そしてその実証的資料を蓄積するのは法社会学的および法人類学的調査の役であり、これを理論化するのはこの両学とともに法哲学の任でもある。とすれば、これは、法学としては、法学の他の諸領域から孤立した個々の分野だけのことではなく、いわば総合法学の一つであり、端的には理論法学ないし法理論の一形態と言えよう。ゆえに、総合比較法学の実現は、比較法学専門家だけではなく基礎法学とくに法理論の研究者すべてが協力すべき課題である。

第二はその責任ある具体的な担当者は誰かである。現在の基礎法学を世界的に基礎づけ発展させてきた西欧人学者が、その豊かな実績と能力を背景としてその役を担うことが期待されて当然であり、とくに既成西欧法学の固い殻を破った多元的法体制論者や多文化主義論者の見識を知ると、かれらに対して期待を持たざるをえない。だがすべてを西欧人学者に委ねるには無理がある。中に非西欧文化の理解を意としない者は論外としても、その理解の点では尊敬に値いする学者に非西欧文化の代弁までを一任するわけにはゆかないからである。私の観るところ、非西欧文化に対する理解が深い西欧人学者は、現地人の立場を尊重するがゆえに現地人を代弁するほど踏み込んだ主張をすることには、自制する傾向がある。私はウッドマンにもサックにもそれを感ずる[16]。この態度は尊重するに足りるので、この自制を補うために要請されるのが、非西欧人学者自身の積極的な発言である。非西欧人学者は、自文化の法を、主体の誇りをもってこれに無知か誤解しか持てなかった西欧人法学者の前に自ら提示すべき任務を持つ。それを積極的にしないでいて西欧法あるいは西欧法学のエスノセントリズムもしくは帝国主義をただ非難するだけでは、説得力にも責任感にも欠けると言わざるをえない。

しかし一般論として事実を言えば、非西欧人学者の発言は数において無に近いほど少なく、質においても学術論稿としての成熟度で率直に言って見劣りし、圧倒的な西欧人学者に太刀打ちはおろか並ぶことさえできない情況にある（注(16)のサック編集中の五論文も正直のところその感がする）。これは、残念ながら非西欧人学者の法学が西欧人が作りあげた水準に大きく立ち遅れていることを証明する。そのゆえにこそ、非西欧法研究を独立の非西欧法学にまで発展させることが要請されるのであるが、その任を担う数多い非西欧人学者の中で、西欧法と西欧法学すなわち現実に世界の学界の第一線を成す法学の移植ひいて消化の点で最も進んでいるのが日本であることは、誰しも疑わないであろう。とすれば、日本の法学者こそ、西欧法と非西欧法と両世界の主体的経験者として二つの文化をともに理解できる条件を備えているはずであり、よって、非西欧人としての主体的発言を為すと同時に、両世界の総合を図る資格と責任があるはずである。実際には、日本法学界にはそのような実績はもとより認識さえあるとは一般的には言えない状況にある。しかしこれを克服して潜在する資格を顕在化し忘れていた責任を果たすことは、日本法学とくに理論法学の使命だと、私はかねてより信じていたところである（千葉一九六九、二七二—二七四頁）。

（1）原文は、「総合比較法学の推進を願う」、滝沢正編集代表『比較法学の課題と展望――大木雅夫古稀記念』信山社、二〇〇二

（2）この主旨は、一橋大学大学院法学研究科法文化構造論講座の一九九九年七月一六日に行った講演で発想を得たものである。

（3）たとえば Chiba, ed. 1986 を、*Revue internationale de droit comparé* 1987, N°3（par X. Blanc-Jouvan）と *International and Comparative Law Quarterly* 37, 1988（by W. F. Menski）という比較法専門誌の書評のほか他の諸誌の書評も、多くは本書が比較法の新たな資料を学界に提供したと認めた。

（4）中でも、野田良之、福島正夫、五十嵐清、ホセ・ヨンパルト、大木雅夫、木下毅の諸氏。

（5）アジア法研究会は、その後二〇〇三年一一月にアジア法学会に発展した（本書第五章第二節二を参照）。

（6）言うまでもないが、アジア法の名で発表されているわが国学者の研究は、日本法・韓国法・中国法の三国あるいは広がっても東南アジア諸国までのものが圧倒的に多く他のアジア地域には及ぶことは少ない。

（7）ただし、ポストモダン法学を叫ぶ西欧人学者の圧倒的多数は西欧社会の諸問題にしか注目せず（Patterson 1994 参照）、非西欧法研究を正確に理解するものは少ない（その少ない例が Sack & Aleck 1992）。

（8）その全項目中、イスラム法文化＝制度（B. Botiveau）とカトリック・プロテスタント両法文化の執筆者計三名はアルノオの推薦によったが、他のすべては私が選考し依頼した。その全項目中で後の Capeller & kitamura, eds. 1998 に再録されたのは九で、非西欧法（Chiba）、非西欧法の観点（P. Sack）、イスラム法文化＝理論（M. Khadduri）、アフリカ法文化＝理論（S. Roberts）と同＝所有（A. K. P. Kludze）、仏教法伝統（Y. Ishii）、中国法文化（E.-S. Tay）、オセアニア法文化（Sack）である。再録されなかったのは、前記の両キリスト教法文化、フォークロー（G. Woodman）、ユダヤ法文化（B. Jackson）、ヨーロッパ法伝統（H. Berman）、ヨーロッパにおける法の移植（van den Bergh）、第三世界法学（M. L. Marasinghe）の七項目である。

（9）本書の原文では Myiazawa と書かれているが、本稿では日本流表記に直した。

（10）この点に言及するのは、相互に批判・論争をしないでしまったことを遺憾に思う事例が最近あったからである。本文で述べたように、ポーリング・タンはその編書（Tan 1997）において、総論では私案〝法の三ダイコトミー〟理論に注目し、他方国別報告では自分が担当したマレーシアについて私案中の公式法・非公式法と固有法・移植法の四道具概念およびアイデンティティ法原理を応用する観察を述べた（ibid.: ch. 7, esp. 279, 286）。

しかしタンはこれを私案の検証と明確に意図することはなく、したがって私が待望するその補正案の提起もしなかった。これはかの女がそう意図するほど私案への理解がなかったからでもあるが、さらにその理由はかの女にそれを誘うほど私の記述が明快でも詳細でもなかったからだと反省し、論争する機会を持たなかったことを後悔した次第である。

（11）ウッドマンは、国家法と非国家法または公式法と非公式法との峻別は支持するに困難と言う（Woodman 1998: 147）。それは明言こそしないが私の公式法対非公式法のダイコトミーを疑うことになりかねないことなので、一言しておく。実態においては確かにかれの言う面はあるが、これを対象として観察するときには概念枠組の道具を設けてせざるをえないし、また実態においても国家法体系が特有の規範概念として実在することも、かれ自身知っているはずである。

（12）ウッドマン論文では droit comparé général だが、かれの英語原文では〝comprehensive〟comparative law である。なお、宮澤の仏文では droit comparé compréhensive, 日本語原文では「包括的」比較法学。

（13）野田の言う中国法の三要因は、私の公式法と非公式法と法前提の三概念と勿論発想も意味も異なるけれども、非西欧法の特徴をとらえようとする点で共通する観察のあることが推察される。

（14）この書にインド法文化がない。インド法文化は、最初の Arnaud 1993 編集時にも後の本書編集時にも最重要項目の一として最善の候補者に執筆を依頼し本人も快諾していたが、諸種の事情で（本書第一五章第二節参照）欠落した。大きな遺憾事なので、私はこれを私の「結論」で略述し、別にも詳述した（本書第八章）。

（15）その後に知られたものに、W・F・メンスキーの強い支持がある（本書二四三頁参照）。

（16）　その意味で、サックがその編書（Sack & Aleck 1992）で、西欧人学者による四部一九論文中に非西欧人学者による一部五論文を採択した例を、私は非西欧法研究を奨励しつつ分を守ったものと評価する。

第四章　法文化の理論――スポーツ法学の拠る

はじめに

スポーツは、歴史を通じて代表的な人類文化であり続けた。ことに近代以降においてはオリンピック競技とワールドサッカーとに代表的に見られるように、近代スポーツ諸種目の各国ごとおよび国際間の普及が世界の人の目を見はらせ、第二次大戦以後まもなくのころには全人類を通ずる屈指の大文化かつ巨大産業とまで発展した。それは確かに人間生活の光であるに違いない。が実は陰もあることがやがて人の耳目を引くようになり、近代法のシンボルである人権を冒す場合も目立つようになり、スポーツ人とその権利を保護し救済するために国家法もこれを規制する必要が生じた。かくてスポーツ国家法の制定があい次ぐようになり、スポーツ法学の誕生にも至った。ところが、スポーツ法とはスポーツ国家法だけではない。そもそも或るスポーツが在るということは、まず、その種目をスポーツとして成立させる特有のルールが働いているからであり、ついで、その催しを開く当事者の合意ないしこれを可能にする関係スポーツ団体の協約が前提としてあるからである。このスポーツルールとスポーツ団体協約をあわせ、なおその両者にまたがる特有のスポーツ法理念として安全と公正を加えると、この三者がスポーツに固有な法すなわちスポーツ固有法の本質的要因である。この固有法があるからこそ、スポーツはスポーツとして成立する。このスポーツ固有法は非公式法であり国家法一元論に立つ法学からは放置されていたが、スポーツ人にとっては国家法に先立って働く実際の法にほかならない。

私は、広く法文化を長らく探究してきた過程で、スポーツ法文化の基礎にこのスポーツ固有法があることに気づき、これをスポーツ国家法と並べて広義のスポーツ法と観念しスポーツ法学の確立に努めてきて、その研究成果を一書にまとめた（千葉『スポーツ法学序説』（信山社、二〇〇一）、以下ではこれを原書と言うことにする）。それは序説なので論述は不十分な点を残すが、スポーツ法学を法学の一分野として主張する根拠は十分に論じたつもりである。そしてその諸論点の中には、スポーツ法学にかかわりつつその範囲を超えて法および法文化の一般理論全体にかかわるものもある。それらはスポーツが提起する観点なるがゆえに既成の法学は関心を抱かないが、法を人間生活全体に還元してみると学界に従来欠けていた重大な論点をも含み法の新しい一般理論を示唆するものと、私は確信する。だがこの書は法学からはスポーツ法の専門書に分類される結果、それがカバーする一般理論は関係者の眼に届きにくい。私は声を大にしてこれを訴えたいので、本書を編集する機会に、私がスポーツ法学で発見した関係部分を原書から抜粋してここに一章として再録することにした。ただし、その趣旨を記すためにこの「はじめに」をおいたこと、および、抜粋した文章には若干修正した字句のあることを、了解願いたい。

一　スポーツとスポーツ法の概念

本章の実体を成す三項に先立ち、スポーツ法の意味が大部分の法学者には知られていないので、これをまず略述しておく（以上、詳しくは原書六〇―七六頁参照）。

スポーツの概念は、体育学その他のスポーツ科学でも必ずしも一定しているわけではなくいろいろの定義があるが、これを法文化として考察するには中でもR・D・マンデルの言う三要因説、すなわち、特定の身体行動による競争、それを規制する一定の規則、そして実現をめざす特殊な象徴的様式を、私は評価する。ただし、私はこの三要因中に比重の差を認める。すなわち、どのスポーツ種目も、ルールがなければ単なる運動あるいは遊技にとどまるのを、それに特有のルールが開発され精錬されその体系化がなされるにともなってスポーツとなり、ルールを通じて社会に普及し国際化もすることになる。ゆえにルールこそスポーツに最も本質的な内在的要因、そしてスポーツ人には直接の法すなわち固有の非国家法である。よって、スポーツの定義には、三要因中でも一定の規則を主、他の二要因を従と理解できよう。とすればスポーツ概念の定義は、「一定の規則の下で、特殊な象徴的様式の表現をめざす、特定の身体行動による競争」となろう。

このスポーツは、スポーツであるかぎり必ず固有のルールを内在させているから、法文化としては同時にスポーツ法の核心でもあることになる。スポーツ法は、まずスポーツ固有法とスポーツ国家法とに分かれ、さらに前者はスポーツルールと、スポーツ団体協約とスポーツ法理念との三種を含むのである。この法文化が、少なくとも以下の三点において法一般の社会＝文化理論を示唆している。

二　スポーツの文化性

スポーツが単なる身体運動ないし競技であるだけでなく広くかつ深く文化と関わることは識者がよく知るところで、日本では関係する諸論考の中でも稲垣正浩と寒川恒夫が人類にとってスポーツの果たす歴史的意義および文化的機能を広範に論じているが、外国では、博学のノルベルト・エリアスがエリック・ダニングという好適な共著者を得て、スポーツは「日常生活の緊張や抑圧を相殺して感情を活性化する社会制度」であると卓越した見解を示している（一九九六）。私はかれが社会制度と言うところにスポーツ固有法が働いていることを見てその趣旨を敷衍し、本項と次項を以下のように論ずる（以上、詳しくは原書一四七―一五一頁参照、また以下は一五一―一六九頁より抜粋）。

1　スポーツ文化の意義

スポーツは、規範とくにルールに規制される身体運動の象徴的様式行動であって、その機能は、たしかに人間の本性である興奮を喚起し自己実現を可能にさせる力があるからそれを奨励するために、しかし他方で時には裸の暴力や乱闘にも至る行き過ぎの害もあるからこれをコントロールするために、ルールないし規範をスポーツ固有法の核心として発達させた。これをスポーツ法学の観点から言えば、文化としてのスポーツはスポーツ固有法による自己実現と社会秩序形成の制度ということになる。この言明の真偽の最終的検証は、他の有志の協力によってなされることを期待するが、私自身も今できる検証を以下に試みておく。

最初に、上記言明の妥当性を検証するために、文化の意味を文化人類学の専門家に聴いておきたい。ただし専門家の文化論は膨大でここに深入りする余裕はないから事典の一代表例（吉田一九八七）によって全貌を瞥見しておくにとどめざるをえない。それによれば文化の意味は四の異なる意味に用いられる。すなわち、一は特定社会の人々が共有する生活様式（知識・道徳・慣習から法をも内在させている）、二は自然環境に対する適応の物質的な体系で技術・経済などの社会組織となる（各組織はそれぞれ個有のルールを持つ）、三は対照して観念・概念や規則を含む観念体系（ルールも法もその有力な一種）、四は社会の人々が抱く意味の体系である象徴体系（法は秩序と平和の象徴である）、である。文化が以上の人間的＝社会的意義を内包させているのならスポーツ固有法がその一環であることは疑う余地がないであろう。これを資料と理論を揃えて証明することが課題として残されるが、それは広大な問題で一挙に解決できるものではないので上記の稲垣と寒川の業績を参照して諸問題を察知するよう願っておき、ここでは今ただちに論及を可能にする予備的考察の資料がある二点だけを私見で敷衍しておくことにする。一はエリアス＝ダニングが強調するスポーツの文化人類学的象徴性で、私の敷衍は以下に続いて述べるとおりである。他はスポーツの紛争制度としての意義だが、これは社会学が探究していた紛争理論を私が応用したものなので次項に改めて述べる。

2　スポーツの象徴性

スポーツの象徴性は、まず第一に、その特有の行動様式が人間の本性の一面を成す暴力的闘争に対してこれを制御する意義にある。すなわち、スポーツは、人間の本性である一方の歓喜・興奮と他方の紛争・暴力とを一体としてスポーツ固有法の規制によって儀礼的行動様式に制度化したものであるから、規制された紛争・闘争の象徴である。暴力的な紛争・闘争のコントロールは社会を成す人間の歴史を貫く悲願である。その試みは数多くなされていて、法に関しては、とくに近代的な裁判制度ないし刑罰制度はその効を誇っていたが暴力的事件を根絶するなどはとても考えられぬほど不徹底であり、また戦争を規制するために国際法が発達しても戦争はあいも変わらず起ってやまない。それらに比べて、スポーツは悲願の達成に成功した面が顕著な点で代表的である。その核心は、人間の本性である競争を奨励しつつ行動が暴力的に奔らぬように規制する特有の儀礼的様式性にある。換言すれば、スポーツは社会的に公認された競争の象徴である。そもそも競争は、個人にはアイデンティティを自覚させ社会には進歩を促進する意味では有用だが、激すれば心理的ないし暴力的な紛争・闘争から戦争にまでエスカレートし害悪の代表例にも発展する。したがって社会は、構成員に対し競争を奨励しつつその害を防除する方策に腐心する。近代の裁判制度はその方策が比較的に成功したものと言えるかもしれないが、スポーツは、裸の紛争・闘争を固有法で完全に規制している意味で、最好の成功例である（この象徴性を果たすスポーツ固有法の具体的なメカニズムについては次項を参照）。

象徴性の第二は、スポーツを行うプレーヤーおよびこれに感動するファンすなわちスポーツの主体に果たす意義である。その一は、身体運動の能力・技能を発揮・向上させるという自己錬磨の目標にかかわる。すなわち、市民スポーツあるいは個人スポーツのように個人ごとの能力の範囲内で愉しみつつ健康と技能の発揮・向上を図るものから、近代スポーツが記録をまた登山が高さを競争するように他に勝る技能の発揮・向上を目指すものまで、自己錬磨の程度には差がある。しかしいずれにせよ、スポーツはプレーヤーが到達した運動能力・技能の象徴である。二は、それが持つ本人にとっての意義にかかわる。スポーツにおける能力・技能の発揮・向上には長く苦しい練習が自己自身との競争として不可欠なので、これを果たす自己錬磨の努力がプレーヤーにはアイデンティティ確認の契機になる。その結果競技で相手に勝利した場合はそれが明証されたことになるから努力の達成感を満足させ、反対に敗北した場合でも闘うために錬磨したことがある程度には自己自身の充実感を生む。スポーツは、この意味においてプレーヤーにとり自己実現の象徴である。三は、それらが表現する美学的意義にかかわる。以上の能力・技能の自己錬磨とそれを試す競技の場には、スポーツが展開する人間の様式的行動を通じて一種の理念的価値が顕現される。価値とは、行動自体のダイナミックな躍動美、行動様式のリズム感、プレーヤーの精神力、そして公正な倫理感である。スポーツは、それらの様式的行動美の象徴である。かくて四に、プレーヤーが表現する象徴性を見聞するファンは、その象徴的行動に共感し自己の夢を感情移入してスポーツの人間劇に感動する。スポーツは、この社会的感動の象徴でもある。

スポーツは、平和のシンボルとさえ言われることがあるように平和のうちに社会秩序の一環として行われるから、第三に社会秩序の形成・維持にかかわる意義がある。スポーツは、典型的には特定の複数人が一チームを編成して他のチームと一つのゲームを行う協働行動である。もちろん一方には個人の自主性による練習があり登山や水泳等々の個人スポーツがあり、他方マスゲームや行進その他の集団スポーツもあるが、同じスポーツを行う者の間には、どのスポーツにも共通の仲間としての意識とくに倫理感があるから、社会的には特徴ある協働行動であるには違いない。それが典型的なチームとなるとプレーヤーの目的意識と団結が固い一種の運命共同体を成しており、その指導者や管理者が加わるとフォーマルな組織にも発展し、さらに応援者を交えると勢力ある社会集団にさえなる。競技で敵として闘う相手も社会的には実は協働の仲間であり、スポーツ行事はそれらの関係者のほか多数のファンその他の関与者までを引きこむ社会的協働行動であり、民俗スポーツはむしろ当該の村や社会が全体をあげてする祭り的行事である（寒川一九九四、六七―七〇、一二一―一二五頁その他を参照）。スポーツにおけるこれら諸社会集団は平穏順調ばかりではなく、プレイヤーは苦しい自己自身と他との競争に堪えねばならず時には身体を害する危険にもさらされるにもかかわらず、プレーヤーがスポーツ活動をし社会がこれを是認むしろ奨励するのは、スポーツがそのように社会秩序一般の形成・維持を象徴するからである。

その一面に、スポーツ法学が最も重視すべき人間と規範との関係を象徴する事実がある。社会にはもともと慣習・道徳から法まで社会規範の壮大な体系が属性として備わり、それがあるからこそ社会が存立し人間がその中で生きることができる。しかし他面では、社会規範は個人の人間的欲求を一定限度に抑制せねばならないので、個人は本性上そのような規範には抵抗し闘争を挑む性向もある。つまり社会規範に対する順守と闘争は、人間のアンビヴァレントな宿命である。そうであるならば、しかし、社会規範に対し闘ったり恨んだりばかりしているよりも、これを最大限に活用し進んでは現行規範の改善を図ることが、社会的人間の使命となる。よって、ルールを忠実に順守しつつ最大限に活用しようとするスポーツは、規範に対する人間の宿命と使命の象徴となる。人がスポーツに感動する基本は、この象徴の意味を感得するからではないだろうか。

3　スポーツ法の理念

以上がスポーツの文化的象徴性の主なものであるが、終わりにスポーツ法の理念について一言しておく。法一般については、正義に代表される特有の理念があって法全体の機能に目標を示すとされており、そのゆえにそれが法の象徴とも見られるので、特殊な法であるスポーツ法ではそれに相当するものが何かを確かめておきたいからである。スポーツの理念としては、最近はアマチュアシップに疑問が大きくなったがスポーツマンシップとフェアプレイとは依然堅持されているから、その二観念が同時にスポーツ法の理念としても機能することが当然あるであろう。だがそれに加え、むしろそれに代わるスポーツ法に特有の理念もあるはずである。それを探究する作業仮説として、私は次の試案を持っている。

スポーツの意義は、詰まるところ潜在的な自己錬磨の努力と顕在的な社会的スポーツ活動とにあるが、スポーツ固有法が直接に規制するのは前者よりも後者すなわち社会的スポーツ活動である。それが理念的価値として関係者に要請するのは、ひとつにはチームあるいは集団における一体の協働行動であるという性格から仲間との協働であり、二つには相手と同じルールのもとでする競争だからルールを順守し相手をも尊重する公正である。これをプレーヤーの主体的立場で言えば、まずプレーヤー自身がスポーツ種目の選択と自己錬磨の程度を決定し、次いで公私のスポーツ団体が自己の責任でそのための環境を整備し機会を提供すること、要するにスポーツ参加者の自主性が基礎条件をなすからこれが三つ目の要請である。それを確実に実現するにはさらに自由や平等など別の要請も必要であろうが、それらは法一般の理念でスポーツ法にも当然及ぶと前提できるのに対して、スポーツ法には特有の要請が外にある。それはスポーツが、一方でプレーヤーの自己管理能力を超える不測の事故ひいて危害を招く可能性を、他方でスポーツが周囲から利用されて社会の環境を害し犯罪を誘発するなどの危険性を、ともに必然的に内包するので、それらを防止してプレーヤーと社会に安全を保障する要請である。

挙げられるものは他にもあるであるが、以上の四価値観念がスポーツ法の理念中に働くと私は確信する。ただし、そのうち自主性と協働とは国家法上の私的自治の大原則に含まれていると解せられるのに対して、他の二観念はスポーツ固有法に特有の本質的意義を持つはずである。すなわち、安全はスポーツが本質的危険性を内包する以上不可欠の価値であり、公正は一般的にも通用するとしてもスポーツがフェアプレイを理念とするかぎり特有の価値をおくるからである。以上の理由によって、スポーツ法に特有の理念は安全と公正を代表とする。ただし、スポーツには危険性も固有法も種目による程度の差が大きいから、この両理念もそれぞれに応じた再分類をする必要があろう。

三　スポーツ固有法の紛争理論

原書の第6章がスポーツに関して生じた紛争の事例を集めて、千葉一九八〇で提案した紛争理論により概略の整理を試みたところ、スポーツ固有法が紛争の予防と処理に優れた制度すなわち紛争制度を造りあげていることが知られた。そのスポーツ紛争の理論はそのまま法一般の紛争理論にも該当するので、その要点を以下に抜粋しておく。

1　社会的紛争処理制度の一般理論（原書の一三五—一四〇頁）

まず社会的紛争処理の一般理論からここに関係ある要点を拾い出しておく。第一に、秩序（法）と紛争の連続性理論、すなわち紛争と紛争処理とは学問上は別問題・別概念として取り扱われるが社会の実在としては同時存在だという事実がある。人類の歴史では、人は紛争と言えばこれを罪悪視し鎮圧しようとする観点がまず働くが、他方では紛争も現状の批判改善のためには有意義むしろ必要とする観点も実はある。この矛盾する両観点を調整させるために社会の知恵が働いて、生じた紛争を鎮圧するにしても、まずは周囲と当事者に及ぼす禍害を抑止するための規制を加えた上で、紛争を継続させて当事者による自主的な終結ひいて現状の改善をはかることにした。その方法が社会的紛争処理手段である。したがって、社会に現実に生ずる紛争はすべて何らかの形における社会的規制すなわち社会的紛争処理手段の適用のもとに——ただしその効果の程度は千差万別であるが——進行しているのである。

この社会的紛争処理手段が社会的慣行・制度として自覚・整備されたものが、社会的紛争処理制度である。ゆえに紛争規制の手段が社会に成立発展することは紛争処理手段だけではなく紛争そのものをも含め両者をあわせた制度化にほかならず、換言すれば、裁判制度に明示されるように、紛争処理制度は紛争の解決だけを図るのでなく紛争を一定規制下に進行させる紛争制度でもあるのである。問題は、その処理制度の規制がどの程度確立し有効かである。歴史が長く範囲の広い人類社会には紛争処理手段の事例が無数に生まれ、その中には実効性も小さく制度などとは呼べないような未熟のものもあったが、人類学と法史学は、有効な手段ないし制度の実例を数多く報告している。以下のとおりである。

まず制度の萌芽と言うべきものに、干渉せずに当事者の覚醒を待つ、紛争を棚上げして冷却させる、等から、実力行動を止めさせる、紛争を止めるように影響力ある人が勧告する、等がある。ついで初歩の制度として、やってよくない紛争には否定的サンクションとくに刑罰を科し、やってよい紛争には自救とくに復讐を認める、ただし「目には目を、歯には歯を」のタリオの原則をたてる、等の古代的未開的なものが成立した。そして後代には、個人の決闘や敵討などあるいは政治権力の戦争と和約など中世的ながら法の規制による制度が発達し、紛争処理制度を確立させるに至った。

それは同時に、紛争の儀礼化すなわち紛争を相互の危害をなくして儀式儀礼の形にとどめる傾向の萌芽でもあった。それとしては、部族間の紛争を戦争形式の儀礼ですませ祝宴で和解する、危害目的の紛争を力・知恵・遊戯・演芸そしてスポーツ等の競争に替えるなどさまざまな形が発達した。他方当事者の話し合い、部族や階層の長老による裁定、実力者や権力者の介入、等が、社会の総意または権力者の意思として社会的制度に定着した。かくて制度化と儀礼化を具えた諸社会的紛争制度が発達した。その中から近代国家によって練成された制度が、裁判を典型とする法律的紛争処理制度である。

以上の法一般の紛争理論の中でスポーツ固有法も重要な役割を果たしている。

2　スポーツ固有法の社会的紛争

スポーツの全面的な本質論はさておき、紛争理論からすれば、スポーツの原点が格闘技であることがまず注目される。格闘は、社会的紛争としては、紛争の典型である対争形態の中でも集団間紛争の戦争と並ぶ個人間紛争の原初形態であるばかりでなく、相手に打ち勝とうとする格闘者の行動と心意は他の紛争の競争形態でも競争者に共通するから、格闘精神をもってする特定行動が、対争形態（例、相撲・拳闘・野球・サッカー、等）と競争形態（例、陸上競技・水上競技、等）とを問わず、すべてのスポーツに基本的な本質をなすと言えよう。この格闘は、裸のままで行なわれれば当事者の心身を障害することも時には死を招く危険もあるだけでなく、そのことが周辺の人々にまで危害と不安を及ぼし社会の安定した秩序を乱す虞れもある。よって当事者個人も社会もこれを適切に誘導することに腐心する。人々を単なる肉体的闘争にとどまらずにスポーツに転換させる価値的要因が、技倆を競争する儀礼性という文化価値である。技倆はプレイヤーあるいはチームの個々が体得する技術・技能・技芸、戦術・戦略の総合的行動要因であり、儀礼性はスポーツ行事がルールの実践を通して顕示する特有のシンボル的要因であり、ともに広義の芸術性を帯びる。この両価値をあわせて実現しようと努力をすることでプレイヤー本人は満足し、観衆・ファンは優劣の差を比較し両価値を観賞する。このような象徴的行動様式の価値を理念としその実現を目ざす追及が、スポーツ行動の決定的な特色である。

　これを行動の理念の面から特徴付けることができる。一般の社会的行動についても理念は多種多様に創りだされ、たとえば道徳と宗教はその代表でいずれも凡人には実行ができないほどに高い理念を設定する。これと対照すると、スポーツは個人内心のあり方よりも身体の具体的行動で、また価値そのものよりもその実現への主観的努力と客観的成否を重視する点で異なる。社会関係を最終的に規制する任務を負う国家法は、その理由によってこれを普通人を基準として規定するので普通人が実行できないほど高い理念を強制することをしない。スポーツ行動の理念は、個人スポーツや市民スポーツでは本人の満足が他人との競争に優先するとしてもこのスポーツ理念を何ほどかは含み、まして競技スポーツでは身体・生命の危険を冒すほどにも対照して理念は高くなり、このスポーツ理念の程度ないし質には相違が大きくなるとしても、それぞれの理念を目ざすスポーツプレイを可能にしかつ規制するのがスポーツ固有法で、ここにそれが道徳・宗教法とも国家法とも異なる特質および意義がある。

そこで、紛争理論からするスポーツ固有法の本質的意義が示唆される。すなわち、スポーツ固有法は、社会的紛争の基礎的形態である身体的対争すなわち格闘を、スポーツ理念のもとに技倆を競争する儀礼性の発揮をめざすスポーツ行動に転換し、同時に、それを可能にする規則とスポーツ内に生ずる紛争を予防・処理する規則とをスポーツルールに体系化し、そしてそれを実行する組織規範として団体協約を派生させ、かくて分化と総合により組織的な法体系を発展させその全体をスポーツ法理念をもって指導する。それは法としては、人間活動としては限られた一面であるスポーツを、実際に世界で参加する人数としては膨大な社会活動として展開することを可能にさせ、しかもその中に紛争処理の規制をも含んで法体系として創造したものである。勿論、その紛争の予防・処理機能に完全はありえず、それが規制しかねる紛争も社会の話題を賑わすほど発生し最後は国家法に依存せねばならぬことも起こる。しかしルールが厳正でよく順守されることおよびそ紛争の予防・処理の機構・機能は、社会に非公式ながら自主的に存在する人類の法としては宗教法と比肩し、その結果である社会秩序への貢献度はそれに勝るとも劣らないと言ってよいであろう。

四　法の社会理論

1　問題——法の法としての要件

スポーツ法とくにスポーツ固有法が法であることを主張するには、およそ法一般の法としての要件を確認した上でそれに基づいて、その特殊例としてスポーツ固有法の位置と特徴を明示する必要がある。この必要は多種類の社会規範の内あるものだけを特殊的に法だと認めるための客観的な要件を一般論として前提するものだが、そのような理論は、法学界では伝統的な法哲学においても後発の法社会学や法人類学にも、定説がないどころか問題として論議する関心さえあるとも見えないほど少ない。

これは、論理を重んずる法学としては一見不思議な現象と見えるが、実は近代法学が確信する理由がある。すなわち法学は、国家法一元論に立っていて国家が法だとして認定するものすなわち国家法だけを法としてその定立と運用に寄与すれば任は果たせられることになり、よって、一方では大前提である国家法の法としての要件を吟味する必要も意味もなく、他方では他種の社会規範は民衆や例外的な学者が実は法なのだと主張してもこれを無視してよく否むしろ無視すべきであるからである。法としての要件の確認は、既成法学にはそのように不必要なのであるが、スポーツ法とくにスポーツ固有法を法だとして提起するとすれば、法一般の基礎理論を、限定された法学的理論ではなく広く社会理論としての法を確認することから出発して構成せねばならない。これは難題には違いないが、長い伝統を持つ法哲学は実は陰に陽にこれを示唆する研究成果を挙げていたので、まずはそれを拾いだすことにする。

2　国家法の構成要件（本項は原書一七七―一八〇頁の微修正）

そもそも法とは、まずは制度としての客観的全体換言すれば法体系をさすが、他面でこれを主観的に見れば、客観的な法の受範者がそれにより厳密に規定される権利義務（実は権利義務関係）であることが自明とされるので、これが法の第一の要件と言ってよい。では権利義務とは何かと言うと、権利と義務との対照される二概念の一対の関係であるとされていて、両概念は法の基礎概念として用いられその上に多くの下位概念ないし変型が法規においても判例においても認められているにもかかわらず、これらの権利義務概念を概念的に整理体系化することは、わが国では実績もなく提案もない。対して欧米では、アメリカで、これをきれいに整理し「権利と義務、特権と無権利、権能と責任、免責と無能力」の八概念による四対の対応関係に体系化したホーフェルドの図式（Hohfeld 1919）が法学界で自明となってすでに久しく、また北欧のリアリズム法哲学でも同趣旨の八概念四対の権利義務関係が基本的には支持されていて（佐藤 一九九七 参照）、確立していると言ってよい。

他方、法の客観面として権利義務を規定する法体系については、ケルゼンの純粋法学理論が基本的な点で学界の承認を受けて確立している（ケルゼン 一九三八 参照）。それは、まず法を主権国家のもとにあるものに限定するのがここに言う第二の要件にあたり、そのメカニズムである法体系が政府機構の責任によって管理・運営される。ケルゼンは次いでその法体系の規範構造を二面から特徴づける。一は形式的規範論理の段階構造である。実定法体系は、法規範の権威を、国家の根本規範に基づき憲法―法律―法規命令―実行命令と、法による権限を下位の規範と機関に順次授権してゆく、そしてこれを逆方向から言えば下位の規範と機関が法としての権威を上位に順次依拠するメカニズムである。他は実質的規範論理の二重構造である。実定法の法規は、人がもしある特定の行為をしたならば、これに相応する特定のリアクションが課せられるべきであるという、規範的仮言判断を規定するものであり、この条件を吟味しリアクションを課することは、中間的には諸種の有権機関によってなされるとしても最終的には裁判により決定されるから、法は性質上はすべて裁判規範に属する。ところがこの裁判規範である仮言判断が発動されるのは、人がたとえば「盗むなかれ」とか「他人の人格を尊重せよ」とかいう、社会規範で一般的に禁止されている行為を行ないまたは命令されている行為を行なわないという条件が満たされた時あるいは満たされたと疑われる状況においてであるから、裁判規範はこの社会規範の存在を事実上も論理上も前提としている。すなわち社会の全体においては、裁判規範である法は法ではない社会規範と二重構造を成す。法体系のこの二つの規範論理構造が法の第三の要件である。

ケルゼンのこの二重構造論には、有力な反論がある。まずエールリヒは法社会学の見地から、裁判規範の前提を成す社会規範の中には「生ける法」があり、これ自体は国家法でないとしても、現地民衆にとってはその社会に生きるかぎり法としての効力を持つ行為規範であり、国家法も実はこの行為規範を特殊的に整理体系化したものであるから、行為規範は裁判規範と二重構造を成す法でしかも国家法である裁判規範の基礎だと主張するのである（エールリヒ　一九八四　参照）。日本でも、廣濱嘉雄が、フランスの理論からヒントを得てこの二重の規範を法秩序の全体中に適切に位置づけるには組織規範がさらに別にあるはずと考え、法の全体を組織・行為・整序の三規範から成る三重構造だとした（廣濱　一九三七）。それによれば、日本法については、組織規範には戦前の国体という制度および理念を、また行為規範には印鑑・結納・祭りなどの固有法をも認めるから、法社会学的な視点を含んでいる。尾高朝雄も三重構造論を支持する（一九四二）が、この三重構造論を応用すれば、現代の国家法は、憲法が他の公法とともに国家自体と公的諸機関の組織規範および国民の公的な行為規範を、また民法・商法等は私的団体の組織規範と個人・団体の私的な行為規範を規定する。それら諸法は訴訟法・刑法等を通じ諸行為規範に照らして、違反行為には刑罰・損害賠償等の制裁を、また善行には表彰・栄典等の報賞を、サンクションとして課し整序規範として機能する。かくて法は規範論理構造を成すのである。

以上が国家法の基本的構造だとすると、法とは、権利義務、主権国家および規範論理構造の三因子を要件とすると言うことができる。ところが、法哲学界にはほかにもなお多様な示唆が提出されており、その中でも上の三要件に並べねばならないほど重要なものが、価値観を特定する原理理念と、法の効力を保障する特有の権威権力である。その理由は、価値観は、ケルゼンが純粋法学から排除するために意図的に法外に追放したにもかかわらず、法学界一般は、たとえば法哲学者が法理念ないし自然法を法の属性とし実定法学者と裁判官も法規の解釈を基礎づけるのに法原理あるいは法理念に依拠するように、法を純粋にではなく総体として扱い法に特有の価値体系を前提するからである。また、権威権力は法哲学も実定法学も一々論及することがないが、これは自明の前提とされているからにほかならない。かくて、国家法を構成する理論的要件は、権利義務、主権国家、規範論理、原理理念、権威権力の五であることになる。

3　固有法理論考察の前提問題（本項は新稿）

そこで国家法理論に対照される固有法理論の要件を探るのであるが、これは学界に新しい問題であるので、その主題にかかる前に確かめておくべき前提がいくつかある。まず、問題の固有法を正確に観察し分析するために必要な道具概念のことに注意を喚起しておきたい。国家法が当該社会の歴史的・文化的性質あるいは態様の如何にかかわらずその意味では抽象的な主権国家という普遍観念によって基礎づけられているのに対して、多種多様の固有法は、起源が当該社会の歴史的・文化的特殊性の内にある法であるから、国家法だけを対象とする現代法学の道具概念ではこれを科学的に認識することができない（この点を第三世界諸国の実情に基づいて主張するのが Marasinghe & Conklin 1984）。その正確な観察・分析のためにはそれにふさわしい道具概念を新たに構成する必要がある。道具概念にも二種がある。一は法という概念で把握する社会的対象を特定するためにその外延を特定する特定的概念で、他はその内包を分析するための操作的概念である。特定的概念としてここに不可欠なのは法主体（正確には、権利義務が個人的法主体のであるのに対して、社会的法主体）、すなわち一体系を成す法の持主である社会団体（持主はヨンパルトの用語である、同一九九四、二四五頁）を使用する。操作的概念は、私が非西欧および人類の法に基づいて構成した七概念から成る操作的概念枠組、すなわち公式法と非公式法、固有法と移植法、法規則と法前提、およびアイデンティティ法原理である（以上について詳しくは千葉一九九八、第三章を参照)。

固有法は、文化的起源が当該社会にある法を意味するから、分類上これと対照してダイコトミーを成す法は、国家法ではなく文化的起源が他の異文化にある移植法である。国家法は、別のダイコトミーを成す公式法と非公式法のうち前者を代表する重要な種類の法であるが、分類上は公式法の一下位体系である。国家法は、現代の日本では唯一と言ってよい公式法でありその骨格は移植法によっているけれども、戦前では皇室法・軍法・外地法という他種の公式法と並んでいたし、明治以来現在にいたるまで天皇制・家族制度・印鑑制度その他多くの固有法をその体系中に採択したほか、多様な固有法の効力を慣習法とか自由な私的行為とかの名目で公式に承認しているから、実際には固有法をも相当程度その体系中に包含している。この点は、他の非西欧諸国法にもきわめて顕著である(ゆえに、異なる法文化あるいは多元的法体制が問題となる)だけでなく、実はヨーロッパ諸国にも(Gessner et al. 1996)アメリカにも(Engel 1984, 1987)実在する現実であり、人類社会に普遍的な現象である。

よって、国家法すなわち実定法と対照される法は、厳密には非国家法であって(または、その意味で狭義に使用するならば非公式法と言ってもよい)、固有法ではない。したがって固有法の国家法との関係には、わが国の例では、個々の神社や寺院を維持する慣行とその教派・宗派の組織、芸能社会ややくざ仲間を構成させている家元制度などに典型的に見られるように、国家法とは無関係に存在し機能しているものと、上例のように国家法に公認ないし採択されるものと、二種があることになる。ただし後者の場合は、上の天皇制等の三例に明らかなように、国家法がその体系中に固有法を公認ないし採択する場合には国家政策によって多かれ少なかれ変型・変質してその本来の姿を変えることが通例であるから、本来の固有法は国家法とは無関係に社会に伝承されて残っているものとは異なることになり、その結果固有法の分化と言われる事態の生ずることになる（アフリカの諸社会について報告がある）。だがこれと違って、国家法がその体系中に公認・採択するにしても、固有法本来の姿をむしろ尊重し奨励する目的で国家の規制を必要最小限度にとどめる特殊な例が二つある。宗教法とスポーツ法とである。したがってこの二法には、国家法と固有法との双方が共存している。だが人が日常の社会生活で宗教とスポーツを文化として享受するのに直接かかわる法は固有法の方であって、国家法の任は必要最小限度の規制をもってそれぞれ本来の姿を誘導すること、そして最後の砦になることとである。これがスポーツ国家法とスポーツ固有法との基本関係である。

4　固有法の構成要件（本項は原書一八〇―一八四頁の敷衍）

そこで最後に、固有法の法としての構成要件を国家法と比較して検討できる段階に達した。

まず第一に、国家法との決定的な違いがある。それは、国家法の場合は、法主体が国家ただ一個に限定されていて他の社会的法主体を一切顧慮する必要も余地もなくゆえに法主体の概念が不必要であるのに対し、固有法の場合は、部族その他の親族団体と一定地域居住者の地域団体をはじめ、伝統的な職業団体・宗教団体・階層組織その他に加え、無数の近代的な自発的結社があり、かくて多種多様な社会諸団体がそれぞれの組織の内に固有法を持っていて当該の団体を維持しているから、これを総称する法概念が必要となる。かくて法主体（正確には社会的法主体）の概念が必要となる。固有法の法としての要件は、この点における国家法との相違を反映するものである。ただし、固有法と国家法との間には、その相違があるにもかかわらず共通点もあって、その理由で道徳・慣習その他の社会規範とは明瞭に区別され、ともに広義の法と呼ばれる範疇に属する。

国家と呼ばれる法主体は、通常は民族社会と言われるが多民族国家も分裂国家もあるから、それらをも統合する「大社会の統一的政治組織」であると私はかりに言っておきたい。国家法の要件の一つの主権は、この政治組織における唯一の正統的権威を象徴し、他の要件である政府機構はこれを実施する正統的権力として働く。これに対して固有法の法主体である諸社会組織は、勿論国家的政治の主権は国家に委託してそれ自体が持つことはないけれども、いずれもその固有法を当該組織における唯一の法として内部政治における正統性を保持し、これを団体協約によって定めたそれぞれ特有の管理機構によって管理・運営し、しかもこのことを国家その他すべての社会組織から承認ないし尊重を受けている。固有法は、各組織の所属メンバーの権利義務を特定し、これを特有の原理理念により指導し法主体の権威権力をもってそれぞれの規範論理構造すなわち法体系を組織化している。

以上の固有法の諸要件は、国家法の五要件と違うと言えばたしかに違うところがある。国家主権ではなく組織の正統性であり、政府機構でなく団体の管理機構であり、法体系は整備の行き届いた規範論理構造には至らずむしろ不整備が多く、原理理念は一般的・普遍的よりも個別的・特殊的であり、権威権力にも当然限界がある。それらにより規定され運営されるメンバーの権利義務にはとかく明確な体系性も開示性も欠けている。しかしそれにもかかわらず、固有法も国家法と同様に、正統性を権威と管理機構で護持し、メンバーの権利義務を一定の原理理念の指導のもとに権威権力をもって法体系の規範論理にしたがって、保障する。これらはいずれも、道徳・慣習その他の社会規範とはきわだつ相違であり、五要件に関して国家法と共通する性質を有する。

そこで、およそ法の基礎的な構成要件である権利義務の問題を最後に検討しておく。権利義務の法理論についても、わが国の法学界は無関心だが、アメリカ法学界では前述のとおりホーフェルドの権利義務図式が常識となっているので、これを知った人類学者ホーベルが、この法律的図式を二当事者の相互関係に応用して社会的権利義務関係の定型を造った（ホーベル一九八四、4章、また千葉一九八八、一七七頁参照）。私はこれらの基本的着想を継ぎ（千葉一九八〇、一四九頁以下を参照）、しかしここではこれをさらに再修正し、以下の試案を提案し有志の検討を願うことにする。

要求　対　応諾　　一方が特定の行動を要求し、他方がこれを応諾すべき関係（債権的と言える）
特権　対　無要求　一方が特定の行動をするのを、他方がするなと要求すべきでない関係
権能　対　受容　　一方が特定の処置をするのを、他方が受容すべき関係（物権的と言える）
免責　対　無権限　他方のする特定の処置を、一方が受容する必要のない関係

この四組のどれかに該当する相互関係的行動様式が当事者間に現実にあれば、それが主観的な権利義務関係として固有法の基礎要件をなすことになる。ただしそれらが法的として有効であるためには少なくとも別に四の条件がある。一はこの行動様式の成立が脅迫・詐欺その他不当・不法な理由によるのでなく平穏・正当であることと、二は当事者がこれを意思しかつその意思が客観的に証明できること、三は個々の関係がルールに表現され規範構造の法体系に編入されていること、四は一定の法主体が管理機構をもってこれを保障すること、である。上記の行動様式であってもそれらの条件を欠くものは、法ではなく一般の社会的役割関係、別に言えば資格責任関係である（千葉一九八〇、九章を参照）。

5　結　論

よって、社会に実際に存在し機能している法は五の要件を具える社会規範のことである。五要件とは、法主体、権利義務、規範論理構造、原理理念、権威権力で、それらの法主体ごとの具体的な種差を明らかにすることが、法の社会＝文化理論の課題を成すことになる。

第五章　アジアの法——アジア法学が求める

第一節　アジア法への責任[1]

一　いま、アジアに対する日本の戦後責任の大きさを思いその責任感で行動している人たち[2]の、心に共感し行動を尊敬し私もその責任を果たすのに役立つことをささやかでもしたいと願う。しかし私は、尊敬する友人たちのような実践活動には乗りだしてはいない。その意味では責任感が不徹底だと言われてもこれを甘んじて受けるほかない。だから、依頼された戦後責任論を正面から展開するには、私は資格も能力もなく、あえてする勇気も出るはずがない。気持ちとしては遠慮した方が楽である。

だが自分の不徹底さを棚にあげて、われわれ日本人の戦後責任感の現状を、外からとくに戦争による直接の被害者の立場から見たとすると、責任論が、真摯ではあるがほんの一部の人たちの間に限られていることは、むしろ不可解である。日本として戦後責任を果たし遂げるには、身をささげて行動する人がもっともっといなければならないと思う。自分がそれに参加しているとは言えないことを恥ずかしいと感ずるけれども、その行動を強く支えるため、というよりはその人たちを押し出すためにも、応援の外野席がもっと広く必要なのではないかと思うし、そういう外野席に座るならば、私にも能力がないわけではあるまいし、それで許していただけるならば座りたいとも願う。

第一、戦後責任の問題は、法律的には戦争犯罪の論議で、また国際政治的には当事国の条約で、それぞれある程度はすでに片がついたと言われるが、いやまだ残っているというのが問題なのだから難しいのだし、それよりも道義いな人間性の問題だと自覚されるからこそ大きいのである以上、国家政治の責任者だけでなく、心ある日本人ならば誰もが思い定めなければならない課題である。私もその一人でありたい。

それに、それだけ大きく深い心の問題ならば、その受け取り方にも対応の仕方にも、人の立場による相違が確実に反映するだろうから、責任感の内容と強さしたがって行動も千差万別になると言うべきだろうし、したがってその相互間には不一致どころか対立があっても自然であろう。そこでは、ただ一つの方針や理念を打ち出して他を押しまくるという解決法はありえない。意見と行動に相違対立があるなら、その一つ一つを正確に理解し全体の結論と結果に向けて辛抱強い努力をする必要があるだろう。その意味では、外野席は責任論が終着点に到達するために不可欠の経過地点だとも言えよう。

そう考えて、不徹底で気はずかしくもあるが、私の戦後責任論を一つ記してみることにした次第である。正面からの議論にはとても及ばず、個人的な感懐を述べるにとどまることを前もっておことわりして、自分の責任感の土壌となった思い出のいくつかを、まず確認しておきたい。

二　最初は、私が宮城県の田舎で旧制の佐沼中学校に入学したころ、三つ年上の実兄(3)からフト言われたことである。「正士君は、優等生で通してきたものだから、弱い人の事を知らないね」だった。表現は違っていたかもしれないが、趣旨はまちがいなくハッキリと憶えている。優等生と言っても、私の通った小学校は二つとも田舎だったおかげで私の成績がよく見えただけにすぎない。それで威張ったなどという記憶はまったくなかったが、兄からそう言われてしまった。言った兄も成績はわるくなかったが、小学生の時から続いた左脚の故障に悩み体操も免除の虚弱児だったから、自分の体験から弟に不満をぶつけたのかもしれない。そう言われた時は悔しかったが、同時に何故だろうという自分自身への疑問が残り、それが今でもすぐ思い出すほど心に留まった。

　と言っても、それで一念発起して心掛けを入れ換えたというほど殊勝なことはなかったし、それが唯一の契機だったというわけでもなかった。けれども、その後いつしか、自分には知らない世界がたくさんあるからそれを知るように努めなければいけないし、知らないことは仕方ないとしても知らぬために誰かに迷惑をかけたり当の人の心を傷つけたりしてはいけないと、自然に思うようにはなっていた。

　それもあってか、対米開戦直前に東北大学の大学院に進み、法哲学研究のテーマを「大東亜共栄圏の慣習法」としたのにも、八紘一宇を自称する日本の国家法によりその蔭で押し潰されるものをそのままにしてはおけないという気持ちがあったのかもしれない。もっともこのテーマを掲げても資料も入手困難だし現地調査もできるはずがなかったから、できることとして日本農村の慣習法の調査を始めた。戦後はこのテーマ名が解消したので自分としてはおおっぴらに農村の慣行調査に歩いた。ただし対象は、当時の法社会学が常識とした家族とか入会などでなく、神社の祭りと小学校の学区だったから前例のない難しい道を探しはじめたのであった。

　この道を行くのに期待と不安とを半々に抱いていたある日、二番目の経験がおこった。大学院のころ小町谷操三先生[4]とたまたま学内で行きあったとき忘れられない質問を受けた。「君はこのごろ法学を勉強しているのかね」である。小町谷先生から見ると、私が旧制二高弓道部の勉強好きの後輩と目をかけていたのに、厳密な法律学の勉強を放りだして事もあろうに慣習法調査と称して田舎歩きばかりしているので本道を外れていると、非難叱責よりは親切に注意勧告してくれたのだと、私はこれを解釈した。先生でもある先輩が自分を思ってくれる気持はありがたいが、自分としてはこれこそ法哲学なのだと確信している。しかし自分でも説明は全然できないし、ましてこういう先生を説得することなど考えられもしない。できたことは、自分が進みはじめたこの道こそが邪道どころか本道であることを証明できるようにならなくてはならない、それが自分の学問の宿題だと、内心で思い知っただけであった。しかしアジアにたどりつくまでには、なお経過が必要だった。

三

くだって一九七〇年の夏に、私には重要な転機が訪れた。黒海沿岸のブルガリアの保養地ヴァルナで開かれた四年ごとの国際社会学大会にさいし国際法社会学会の年次会議も開催されたので、思いきって出かけて、マリノフスキーからヒントを得たペーパー(5)を読み、ついでに普通だと行きにくい東欧社会主義国を駆け足で訪ねた。その中にポーランドがあった。これは、もともと計画もしてもいたのだが、今はカナダのカールソン大学にいるアダム・ポドグレツキ君(6)が当時ワルソー大学にいたので会議中にその計画を話したら、是非自分の研究室に寄れ、そして日本の法社会学の小講演をするようにという誘いに乗ったのでもあった。

講演は、社会学の教授方と大学院学生一〇余人位の前で行われた。前夜一晩かかってやっと書いた原稿を読みあげたのだが、その冒頭、ポーランドに敬意を表わすつもりで、私も恩恵をうけて尊敬しているマリノフスキーはオックスフォード大学教授として有名なのだがこの国の出身なので、その母国でこういう機会を与えられて大変に嬉しいと、一言した。喜んでもらえると期待していたのに、意外にも誰も反応を示さず、反対に一瞬沈黙が支配し空気も重くなった。私は内心あわてて次にどう言い継ごうか考えはじめたら一人の学生が説明してくれた。

要するに、マリノフスキーは故国を捨てた人間だから、自分らはかれを尊敬していないと言うのである。

まったく思いもかけなかったことで、私は何も知らないでまずいことを言ってしまったと後悔しながら無知を詫びて教えに感謝し、そして、こういう勉強ができたことを喜ぶと付け加えて収拾するほかなかった。ホテルに帰ってからもう一度思いなおすと大きく脳中に浮かんだものが、ポーランド人の「民族の心」だった。実はワルソーの街を歩いて第一番に感じたのは、ショパンのイメージが違うことだった。音楽にはうとい私でもショパンのピアノ曲の味は分かるつもりでいたが、ポーランド人の思い込みはそれにとどまらない。その音楽は受難の歴史をたどってきたかれらにとって民族のアイデンティティのシンボルにほかならなかった。そうウスウス感じていたものが、この学生の説明をきくと、合わせてこれがポーランド民族の心だと覚らざるをえなかった。

そのことを十分に論証するには確認すべき事実がたくさんある。たとえばすぐ思いついたものにキューリー夫人との比較があった。かの女も同じように母国ポーランドを出てフランスに行ったのに、ワルソーではある街路をキューリー通りと名づけるほど尊敬されているので、この違いは何故か[7]。その他いろいろあるとしても、私にとってはそれまで真剣に考えなかった「民族の心」に目を覚まさせられたのであった。

四　それを決定的にした契機が、一九七五年に日本で開催された国際法社会学会の年次会議の際である。それがヨーロッパの外で初めて開かれたので私たちは非西欧法の問題をとりあげることとし、アジアとアフリカから二名ずつの専門家を招んだ。そのうちオランダ出身の一人のほか三人はインド・スリランカ・エジプトの現地の学者で、初対面にもかかわらず気持ちがスムースに通う思いがし、その後も交流が深まった（第一五章一を参照）。

うれしかったのは、かれらからお礼を言われたことだった。その理由は、まずは外国旅行がそれら途上国ではたいへんに不便なのにユネスコの費用付きの招待があったからこそ来られたというのだが、これはここに特記する必要がない。特記したい他の理由は、法学のテーマは先進国の法が普通なのに自分たち非西欧法の問題をとりあげてくれたこと、そして国際会議は西欧諸国の主催と決まっているのにそのイニシアティヴを日本がとってくれたということだった。とくに後の点を直接にハッキリと言われた時は、嬉しさとともに責任の大きさをドット感じ、「アジアの心」を訴えられた思いに打たれた。

それに続く縁で数年後に私がデリーを訪れたとき、右の三人のうちの一人ウペンドラ・バクシ君（第一五章一を参照）は、デリー大学法学部の同僚数人を招いて一夜懇談の機会を設けてくれた。それはありがたかったが、私がアジア固有法に深い関心をいだくことに耳を傾けてくれる客はいなかった。憲法の教授は、それが法かとさえ疑った。私は、インドこそ固有法で一杯の国だと承知しているのに、これを聞いて意外なことと落胆を感じざるをえなかったが、同時に、このような環境の下で民衆の心、民衆の法を大事にするバクシ君のテーマは、インドでは異端扱いなことを知らされた。考えてみれば、移植したコモンローで国家統一を保っているインドでは法学の任がその正当化にあることは、当り前のことには違いない。また、事情は日本でも基本的には変らず、固有法を法と見ることは権威ある法学者からすると異端に違いない。自分は正統から排除されるべき異端の道に進んでいたのである。

そう気づいた時、つまり異端を自覚した時に、私はやっと自分を見定めたように思う。自分は異端でもよい。しかしこの異端は、正統を決して排除などしない。反対にその健全な発展を望む。自分の異端は、正統に対し自己の存在を主張はするが、正統にとって替るなどということは毫も考えず、ただ正統との共存を願うだけである。だから異端ではなく、本道とは違う脇道である。脇道は本道を避けるが、本道の邪魔物ではなく、むしろ本道が本道でありうるために必要不可欠の条件をなすはず、したがってこれもまた別の本道ではないか。こういう脇道の存在意義が私のテーマであった。そこでようやく「アジア」に到達した。

五　日本は明治以来、文化を西欧から移植し、その点ではアジアの優等生だった。それはいいとしても、自国が本道に乗ったと思い、さらにそれが正統とさえ信じこみ、アジア諸民族を脇道にあるものむしろまつらうべき異端とも取り扱った。戦争の八紘一宇という大義名分は、そのシンボリックな表現であった。言ってみれば、戦争はアジア諸民族のアイデンティティを無視し民族の心に屈辱を与えた行為であった。ゆえにわれわれの戦後責任とは、これに対する自覚と反省そしてその償いでなければならぬ。私の責任は、この点から法学を自己批判することにある。

日本の法学も、西欧法学を忠実に学び、形としては他のアジア諸国はおろか非西欧諸国のすべてに勝ると言ってもよいほど整備された体系を作りあげた。ほぼ二千年の伝統に基づく法学の本道に乗ったと言える。現在もこの本道は揺らぐことがないが、戦後には、この本道以外にも脇道のあることを知った法学者が現れた。社会集団に働く「生ける法」を発見した法社会学者、中でもこれを文化的な「固有法」と見直す法人類学者である。その成果は、日本の言葉と学問の閉鎖性によって国際的認知はまだまだ不十分であるけれども、法学界ですでに認められて実績もある点は、アジア諸国の中で群を抜いている。

アジア諸国では、民衆の日常的な法意識はもとより官吏による行政・司法の運営にも法律制度そのもののあり方にも、各国特有の方式があることは、自明とされているだけでなく、それが伝統的な法意識むしろ固有法の圧力によることも、一般常識としてよく知られている。けれども、それらを学問とくに法学の問題として取り上げることの可能性いな必要性を叫ぶ声は、ほとんど聞こえてこない。その声がかえって西欧の中からむしろ折々に聞こえるが、それらは所詮外部からの科学的とは言おうが冷たい傍観者の観察の域を出ない。必要なのは、現地に発する当事者自身の熱い声である。この点からは、この声を脇道として確立した日本に学ぶことを勧めてよさそうに見える。

けれども、日本の行き方を模範としてアジアに誇示したことこそ、過去の日本の大きな過失であった。戦争を敢えてした日本の心意は、西欧先進文化の本道に他にさきがけて乗ったという自負と、それに基づく優越感であった。これに従って日本の模範を提示するならば、それは、西欧諸国が日本を含めてアジア諸国にその文明を持ちこんだ先例をそのとおりに模倣するものであり、それこそアジアで民族の心をふみにじった、日本が責任として自戒すべき最重要ポイントである。日本の法学は、アジアにおける先進性を自覚するならば、それだけ一層アジアへの対し方に十分の反省と細心の注意が必要である。

日本の法学は、政治や軍事と違って、アジアに直接の実害を残すほどのことをしてこなかったとは言える。しかしそれは無関心だったことの結果にすぎない。しかも無関心はこの場合、相手の立場からすれば屈辱であろう、民族の心が無視されていたからである。過去において日本の法学の本道がアジアの国々から参照された例はある。だがそれは、日本がわがアジア諸国の主体的立場を尊重しそのみずからの選択を積極的に援助するものではなかったし、また、今も西欧の本道から離れられない日本法学の性格に飛躍的な変化がおこらないうちは、そのような援助は期待もできないであろう。けれども、日本で脇道の法学である法社会学ないし法人類学には、その希望むしろ期待がある。

六　アジア諸国は、生ける法、固有法の宝庫である。この宝庫を、エールリヒの眼で見、マリノフスキーの心で探るならば、宝は続々と発掘されるはずである。そしてその宝は、それぞれの国民の法生活を豊かで真実なものにする根拠になっているだけでなく、その真実がそのまま明らかとなれば世界の学界にも貢献するところまことに大なはずである。法人類学は戦前以来世界の各地で固有法を発掘してきて、中でもアフリカの諸部族と北アメリカのインディアンについては成果が多く、その他の地域からも散発的ながら光る宝を見出している。アジアは格段に広いとはいえ、いくらかでも光って見えるのは南アジアからの僅かにすぎない。中国とインドの大陸部をはじめ中央アジア・北アジアの広大な地帯が、学界としてはまだ手つかずのままに残されている。(8)

それらは調査の処女地であるだけではない。従来の調査地の多くは、人類学固有というべき単純社会として見る方法が合理的に適用されるように見える社会であった。しかしアジアの処女地は違う。実は異文化の伝播が早くから進行しており、しかもヒンドゥー教・仏教・儒教・道教等、土着の大思想が早くから確立して民衆文化を育成し、その上に伝来の文化も、キリスト教やイスラーム等の宗教に加え西欧文明を象徴する資本主義とも近代国家を尖兵として浸透してきた。しかもなお全体の基層文化として、大陸部にはアメリカ大陸にも通ずるシャーマニズムが、また東南アジアの沿岸部にはオセアニアとも重なる海洋文化がある。それらの展開の仕方により各地には各様の固有法が発展してきた。これは、法人類学も方法を新たに磨かなければとても刃が立たない多様さ複雑さである。

このような複合社会を観察するのに、他の社会に豊富な経験と知識を持つ者が外からすることも可能であるのみならず必要でもあるが、論理的にそれに先だって不可欠なのが、現地に生きる研究者のものである。一つの社会に生きる主体としてその文化に運命の下に生き、故にこその維持発展に心身を捧げるのは、当の社会の現地の人間であり、ゆえに、その立場をそのままに学問に移す有資格者はまずは現地出身の研究者である。固有法の宝庫の最適で不可欠の発掘者は、現地の研究者なのである。外の研究者は、能力と方法には優れていても、その任務は最終的には現地研究者の援助に限られる。

ここで、アジア各地の現地の法学者に期待されること、そして日本の法学者のできることといやなすべきことがある。この宝庫に着眼し発掘できる学問が法社会学ないし法人類学であり、そしてこの学問をアジアで展開させているのは日本だけであるならば、日本の学者は、まず、この学問がアジアの諸国で発展することを援助する資格があること、そして同時に、これを積極的に遂行することが責任であることを、自覚すべきだと思う。もしそのことにより各国の学問を発展させるのに役立つならば、われわれの戦後責任をいくらかは償うことになろうと、願望をもって予想するからである。

この場合われわれの援助は、もとより、過去の過失が教えるように脇道の者に自己の信ずる本道を押し付けるものであってはならない。また各民族の固有法も、それが民族の文化的アイデンティティに基づくかぎり尊重されねばならないとしても、他民族のアイデンティティを否定するものであっては、かつて西欧先進国が犯した自己中心主義の過失を繰り返すことになるばかりでなく、他との対立紛争に陥り困難をみずから招くことになろう。また自己自身に陶酔しまして旧習を固守するものであっては自己破滅の道を選ぶものである。アイデンティティと固有法の主張は、多数の他と充分なコミュニケーションを果たすもの、必要ならば自己を反省し改造しても共存をはかるものでなければならない。

七

要するに、固有法の調査研究が、アジアの各地で現地研究者の手により展開し、その主体的活動に日本の研究者が何らかの援助ができるならば、その成果は、その国自身は勿論世界の法社会学ないし法人類学の発展にはかり知れない貢献となるに違いないし、われわれの戦後責任の一端を果たすことになることも疑いない。私はそう信ずる。

ただし私は、そう信ずるだけで、それを実行する行動をしたと言える自信はもてない。現実の行動に現われない信念は、空転におわるだけでなく端的に言えば口にすべきでないのかもしれない。だから言いたくない気持ちもあるが、行動している尊敬する友人からそれだけでもいいと勧められ、また口にしたらそれを実行する責任を背負いこむことになるから自分にもいいかもしれない。そのような思いで文字にしてしまった次第である。これでせめて外野席に座る資格を認めてもらえるならば望外の幸いなのだが、そうなるという自信は私にはない。もしも資格を認めがたいならば、早速席の入れかえをしていただくよう願ってやまない。

第二節　アジア法の視点

一　アジア法研究会の課題(9)

アジア法は大テーマで中小のテーマを多く含み、その専門家も多数を必要とする。この研究が日本でもようやく活気を呈し二〇〇〇年本研究会が発足したことに、私は衷心賛意と祝意と謝意を捧げる。私はアジア法に強い関心を持つが専門家ではなく、また研究を新しく展開する能力を失った年齢にもあるのに、報告の指名をいただいたことを光栄と感じ直接に携わったことがない問題にも触れて期待に沿う報告をしたいと念ずる。

私はアジア法の中小テーマにかかわったが、広く言ってアジア法は、私の一生のテーマの発端および中核を成したので、自分の足跡を回顧すること仕残したことしたがって若い皆さん方に継続して追及するよう願うことがあるので、この点を本日の主題として報告し、皆さんの批判と取捨選択を仰ぎたい。ただしその趣旨の理解を願うには、私がそう思うに至った研究生活の足跡と、その結果アジア法研究の現状に関する私の理解の二点について概略を知っていただくのがよいと思うので、これを先に述べておく。

1　アジア法研究——私の足跡

戦前の日本でアジア法については、中国法への歴史的関心および植民地慣行の政府調査以外はほとんどなかったが、昭和の戦時体制期には東アジア諸地域の情報が続々現われた。私は東北大学法学部在学中にこれらに接し、一九四三年九月同大学院に入学して法哲学を専攻することになった時、その基礎理論としてまずカントに取り組む一方、直接の研究テーマとしては東アジアの慣習法を選び、実際には日本の村落慣行として神社と祭りおよび学区問題の二調査に集中し戦後にもこれを続けた。

一九六〇年ころこれに一応の展望が得られると世界の他地域と比較する必要を痛感したので、一九六五—六六年留学の機にミネソタ大学の人類学科に行き E. Adamson Hoebel に師事、文化論を学ぶとともに当時欧米に報告されていたアフリカ諸部族とアメリカインディアンの資料を知り、帰国後これを補充して法人類学として紹介した。その後約一〇年間に自分の法人類学を構想するとともに、世界にはアジアの資料が皆無に近かったので、インド・スリランカ・タイ・イラン・エジプトの友人を誘いアジア文化六国の固有法を比較する共同研究（成果は Chiba, ed. 1986）と、日本の友人とアジア固有法研究会を組織してスリランカの集中調査（成果は千葉編一九八八）とを行なった。これらはアジア法を含む非西欧法研究であった。

それは、法という特殊規範を一定の社会組織が持つ文化統合の面と、また紛争要因と共存しつつ変動する面と両面で理解するので、これを観察・分析できる新手法を開発する必要から試行錯誤の結果、（社会的）法主体およびアイデンティティ法原理下の三ダイコトミーの概念枠組を案出した。

したがってアジア法は、私にとっては日本法の上位にあるが世界では他の非西欧広域文化圏の法および西欧法と並んで存在する研究対象であり、言いかえれば総合比較法学（本書第三章参照）の対象である。

2　アジア法研究の現状――私の理解

わが国におけるアジア研究の現状については、約一〇年前の見解（千葉一九九八、1章）の基本が今も妥当すると私は思っている。すなわちアジア法の地域としては、日本と中国を中心とする東アジアを言うものが多く、しばしば東南アジアさらに南アジアをも加えるものはいても、中東から中央アジアさらに太平洋縁辺までのアジア全域に及ぶものは稀である。アジア法のこの視点は、日本からあるいは日本／中国からするもので、そのような関心の理由と意義は十分にあるにもかかわらず研究はなお不十分なので、これを一層促進すべき必要を私も認める。

しかし問題もあると私は思う。一に、北アジアと中央アジアには世界でも関心と業績が少ないからやむをえないとしても、研究すべき資料は無限にある。二に、圧倒的に国家法に偏り現地の住民が実際に依拠する多様な固有法に対する関心は例外にとどまり、ゆえに一国家内部の多元的法体制の問題とくに国家法と固有法の間および固有法と移植法の間の競合と協調という諸国の法体制の特徴が不問のままとなり、現地住民の視点（住民と社会組織の主体性）は放置され諸国法の実情の比較もできない。三に、アジア法を他の広域文化圏の法と比べて見る視点もほとんどない。

3　アジア法研究の課題――方法の開発

現代法学の方法は実は西欧文化に固有の法概念をそのまま道具概念として使用するから、異文化の非西欧法を勝手に料理して現地人の「生ける法」を解体してしまうので、この「生ける法」（実は西欧社会にもある）から世界に普遍的）を在るがままに把握する科学的な用語＝概念の体系を必要とする。私は、非西欧法を手がかりに西欧法にも及ぶ普遍的な枠組を次のように案出した。

（1）　主体的観点（法の社会的法主体と人間的法主体にとっての意味を理解するために）

多元的な各（社会的）法主体の法体制を観察してまずその構造を解明し、進んで一方ではそれらの各国家ごとの競合・協調の実情を、他方では各個人の多元的行動規範を選択する自由と苦難を、それぞれ観察・分析する観点である（以上、千葉一九九八、2章参照）。

（2）　分析的概念枠組

一（社会的）法主体が持つ法体系の構造は、三のダイコトミーをなす大別六種の法の組合わせにより構成される。行動基準を表示するコトバの形態で法規則と法前提、正統権威による公認の有無で公式法（国家法と非国家法と分けられる、ただし国家法化される非国家法もある）と非公式法、文化的起源の相違により固有法と移植法（ただし固有法化するものもある）で、各ダイコトミーの組合わせおよび三ダイコトミー全体の組合わせを決定する原理がアイデンティティ法原理（略してI原理）である。社会的法主体の多元的法体制と人間的法主体の規範選択とを観察・分析する道具概念である（千葉一九九八、3章）。

この概念枠組に対しては日本でも（安田一九九七b、角田一九九九）外国でも（Sack & Aleck 1992; Tan 1997, Yilmaz 2000）注目するものがあるので、[10]私案に対し改めて皆さんの検討と批判を願ってやまない。この種の類例は世界でも安田案の三法理三類型（安田一九八七、一九九六）があるだけなので、両案を基に世界に提案して頂きたい。

4　アジア法研究の課題――対象の多様

（1）　異なる視点からの観察

＊　日本の視点から
＊　日本／朝鮮半島／中国等の漢字文化圏から
＊　アジア広域圏内の各法主体（国家・民族部族・その他社会組織と現地住民）から
＊　東アジア／太平洋圏から

(2)　法の三元構造の解明
＊　各国家内部の多元的法体制の全般的な分析と比較
＊　各国家法の多元的構成の個別的な分析（国家法の他の公式法と非公式法との関係、固有法と移植法の関係等）
＊　アジアと他の広域文化圏との比較研究

(3)　アジアにおける法移植史の研究
＊　西欧法／キリスト教法がアジア諸国に移植されてどうなったか？
＊　イスラーム法はどうか？
＊　中国法はどうか？
＊　日本法の海外への移植はどうだったか？
＊　中央アジアは人類が生んだ代表的な超民族法（各固有法、キリスト教法、近代西欧法、イスラーム法、インド法、中国法、等）の十字路であり、東南アジアはそれらのルツボであった。それらの実情は？

二　アジア法学会への期待(11)

先ず、アジア法学会の創立に衷心の祝意を捧げます。同時に、新学会の会員皆さんがそれぞれの業績を挙げるとともに、日本法学の組織的活動として世界に先導的な役割を果たすよう期待してやみません。

私は今回の創立に直接のお手伝いができませんでしたが、実は二〇年ほど前にアジア法学会を創ろうではないかと安田さんと話し合ったことがあります。しかし四囲の事情を検討した結果、もう少し時期を待つことにしました。安田さんは以後ご自分の研究を進めつつ同志の研究者を集めることに努力なさり、その方々とまずアジア法研究会を組織しそしてその同志の勢いでこれを学会に発展させました。私は、本会によって宿願を達せられた安田さんにも祝意と謝意を申し添えたいと存じます。

新学会は創立という最初の難事業を周到な準備によって乗り越えたのですが、実際に発足しますと色々の問題が出てくるものです。皆さんはそれを賢明に処理してくださると信じますが、私は知っている情報を提供してその業を応援したいと存じます。それは、アジア法研究の世界における環境は、現在大幅に好転して好条件のもとにあることです。私自身は研究対象を当初は日本の村落慣行法、次いでアジアひいて非西欧の伝統法、そして最後に人類の固有法にと発展させて来ましたが、法学の本道からは理解を得ることができず独りで夢を追い続けるばかりでした。それが、中途から日本にも理解者が現れ始めたのですが、世界でも非西欧法への関心が前世紀の末からはっきりと兆して来ました。私の知ったかぎりでも以下のようにあります。

第一は組織的で、国際法人類学会（IUAES Commission on Folk Law and Legal Pluralism）が民衆法（folk law）と多元的法体制（legal pluralism）とを主な研究対象として一九八一年に活動を開始し、その一環として非西欧法を注視する二年ごとの大会を世界で開催し、西ヨーロッパ以外の地域でもカナダ、アフリカ、ラテンアメリカ、ロシアで済ませています。次いで国際法社会学会（ISA Research Committee on Sociology of Law）が幸運な寄付を得て一九八九年に法社会学国際研究所（International Institute for the Sociology of Law）をスペインのオニャティに常設し、私がその開所記念講演に招ばれて非西欧法研究を促進するよう要請しました。以来この研究所は非西欧法にも眼を向けております。そして本年、戦後アメリカの日本文化研究を主導していたコーネル大学が東アジア法文化計画（The Clarke Program in East Asian Law and Culture）を設けて活動を開始しました。

次に個人的に、まずロンドン大学アジア・アフリカ研究所のメンスキー君（Werner F. Menski）は、私の概念枠組を一九八六年の英文編書で知った後これを二〇〇〇年の自著で非西欧法研究に最適のものと評価しました。パリ大学のアルノオ君（André-Jean Arnaud）は、苦心編集した『法理論事典（*Dictionnaire encyclopédique de théorie et de sociologie du droit*）』の初版を、私が非西欧法を完全に無視していると批判したのを受け容れて、一九九三年の改版では非西欧法関係の十数項目を加えることにしてその編集を私に委託し完成しましたし、さらに私の研究論文に他の数専門家の新稿を加え非西欧法を主題とする世界で初の図書（*Introduction aux cultures juridiques non occidentales; autour de Masaji Chiba*, Brussels: Bruylard, 1998）を仏文で企画・出版しました。そして私ごとですが日本の学友にも記憶していただければ幸いと思うことが、本年になってから二つ起りました。一つは、国際法社会学会会長のフェースト君（Johannes Feest）が私の英文と仏文の近著（*Legal Cultures in Human Society*, Tokyo: Shinzansha International, 2002）を書評し、西欧法と非西欧法とにわたる私のアイデンティティ法原理をケルゼンの根本規範に比肩したこと、他は、アメリカのロー・アンド・ソサイエティ・アソシエーション（LSA）が私の多元的法体制を中心とする研究を評価して国際学術賞を与えたことです。

以上の事実は、西欧の学界も非西欧の法を本格的に理解しようとする動向を示すものです。アジア法学会の誕生はまことに時宜を得たと言うべきです。だがこれは日本の法学界に前例のない新研究を志すのですから効果的に発展させるには予想もできない壁にぶつかることがあるに違いありません。私自身は新しい研究を皆さんと一緒にやってゆく能力がもはやありませんが、多年の経験から事に当る皆さんに留意していただくと役立つと思うことが若干あります。それを述べてメッセージを閉じることにいたします。

一つは、固有法を護る現地民衆の主体的観点を理解するよう努力することです。伝統的な法学は非西欧諸国家に移植されても、その観点は西欧的観点から非西欧法を見下して平然としています。日本の法学も一般論としては同様で、日本で慣れ切った手法でアジア諸国の法律制度を解釈しますと、現地の民衆の法文化をズタズタに切り裂くことになります。現地の体験を踏まえた上でそれに拠って民衆の生の法文化を理解する観点が不可欠です。

次は、アジア法を世界の中で理解することです。研究対象を民衆社会か国家か法文化圏かのどの一つにしぼるにせよ幾つかをまとめるにせよ、それ自体を正確に理解するにはそれだけではなく、それぞれの周辺および全世界に在る同格の他のものと共存している事実と関係を念頭におくこと、一口に言えば世界の中で比較する観点が不可欠です。一つの対象だけを日本からの見方だけでとりあげるのは独善的観点で科学にはなりません。

そこで、上の二観点を可能にする法学の方法論を磨きあげる必要が出ます。アジア法はもとより非西欧法を正確に観察し適切に分析できる道具概念の枠組を、西欧本位の現代法学は度外視したままです。これを視野に入れる具体的な概念枠組は、世界でも安田さんのと私のと二つしかありませんから、この両案を検証した上で止揚するものができればただちに世界に通用するはずです。まさに日本のアジア法研究者の挑戦を誘うテーマです。

最後は、世界の学界と協力することです。本学会が日本の中だけで満足する研究で終わっていては、世界人類の学問に貢献できません。世界の学界で有意義な存在であるためには、アジア諸国と交流している相当数の日本の研究機関および西欧の国際組織・外国研究者の情報を集めておき、さらに進んでそれらの機関・学者と連繋して活動することが必要です。さしあたって、国際法人類学会は定期大会をまだ開いていないアジアで開きたいと思っているでしょうし、コーネル大学の東アジア法文化計画は会議を近く日本で開く企画をすでに持っています。それを含め国際協力の機会を逃さないための方策とくに渉外係の常設と活動を願う次第です。

ご静聴を感謝してメッセージを終わります。

（1）原文は、「個人的戦後責任観」、『季刊　三千里』四一号、一九八五。同誌が「日本の戦後責任とアジア」を特集したとき請われて書いたものである。
（2）執筆当時の戦後責任問題としては、台湾人旧日本軍人軍属への補償とサハリン残留朝鮮人の帰国とが主だったが、ほかにも、戦地における軍人の暴行、現地人の強制的な連行・労働、捕虜の強制労働と虐待、その他多くあったほか、慰安婦問題はまだとりあげられていなかった。日本人についてもシベリア抑留その他があった。一般には用語が厳密に規定されているわけではないが、それらについての謝罪と具体的な補償を要求させる根拠となる法的な戦後責任と、その基盤をなす政治的・道義的なものも含めた広義の戦争責任とを別けて考えるとすれば、本文が後者に属すると認めていただければ幸いと私は思う。
（3）黒田正典。書と人生観の心理学を専攻した東北大学名誉教授。
（4）一八九八—一九七九。東北大学教授でとくに海商法をわが国で開拓した商法学の権威。
（5）マリノフスキーのトロブリアンド調査をおもな素材として、法における原則規定と例外規定の相補的作用を論じた "Balancing Mechanism in Legal Regulation."
（6）一九二五—九八。国際法社会学会をアメリカのD・エヴァンと発想し以後その中心人物として長く副会長だった。やわらかな対人関係より直截的な言動を好むので人による好悪があったが、終始私を応援してくれ私の感謝する学友だった。

（7）推測すれば、共産主義は人類学を植民地主義の手段であったと強く批判するから、当時のポーランド政府の下ではその教条を守っていたからかもしれない。人類学にその性格が伴ったことは否定できないが、検討に値する問題である。とくに、明治時代では当時の清国と後の中華民国およびタイ、戦後になっては現代化政策下の中国と東南アジア諸国さらに韓国についてわが国でも相当の調査が行われた。それにもかかわらずそのことが評価されるどころかむしろ忘却されているところに、それらアジア諸国から見たわが国の法と法学の性質が反映していると私は考えるので、その事実と理由および効果の有無態様を正確に認識することが、わが国自身のあり方を反省するためにもアジア諸国への対応の仕方を考えるにも必要不可欠なことと、私は思う。

（8）世界の法人類学界に知られた成果としては、日本のものを除くと、フィリピンについてR・F・バートンのイフガオ族、パプアニューギニアでL・ポスピシルのカパウク族とK・F・コッホのヤレモ族、インドネシアでオランダの学者たちのアダット法、インドでJ・D・M・デレットのヒンドゥー法とH・H・トーニーハイの高地民族、その他では、A・R・ラドクリフ–ブラウンのアンダマン島と、E・R・リーチによるビルマのカチン族とスリランカのシンハラ農村、それにM・B・フーカーの東南アジアの多元的法体制などが、すぐ数えられる（それらには、千葉の一九六九と一九九一aとで言及してある）。しかしそれで主なものだけを列記する程度だから、アジア全体を展望することなどとても考えられない。

（9）原文は本タイトルと同様に「アジア法の視点」で、二〇〇〇年七月アジア法研究会の発足にあたって行った報告の原稿である。もう一つの報告は、針生誠吉「二〇世紀のアジア・中国の総括と展望――アジア新時代、アジア法創造のための日中の歴史的省察」。なお、私のアジア法への関心には安田信之教授の協力があったことに感謝している。

（10）その後判明したところでは、Menski 2000, 2004 がこれに賛成して詳しく説明している。

（11）原題は、「アジア法学会の創立を祝す」。二〇〇三年一一月にアジア法学会創立総会に寄せた特別メッセージである。その設立に努力し私に発言の機会を与えてくれた会員諸君とくに安田教授の労を多とする。

第六章　法文化の諸相——法人類学が描く(1)

本稿は、一九九九年一〇月五日国士館大学比較法政研究所で行った講演の記録である。法人類学は、日本では私が一九六五—六六年のアメリカ留学から帰国して以来専心従事してきた大テーマで、何時かは体系的な概説書を書けるようになりたいと心がけてきたが、新テーマの故で世界では毎月と言ってよいほど新成果が現われて体系化の内容が一段落することがなく、今までそれを実行し兼ねていた。それでも一九九〇年代の半ばを過ぎると発展が落ち着きその全貌がほぼ見えるようになった。その時機に、これを概観する機会をここに与えられた。私はこれに感謝し、人類文化にかくも重要なこのテーマに後続の若い方々が積極的な関心を持ってくださることを切に願って当面の概観を残すことにした次第である。

法人類学は、一九世紀に近代法および近代法学の反措定として発祥した。しかし同じ反措定の犯罪学・社会学・マルクシズム等が正統の法と法学に正面から批判・対立する性質であったのとは違い、正統の国家法を認めた上で非正統ながら対象の固有性を主張するものだったから、その方向ないし目標は当初から定まっていたとしても、その対象と方法とに科学的概念を構成することは遅れた。よって本稿では、法人類学が誕生して確立するまでに貢献した諸形態の法学をまず概観し、現在も課題となっている固有の対象と方法の科学的概念を次いで検討し、そのような法人類学が担当する問題群を終わりに考察する（これらの点および戦前の文献について詳しくは、千葉一九六九のほか一九八七〔執筆は一九七九〕、一九九一aの付論、本書第七章を参照)。

第一節　法人類学の誕生と確立――その諸形態

一　確立まで

(1)　進化論的法学

正統の法と法学が確立した一九世紀に圧倒的であった社会思潮は社会進化論で、それが未開社会の存在を前提したことが未開法に脚光を当てることになり、その論議が比較神話学・民族学・比較法史学・マルクシズム等の中から現われるにいたった(F. M. Müller; L. H. Morgan; H. S. Maine; F. Engels がそれぞれの代表者)。未開法は、かくて法学界に登場したが、散発的に発見されただけである上、文明法が発達した極である近代法から見ればはるか過去の遅れた法と銘打たれていた。

(2)　民族法学

進んでその学を法学界の一潮流に引き上げ戦後まで存在意義を保っていたのが、独墺系の民族法学である。それが長く生き延びたのは、その言う民族法は後発民族に固有の法だが非西欧の諸社会に当代も生きていることを認める現実主義の観点があったからである。しかしその基礎を築いた学者は網羅主義に終わり(A. H. Post)、発展させた者はヘーゲル流の普遍主義観念論に流れ(J. Kohler)、そのころ展開し始めていた人類学的経験主義を学ぶことがなかったので、有意義な法人類学を推進できなかった(なお江守一九五九、一九六二を参照)。

(3)　法社会学

経験主義の立場で民衆社会の日常生活に働く生ける法を法と認めこれを近代国家法の淵源だが範疇としては別だと構成したのが、E. Ehrlich であった（1913）。彼自身はその方法を社会学だと信じていて人類学と重なるとは考えていなかったけれども、当時の独墺では Anthropologie は人類考古学、Ethnologie は非西欧民族の学をそれぞれ意味していて、人間の思考・行動様式を西欧社会にも見出す近代人類学の成立以前のことだったから、私はその方法は現在言われる人類学的であったと観て彼を法人類学を基礎づけた一人とする。

(4)　未開法学

方法として近代人類学そして対象として未開法の記念塔となったのが B. K. Malinowski の諸業績（1922, 1944）、中でも『未開社会における犯罪と慣習』であった（1926）。日本でも青山道夫が民族法学の名で熱心に紹介している（一九五五のほか Malinowski 1926 の翻訳）ところである。その観察はオセアニアの小島トロブリアンドに限られているが、問題はおよそ人間がどこででも発揮する文化現象であり、法原理としては普遍的な互酬性を発見し、方法は現地調査による観察から文化理論を構想することで、これが近代人類学を開いた。

(5)　法民族誌学

マリノフスキーが英米の人類学者に大きな刺激を与えた結果、その方法に従って非西欧諸民族の現地調査をするもの、中でもヨーロッパとくにイギリス系の人類学者によるアフリカ諸部族の、そしてアメリカ人類学者によるインディアンの調査記録が、戦間期に続出するようになり、第二次大戦による中断後は一層増加し、民族学ないし人類学に新風を捲きおこした。それが法人類学と呼ばれることもあったが、その多くは部族個々の調査報告であったからむしろ法民族誌学 Ethnography of Law の名がふさわしく、中にはその多数をまとめて考察あるいは全体図を描きだそうとするもの（Nader 1965 が代表）も現われた。

(6)　法人類学

多数部族のいわゆる未開法を近代人類学によって考察してその理論化を試み、進んでこれを法理論の問題として近代法との比較あるいは異同の検証を意図的になそうとすると、その学はもはや法民族誌学にはとどまりえず法人類学と言うべきことになる。それに二人の先導者があった。一はアメリカのE. A. Hoebelで、当初はアメリカインディアンの法民族誌学であった（1940、他）が、レアリズム法学の一代表者との共同調査（Llewellyn & Hoebel 1941）から法人類学に踏み込み、当時に主要であった多数のアフリカとアメリカの民族誌的調査報告を理論的に比較していわば未開法理論を抽出した（1954）。他は数年の後輩イギリスのM. Gluckmanで、数多い調査報告の中でも南アフリカの部族法バローツェ法についてはイギリス法と比肩するほどの進歩性を強調し（1955b, 1965a）、またアフリカにおける紛争と平和との共存を指摘（1955a）、法をはじめ部族内諸規範のシステム的構造を比較した（1965b）。この二学者は、法人類学の理論と実態と両面の存在意義を確立させた。

二　確立以後

(1)　法人類学 Anthropology of Law

一九七〇年前後から世界の法人類学界は、前述のホーベルとグラックマンに激励される形でアフリカとアメリカだけでなく世界の他の諸地域をも調査して業績を積み重ね、その中から法人類学の名を掲げてその体系化を志すものも現われるようになった。法学者である私の一九六九は日本語なので世界への影響はなかったがその口火を切ったもので、その人類学的理論の展望は未熟だったとしても、英語とドイツ語による学史に詳しく西欧と非西欧とを仲介すべき日本学者の役割にも言及した点は現在でもなお意味があると、私自身は思っている。次はアメリカの人類学者L. Pospisilが、パプアニューギニアの一高地部族を調査した記録と分析からその法としての特徴を抽出しようと試みたもの（1971）で、やや遅れてフランスで法史学から転身したN. Roulandがフランス語を中心とする学史に加え、伝統社会の法と西欧の少数民族問題とを述べた（1988, その他あり）。P. Sackの編書（Sack & Aleck 1992）は二五の既発表論文を学史論・法理論・最近民族誌・非西欧法論（Chiba 1989: ch. 12をも採録）・その他の計五編に分け法人類学の様々な展開を示した。

その対象の多様さは九〇年代に入ってから一層進み、以下のように多様に展開した。

（2）　多元的法体制 Legal Pluralism

最も有力なのは、多元的法体制論である。と言う第一の理由は、そのための国際学会（International Union of Anthropological and Ethnological Sciences に属するが独立の活動をする Commission on Folk Law and Legal Pluralism、略称ＩＵＡＥＳ　ＣＦＬＬＰ、国際法人類学会と訳す）が、一九九一年から活動を開始し二年ごとに学会を開催し機関誌（*Journal of Legal Pluralism and Unofficial Law*, *JLP*と略称）も年に一、二冊発行しているからである。この名称を最初に唱えたのはGilissen 1972であったが、学界に画期となったのはHooker 1975（ほかに1978, 1986-88）であった。これは英法を主とするがその他の西欧諸国家法が世界に移植された跡を広範かつ忠実に追い、同時に現地の固有法が文化として生きている状況を認めたからである。ただし私から見れば、その観点は現地住民の主体性を軽視するから西欧中心主義にほかならない。これを直接にではないが批判するように、オセアニアの資料を多く盛りこんだのが、P. Sack（1982; Sack & Minchin 1986）、非西欧法の主体的観念からこれを西欧法と一括して理論化しようとし、国家法と非国家法との二元に超国家法を加えて三元の多元制を主張するのが私（Chiba 1989、千葉一九九八）であった。

多元的法体制はかくて一九八〇年前後に賑やかに論ぜられ九〇年代にはいわば各論は続いたが、総論の体系書・概説書は現われなかった。これはその衰退ではなくテーマが以下のように分化したからであったと、私は理解する。

(3)　非西欧法 Non-Western Law

非西欧法は、法人類学でも多元的法体制でも主要むしろ基礎を成すテーマであったが、その名で着目されそのテーマの内容を実際に賑わしたのは、当初はイギリス等ヨーロッパの先進国では旧植民地の、アメリカでは白人が奪取したインディアンのそれぞれの現地法すなわち個々の部族法であり、国際比較法学会が戦後の活動を始めてからはアフリカ法、イスラーム法、インド法、極東法と中国法のいわば広域法であった。この動向には三つの特徴が認められる。一に、圧倒的多数は西欧学者が西欧主義をかざして各非西欧法を外から優越的に観察するもので、現地の主体的観点によるものは寥々であった（国際学界で私の知ったものに、アフリカ法の Akbar 1992 と African Charter 1981; インド法の Baxi 1982; Galanter 1989; Panikkar 1992; オセアニア法の Narokobi 1992, 1993; ラテンアメリカ法の Declaration of San José 1981; アメリカインディアン法の Tso 1992 があるのみ）。二に、大部分がいわば各論で部族別か国別が多く、広域圏を観るものはあってもいわば総論として非西欧法の総体を観るものは皆無であった。アジア法については、安田信之がいるが東南アジアが主で（Yasuda 1995, 1998; 安田一九八七、一九九二、一九九六）、アジア全域を観るのは私だけである（Chiba 1986, 1989, 千葉一九九八）。その他では Tan 1997 と *Law in a Changing World* 1998 とが目立つが、いずれもやはりアジア全域にも主体的観点にも着眼していない。ほかに非西欧法を注視するものに、国際法人類学会と同時に結成され年報 *Third World Legal Studies* を刊行する国際第三世界法学会があるが、その問題は非公式法を度外視し各国家法だけだから非西欧法の本質を直接に衝くことがなく、日本の開発法学（安田編一九九二）は、第三世界法学と似て国家の開発を主題とするからやはり各論である。

総論がないことには、それなりの理由がある。西欧の眼から観れば、非西欧法は法とは認められないほど劣等でいずれは移植された西欧法のもとに消滅か精々同化される運命にあるから、そこに総体的特質を議論はおろか認識する必要もないからである。それは明らかに、近代国家法一元論及び西欧法普遍論に立つ西欧中心主義イデオロギーにほかならないからこれを打破しなくては非西欧法の真価を認めることができず、そのためには非西欧法を弁証する対抗イデオロギーの法学が要る。非西欧法学は実態論としては勿論イデオロギー論としても可能かつ必要なのである。その必要性を主張したのはおそらく私一人であった（Chiba 1989, 1993a, b）ところ、最近ようやくこれを支持するものがフランス語で現われた（Capeller & Kitamura 1998）。非西欧法論の実態論とイデオロギー論とそれぞれの意義の検討を私は有志に願ってやまない。

（4）法文化 Legal Culture

法人類学的研究と意識しない場合でも実質的にはそれに該当するものとして、多元的法体制と並んで行われてきたのが法文化論である。西欧主導であった理論法学は戦後社会では法の概念が一律でなく多様であることを認め、比較法学は主として「法伝統」の名で、法哲学は広く「法思想」で、新興の法社会学は「法意識」で、これを問題とするようになった。そこに現われた多様な実体と名称は次第に法文化の名に集約される傾向となった。

それだけに、現代の法文化論は傾向が幾つかに分かれる（その概念と実体の七〇年代までの状況は千葉一九七七—七八を参照）。まずその火を付けた上に最も盛んとなったのは、西欧の常識を破る前述の非西欧法論である（多くの西欧学者によるアフリカ法・イスラーム法・インド法・中国法・日本法等の研究。湯浅他編一九九二、Capeller & Kitamura 1998）。西欧社会内部すなわち西欧法内異文化の問題も九〇年前後から注目されるようになり（Gessner et al. 1996; Nelken 1997; Kymlicka 1995 の主唱する文化多元主義 multiculturalism は実際には西欧民主主義国内の少数民族問題のみ）、西欧と非西欧を包含（Varga 1992; Sack & Aleck 1992; 竹下＝角田一九九八はキムリッカの問題を法文化一般に広げる）ないし比較（千葉一九九一a、角田一九九八、木下一九九九）するものに発展している。したがって法文化論の現状は、多元的法体制論との区別も判明でないから、今後は、それらすべての実体論とともに名称論もさらに展開して別の形をとるであろう（最近 *Ratio Juris* 1998 はすべてを含めて文化多元主義／法的自由主義 cultural pluralism and legal liberalism と言っているが、この表現も仮であろう）。

第二節　法人類学の方法――その諸問題

一　観点の諸問題

法人類学の対象と方法は、法学が初めてこれを知った当初は「社会人類学・文化人類学・民族誌学・民族学等の立場からする法に関する研究」と、人類学の方法を学ぶ法学という趣旨で規定された（千葉一九六九、一〇頁）。その後三〇年経った現在では、この方法により発掘された特有のテーマが上述のように蓄積されたので、その現在の対象は「多元的法体制ないし法文化」だと言うことが適当であるが、将来はまた他の表現に集約されることと思われる。

その研究の使命は現状によって言うかぎりは、何よりも西欧法とは異なる非西欧法の実態の解明から出発し同時に西欧中心主義のイデオロギーを打破する役を果たすことであるが、最終的には、西欧法も実は多元的である点では非西欧法と違いがないのだから、非西欧法と西欧法とに共に通ずる全人類社会の法の実態が、文化としては多元的に別れつつも法と言うことのできる一つの規範によって規制されている状況を正確に認識することである。その意味では、多元的法文化の法理論は比較法学であり（木下一九九九）、いな真正比較法学（千葉二〇〇一）であることにもなる。

その使命を果たすには、研究者が対象にアプローチする態度に慎重な顧慮が要る。西欧主義を盲信した既成法学が対象の人間性を無視した実績に鑑み、歴史に生きる各民衆の主体的立場を十分に尊重すること、すなわち主体的観点に立つことである（詳しくは本書第三章）。

二　対象の概念を規定する課題

法人類学の対象は、上述のように今厳密に規定する条件は整っていないとしても、これを試みて磨きあげてゆく努力は常に要請される。その意味で今可能なことを以下に試みておきたい。

(1)　現行の諸概念

世界で現に用いられる関係用語は多い。代表的な二のうち一方の多元的法体制については、これに対抗するほど有力なものが表面には出ていない（上述のようにいわゆる「文化多元主義」の実体は多元的法体制の一局面にとどまる）。しかし他方では、世界に実在するにもかかわらず論者から忘れられている多元的法体制もある。一は法哲学に伝統の「法と道徳」その他法と他の社会規範との不可分の関連（*Ratio Juris* 1998: 190）、二は正統法と非正統法との関連だが、これには説明が要るであろう。既成法学は平和＝秩序状態を前提として、暴力団・犯罪集団等をアウトローと扱うけれども、それらの実体は少し大きい人間社会には実は常在しており、反政府集団ないし革命組織となると国家法が積極的に弾圧せねばならず、それが進むと分裂国家にまで至る、等々の例において見ると、いわゆるアウトロー集団それぞれの固有法は、非正統ながら国家法の陰に厳然と生きているのであるから、「法と紛争の連続性」理論（千葉一九八〇、六章）からすれば、国家法ひいて超国家法とともに多元的法体制を形成していることになる（本書第一章、Chiba 1998を参照）。アウトローの問題も多元的法体制の中にあるのである。

他方、法文化には広義で類語が多い。日本の用例では、実定法の制度に潜む「法伝統」（Berman 1983）と日常生活で見る「法感覚」（中川一九七九）とは少ないのに対し、「法思想」は法理論家たちに愛用され（渡辺＝利谷一九七二、長尾一九八一）、「法観念」も法感覚と法思想を合わせた意味で用いられる（大木一九八三）。そのほか法知識・法意見・法態度の用語もある。だが、法意識が上記のすべての総称かのように多用されている（日本文化会議一九七二、Podgorecki et al. 1973: 六本一九九八、一八九—二三一頁等を参照）。この状況は混乱とも見えるが、それだけにそのすべてに亘る概念上の整理が要請されている。

法意識ないし法文化の専門家は世界にも多くあり皆この要請を観じてはいるがこれを明確に意識して積極的に解明しようとする者は珍しい（前記の六本は例外的に試みるが効果は疑問）。私の知ったただ一例に、その理由を操作的概念を求めないからだと言うD. Nelken（1996）がいるが彼も実質的な提案をしてはいない。私見では、それらが問題の解明に至らないのは整理しようとする概念の科学的性質の問題を無視しているからである。私は、ここから出発するのが解答の道と考え以下の試案を持つ（以下の(2)と(3)について詳しくは千葉一九九八、三章を参照）。

(2)　法文化概念の性質

まず科学概念一般の性質について、古くはカントの示唆新しくは科学論の主張を聴かねばならない。すなわち、およそ概念には、考察する対象の外延を確定するための特定的概念と、その内包を分析するための操作的概念とが区別される。この点は、自然科学では前提として周知のところだが、社会科学では戦後の新説なので徹底してはおらず、国家法のみを無条件に法と前提する既成法学ではむしろ不用とするが、科学としての法学には不可欠である。よって私は、法人類学は法社会学とともにこれに従うはずと前提し、法文化も多元的法体制も含む法の全体像に特定的概念と操作的概念を以下のように構成している（法に関する操作的概念は考察目的の相違に応じて幾様にも構成が可能むしろ必要で、Chiba 1998 で提唱した権利概念の媒介変数もその一である）。

法文化の特定的概念は、個々の研究の考察目的により異なって構成されてよいから、法学としては上述諸例の用語の概念がこれに該当し（ただしいずれも操作的概念を伴っていないから科学的分析には不適）、人類学としては、R. Benedict の用語 cultural configuration（1934）を借り「法として現われた一社会に特有な文化統合」と言ってよいであろう（これにも操作的概念がない）。しかし私が法人類学として提唱するのは、「国内法・国家法・超国家法の三元構造で紛争状態をも非正統法をも含む多元的法体制」である。その操作的概念は、「一法主体の多元的法体制全体の比較的特徴」で、これは同時に前の法学と人類学の両特定的概念を操作するにも応用できるから、端的に法文化の科学的概念だと言ってもよい。その操作性を基礎づけるのが次の理論枠組である。

(3)　I原理下の三ダイコトミー Three Dichotomies of Law under the Identity Postulate of a Legal Culture

そもそも西欧法学は世界の法を、権利・契約・犯罪・裁判・主権等々西欧法に固有の諸特定的概念をそのまま操作的道具概念として使用して諸民族の生ける法をアセスしたために、西欧法とは性質の異なる非西欧法（西欧諸国内に生きる部族法・宗教法・慣習法等の非公式固有法もこれに含まれる）はすべて法としては無視か歪曲かされるほかなかった。私は、非西欧法を法として認知し科学的に把握するためには西欧法学には不要な操作的道具概念を新たに創出する必要を感じ、試行錯誤の末に案出したのが表記の理論枠組である。

まず、法の多様な存在形態の各特徴に応ずる特定的概念として、法一般を「一社会の正統権威による統合的社会規範」、これを保持する単位社会を（社会的）法主体すなわち「法の社会文化的主体」（これに対し権利義務の主体である個人は「権利主体」）、法体系を「個々の法規の体系的集合」、法秩序を「法体系の規定に逸脱する行動をも含む現実の社会秩序」、とそれぞれ規定して区別する。

それらを操作するための道具概念としては、まず一方で三組のダイコトミー法概念を分類する。すなわち、一、（権威の相違により）「国家法および国家法が公式に承認する法」の公式法　対　「国家法から公認されていないが明示あるいは黙示の一般的合意により当該法主体の正統権威を認められて市民日常の社会生活を実際に規制する慣行法のうち、公式法を明確に補充あるいは修正するもの」である非公式法、二、（文化的起源の相違により）「当該法主体の伝統文化に起源する法」の固有法　対　「一法主体が他の法主体から移植した法」の移植法、三、（ルールとしての整備度の相違により）「言語とくに文字に定式化された個々の規則で人の具体的な行動準則を明示する」法規則　対　「法規則を正当化しあるいは個々の場合に補充修正する価値原理」の法前提、である。

この六道具概念を用いれば、たとえば国連法・オリンピック法・ＡＳＥＡＮ法・日本法・ヒリピン法・イギリス法・イスラーム法・イヌイト法・宗族法・やくざ法・革命政府法など大小無数の単位社会組織が法主体として保持する法の性質が分類して観察され、そこに用いられる諸法の比重と組み合わさり方に法主体ごとの特徴が現われる。だがそこには、「各道具概念の法をどの程度に取捨選別あるいは加工変形して自己特有の文化として組み合わせるかを決定して、全体としての法に正統権威のもとのヒエラルキー秩序を保障する最終原理」が働いていると想定せざるをえない。それがなければ個々の法体系・法秩序も多元的法体制も体系性が不可能になるからである。そしてその原理は同時にその多元的法体制の特徴をも示すはずで、この原理が他方のアイデンティティ法原理略してI原理である。

(4)　固有法の構造分析

道具概念の枠組に関する以上の理論は新しい上に私の論証も十分とは言えず疑問百出かもしれないが、そのすべてを予想して回答を用意する余地はここにはないから、おそらく最も魅力的と思われる固有法についてだけ、上の枠組を応用して得られるその構造を試論として提示し、読者自身が操作的法概念を探究する参考にして頂くことにする。問題は固有法が法であるための要件である(2)（詳しくは千葉一九九八、七一—七二頁を参照）。

およそ法が法であるための核心的要件は、権利義務と法体系と正統権威との三である。三要件とも国家法では前提とされていて通常は議論の必要がないが、固有法についてはそれを確かめておかなければならない。まずその権利義務は、要求対応諾、特権対無要求、権能対受容、免責対無権限という特殊な社会関係四種の内のどれかが社会人二人の間に成立していれば、両者は権利義務行動様式をとっていると認定できる（これはHohfeld 1919とHoebel 1954に基づく私の発案）。ただしそれが法であるためには、脅迫や詐欺によるのではなく当該法主体の正統権威により支持されるものでなければならず（これは既成法学の準用）、すべての権利義務が権威者の恣意ではなく組織規範・行為規範・整序規範の三重構造を取る法体系として構造化されていなければならない（これは廣濱一九三七に準拠）。

第三節　法人類学の可能性

上述の六道具概念の法と一原理とを用いれば、従来は法学の視野から除かれていた非西欧の諸法とくに固有法が眼前にクローズアップされ、さらには単に一元的な規範にすぎなかった法が拡張されてその環境を成す諸要因と不可分に結合して形成する多元的な形態が知られてくる。いずれも精細に指摘ひいて論証するのは今後有志の挙に委ねざるをえないけれども、私がそれら諸形態の例と考える諸テーマを以下に列記して参考に供することにしたい。

一　法形態の多様性

法として国家法以外の形態が非公式法のみならず公式法の中にもあることが認められたことによって、従来は殆どあるいはまったく問題にならなかった法形態の多様性が、興味あるだけでなくむしろ重要なテーマとして現われる。

まず国家法についても、各国の法体系ごとに、固有法と移植法がそれぞれどう選択され採用・拒否あるいは加工変形されているか（例、法史の日中韓と西欧諸国との対照）、法規則と法前提との比重がどう制度化され運用されているか（例、日本・アメリカ・ムスリム圏の対照）、多くの非公式法とくに固有法にどう対応しているか（例、西欧・アフリカ・オセアニア諸国の対照）、等。次に公式法につき、本来は非公式固有法である宗教法・部族法・地方法・親族家族法・階層法・団体法・その他の慣行法が公式化されている場合はどういう条件でか（例、日本の宗教団体法や慣習法、西欧諸国のキリスト教法）、それらの公式化固有法が非公式法として残っている本来の淵源から実際にどういう影響をうけているか（例、日本の皇室法、イギリスの階層法、ドイツのマイスター制）、とくに反社会集団法に国家法はどういう態度を取るか（例、宗教団体、暴力団体、麻薬組織、政府批判、反政府・反革命の運動組織、等々の諸固有法）。

非公式法には、今挙げた諸例それぞれの正統権威・法体系・権利義務行動様式という構造的要件がどのように成立しているか、それらが国家法とどういう関係に立っているか、固有法が多く移植法は少ないのが原則だが実際はどうか、法規則と法前提との組み合わせ、等々がそれぞれでどう異なるか、とくに反社会集団法の形態と機能、等が問題となる。アイデンティティ法原理については、各法主体において国内諸法から国家法、超国家法にいたるまで三元の関係諸法を統合している態様の特徴に応じてどう識別されるか、そしてどう表示するのが適当か、その多数の比較的特徴はそれぞれどうか（私の仮説では、日本でアメーバ性情況主義、アメリカでルールオブロー第一、イギリスでジェントルマン性条理、ドイツでゲルマン性体系主義、フランスでエスプリ性規範シンボリズム、韓国でハヌニム性正統主義、中国で天道性多元主義、インドでダルマ性多元主義、ムスリムでウンマ性多元主義、等々。千葉一九九八、四章参照）。それらを通じて類似するあるいは相違する要因を手がかりに世界の諸例にどういう分類・体系化が可能か、さらに、事実存在であるI原理を理念的願望と錯覚してイデオロギー化させないためにどういう注意が必要か、等である。

そうしてみると、いかにもよそよそしい国家法が間接的には実は人間生活に密着して生きている態様が現前する。さらに、国家法上のあらゆる個々の権利や制度もまた一層人間味の豊かな実態を見せてくれるに違いない。これを探索する仕事も興味津々だが私には今は資格も能力もないから資格と意思のある有志に託さざるをえないけれども、現代国家法の基礎を成す所有権についてだけ私の思いつく三つの問題点を記して大方の参考に供しておきたい。一は実態の問題で、所有権は一語であってもその意味＝実態が多様であることは大陸法とコモンローとの間の相違により法学者にも熟知されているところであるが、法文化としては世界各地の諸民族にはそのいずれとも異なる形態が無数に在って学者の探究を待っている事実（加藤二〇〇一）。二は理論の問題で、所有権のそうした諸形態が一つの共通概念のもとに包含されるとしても相互に異形として成立する諸形態の文化的根拠は、所有という言葉で表現できる行動様式を各地域の人間が特有の環境に応じて固有に発達させた、したがって相互に相違する認知の文化的枠組によるという仮説。三は法学の傾向に関し、所有権を構成する三権能中使用と収益には綿密な研究を発展させながら、処分については持主の自由と言って万事を済ませ論議する必要なしとしてきた結果として今日の環境問題が生じたことがもはや疑われないので、その理論に抜本的改革が急がれることである。

二　法シンボリズムの諸形態

シンボル論からすれば、法という用語と観念は或る特殊な規範構造の表現形態であり（Baltl 1994; Krstić 1994を参照）、かつ使用される度に何らかの連想を豊かに産みだす象徴機能を持つ（Gusfield 1963, 1981; 千葉＝北村一九八八を参照）。法の用語と観念は、実体と表現形態・象徴機能とが存在と概念との両面においてそれぞれ別物であり科学上は区別されるべきであるのに、社会の実用においてはそれが必ずしも一々必要ではないので、平常は区別せずに法の一語に篭められている。日常生活はそれでもよいであろうが、法学ではどうか。実定法の規定を人に説得する手段とする実定法学ではその無区別が有用な場合もあるが、事実の科学的な認識と評価には識別を欠くことができない。科学としての法学では、その識別が絶対に必要、したがって広く法と言われる現象につきその区別をすることが学問上の要請となるので、私はこの観点からする法の問題を法シンボリズムと称し法の新科学として発展を期待している（本書第一〇章）。この問題は在来の法学では注目されることがなく一九八〇年代に興った法記号学 Legal Semiotics によりようやく学界で真剣に研究されるようになった（北村一九八五、一九八七、*IJSL* 参照）が、最近では物語 story ないし叙述文 narrative に関心が集中する傾向にある（Jackson 1988; を参照、日本でも土屋一九八五の問題は言語のフィクション性）。だが私は社会学＝人類学的な事実認知を基礎と理解するので、以下ではその観点からする問題性を探ることにする（なお千葉一九七七―七八、Ⅶ―Ⅸ、一九九一a、一章、本書第一〇章を参照）。

まず、法の実体の表現形態である法のシンボルには、典型的であることによって唯一と錯覚されやすい条文と判決のほかにも、公示手段（六法全書・法律書・立札等）や主権誇示（国旗・帝王章）、裁判＝正義（女神と秤・剣、森＝岩谷一九九七）など誰でも知るもののほかに、実際にはなお多くの種類がある。言語として、法諺（Messenger 1994）・詩歌（Minatur 1994; Brewster 1994; 音楽につき Petersen 1998; 国歌につき青木一九九七）、諸記録・証書類、肩書・呼称、出版物、諸情報等、多様にある。サイン・マークの類には、諸種の旗・記章・紋章あるいは特定された色・形が用いられ、行動様式も、挙手・座席（裁判官につき Hazard 1994）・位置（ラクダの鞍につき Bailey 1994）・ジェスチュア・儀式等で多用される。身体装飾も、髪形・制服・アクセサリー・身体変工等が権利身分を明示する。物品も、贈答や売買などで特定権利義務の証拠となり、しばしば行事と並んで社会的なステイタスシンボルともなる。法の特殊な様式性が社会的な制度あるいは行動に準用される例も、たとえば、説得の論理として三段論法、規則類の形式と制定手続、種々の機会の宣誓・神判（Reik 1994; Bock 1994）、会議や選挙の成立・進行・決定の方式、等々のように例が多い。これらの諸形態は、そのまま法文化の表現であり、法意識の貯蔵庫にほかならない。

次に、法がシンボルを通じて果たす象徴機能（Gusfield 1963, 1981 が著名、ガスフィールド一九八八参照）があり、一方では擬制が法制度の一つの本質を成すこと（Fuller 1967; 来栖一九九九）、他方では、法が平和・秩序あるいは主権・権力・裁判等の象徴であること、また本音を美化する建前あるいは裏を隠す表なこと、等によって周知のところであるが、その問題性は法の順調な機能よりも逆な場合にある。たとえば、日本では、憲法上の天皇制は社会の広範な天皇尊崇慣行を、また政教分離原則は神道・神社への過度の政治的寛容を、それぞれ実は違法または脱法であるのに容認し、禁酒法・禁煙法は実際の違法慣行を、また税法と学区制は実は税金逃れと越境入学を、それぞれ黙認していずれも合法化している（千葉一九九一a、一章）。アセアン諸国では知的所有権法が無法状態の合法的看板となっており（Antons 1991）、ブラジルの「ジェイト」は民衆が不正不当と思う法律を潜る大義名分である（ローゼン一九九四―九五）。それらの例は、解釈学から言えば、問題を内蔵し時には違法・脱法である実態を合法と評価してしまうものである。ここには、いわば社会主義が働いているとも見られるし、また法文化現象でもあるからこれを正当とも不当とも一概には断定することは困難だという問題点もある。しかし科学的には別途の評価基準を探究する課題を残している。

法の表現形態か象徴機能かあるいは両者の交錯か性質は不詳だが少なくとも法の擬制と言ってよい現象は、ほかにもある。とくに、欧米では動物の権利が議論されあるいは制定されており、アメリカでは、自然保護の目的で七〇年代から山や木などを原告とする訴訟が提起され七三年に「自然の権利」が法定された結果、熊や梟が市民と共同原告となって勝訴する例が相次いだという（朝日新聞一九九五・三・三〇）。日本でも、これに倣ってアマミノクロウサギほか鳥三種を原告とする訴訟が奄美大島の住民により起こされたが棄却になった（同一九九五・二・二三、一九九八・三・三）。後に、ワシミミズクとオジロワシを原告とする提訴が北海道でなされている（同一九九九・一・一三）が、現行法学では新立法がないかぎり成功の見込はない（フランスほかの例につき青木二〇〇二を参照）。問題は、それが擬制というよりも、本来の法と形は違っても一種の法と認められるか否かにある。

三　固有法の探索

法文化分析の諸道具概念はそれが内蔵する諸要因を発掘する手がかりを与えるものだから、法文化の実態には探索して確認を、理論には分析して整備を、どれもが誘っているけれども、中で最も問題性の多いのは固有法であろう。既成法学が依拠した国家法一元論と西欧法普遍論に最も果敢に挑む概念だからである。これに対する私の考察はまだ不十分であり得られた資料も限られているが、有志を誘うために以下に若干の探索を試みておく。

(1)　スポーツ法

既成法学がスポーツ法と言えばスポーツ国家法に限られるから、日本の現行法令としてはスポーツ振興法一つで代表され、問題としてはスポーツに関係する民法上の損害賠償と刑法上の犯罪をクローズアップすれば済むほど簡単である。法理論としては、スポーツに対して家族・宗教と同様に立入りを自制し、スポーツ事故による加害を原則的に正当行為として免責する。だが実際に二〇世紀には社会の全般的民主化に伴なう商業化とプロスポーツの発達とにつれてスポーツに関連する社会問題が急増して法律問題をも多様に現出、欧米では裁判事件が続き立法も増し、スポーツ法学も一九八〇年前後に現れた。日本でも同様にスポーツそのものに加え事故と関連問題が重大さを加えてきても、スポーツの特殊法学の出番はないままだった。しかし一九九三年ようやく日本スポーツ法学会が結成され定期の大会を開き年報を発行し（『日本スポーツ法学会年報』）入門書も編纂された（千葉＝濱野一九九五）。

その理由の一つは、実際に機能しているスポーツ関係の諸法規と関連問題を広く探究して内容あるスポーツ国家法学を前進させる目的もあるが、ここで重要なのは国家法と並んでスポーツ固有法の研究を法学として確立することである。そもそもスポーツにとって第一次的な法はスポーツルールとスポーツ団体協約とスポーツ法理念の三種から成るスポーツ固有法であって、国家法も正常のスポーツに対してはこれをそのまま尊重するから立入自制も正当行為も理論として成り立つ。そしてある種のスポーツ固有法のルールとしての発達度とその遵守度とは国家法に匹敵するほどであるのに、そのことが法としては無視されて、法であるための本質的要件であるスポーツ人の権利保護と正当手続の問題が放置され、結果的に法としての整備と運用が不十分な種目も多い。その実態を解明し、その国家法との関係を再検討し、そして国家法と固有法との両法を通ずる理論を整備することが、スポーツ法学の目標である。それは、解釈法学としては各スポーツの事故・事件に適切に対処し、立法学としては各スポーツ固有法と国家法と双方の不備を改善するよう勧告し、予防法学としては事故防止その他スポーツに待望されている社会的要請を満たすはずである。(3)

(2)　宗　教　法

宗教法は、日本法学では宗教団体法と憲法上の政教分離原則とに言及するだけで済まされているが、これは人類社会における宗教の広く強い実勢力およびその固有法と対照すると過小な扱い方である。世界では、キリスト教国には新旧諸教派の教会法学、ムスリム国にはイスラーム法学、インドにはヒンドゥー法学（ただし法学では固有法でなく公式化したヒンドゥー法が主）、ユダヤ人にはユダヤ法学があり、仏教国でも上座部仏教国には僧団法があるから、大宗教を持つ国は大乗仏教国を例外として、皆宗教法と宗教法学を持っていると見える。否、ほとんどの大乗仏教国（ブータン、チベット等の密教国では仏教が国教）でも宗教固有法は宗団法や寺院法として健在するから、日本の法学が以上の実在をすべて無視しているだけのことである。これはおそらく靖国神社に象徴される神道思想ないし神社慣行と深く関連するからであろうが、事実としては宗教軽視の類の少ない法文化である。

宗教法の問題としては、政教分離原則が日本の既成法学では原典国にはない意味で通用していること、すなわち、欧米では国家と組織としての教会とが対等で「限度ある協調」を図る原則であるのに、日本では強い国家と弱い私人との関係について政教の建前上だけの分離を強調する（ヨンパルト一九九五、一六五―一六六頁、千葉一九九八、三〇〇―三〇一頁）。特徴としては、大小のどの宗教も自己の固有法を固守し他の宗教法を移植するのはほとんどないこと、ただし同じ宗教内部の宗派間では相互の影響ひいて移植が多いこと、したがって異教間の関係は一方の圧倒か勝利、反対に敵視か闘争、そうでなければ無関心に陥りやすいこと、だが他面では、とくに民間宗教には習合が著しいこと、法規則の整備度は大宗教ほど高いがそれでも法前提の機能が国家法やスポーツ法に比べて格段に大きいこと、アイデンティティ法原理が各宗教ごとに生命線を成す重大事だから存在も作用も顕著なこと、等がさしあたり宗教法の特徴である。

(3)　時間と法(4)

時間が法学の話題になる例は珍しく、あっても時効や発効時期・期間など現行の法制度上の問題がもっぱらで、時間が実は法との間に潜ませている必然的な関係、その故に法とともに果たす人間存在への機能、そして実は時間制が内在させている固有法については、法学界では関心が皆無だったと言ってよい。私は、それが法文化の問題であることに確信を持ち、資料を集めてきて問題を立証する研究は今は中途であるが、それでも判明したことは多くかつ重大である。全貌の展開は今後の課題として、ここにはその序論部分だけを述べておく。

時間と言えば、世界の誰もが時計で一日の進行を刻み暦で一年の経過を測り、人は通常このことに疑いをまったく持たない。たとえば生物時間・仙台時間・お役所時間、日時計・砂時計・腹時計、教会暦・歳時暦・航海暦等々、時間の種類はほかにも多様であることをある程度は知っていても、それらの異種の時間は人と事が違えば信頼度ないし用途も別で人事一般には無用である。だがそれらもそれぞれの特殊用途の主体にとっては存在＝生命の本質を成す。人事一般にも、時間には日と年のほか、週・月・季節および一生・世代・時代、等の大事な単位があり、しかもそれぞれ表は時計と暦に拠ってはいるが実際には、たとえば食事時間・登校日勤務日・衣替えおよび生死・就職退職・改元等特殊の計測手段を持つ。したがって、時間制は人間にとっては多元的に存在し、各人は自分の生活に関わる一定数の時間制相互間の矛盾を調整した上で利用している。すなわち社会全体としては多元的時間制にしたがっていて、その全体が一種のヒエラルキー的秩序を形成することになる。

いわば時計時間一元性と標準時普遍性との実体はこの多元的時間制であるのに、そのことを人類学・民俗学・歴史学等を除く学問とくに法学が放置しているような状況は、科学としては怠慢と非難されてもやむをえない。法学が国家法一元論と西欧法普遍論の現行二前提に囚われていて満足するならば格別、多元的法体制を知った以上はそれと並んで多元的時間制を座視できない。しかも法の分析道具概念である公式―非公式、固有―移植、規則―前提の三ダイコトミーはそのまま時間制にも適用が可能である上に、法学の二前提は、時計時間一元性と標準時普遍性とは近代の科学と産業が相俟って確立したのとまったく同様に、近代の所産だったこと、言うまでもない。「時間は自然的時間ではなく、法的な時間」で「法は時間と不可分」である（ヴィンクラー一九九六、二七九、二七四頁）、時間制は基本的な法文化にほかならず、ゆえに時間と法の関係はポストモダン法学の重要な一大テーマに違いない。

(4)　老年化制度

老年化制度とは私がここで初めて提唱する用語かつ問題で、「個人の老年化に準備・対処するための社会＝法律制度」を言う。老人問題は世界とくに日本で現代最大の一つを成し、社会がこれを如何に処理するかの一般論も、当の老人が如何に生きるべきかの主観論も、今や花盛りの状況である。しかし私の観るところでは、その賑やかな両種の議論からスッポリ抜け落ちている観点が在る。それが社会制度としての老年化制度論である。そう言う心は、個人が自己の天命を享受するため、すなわち一方では、健康かつ賢明で故障・病気にも屈せず、死ぬまで人間味豊かなよい人間であり続けるためには、主観論の言う老人自身の努力を前提とはしながらも、社会の側にこの老年化の努力を指導援助する用意むしろ制度的体制とくに法的制度が必須である。しかし他方で現代社会の現状は、老年化制度の実例が現代社会に絶無ではないにもかかわらず、その不備は明白でこれを格別に整備する必要があるのにその声さえも聞こえてこない。

現代社会をそう断定するのは、人類史には老年化制度が社会には広く深く実在していたのと比較するからである。日本でも周知の隠居制度が歴史の全時代そしてどの階層にも区別なく機能していて、公式法としては家長を親子の間で交代させ、親を仕官先あるいは居住村町の公務から解放してわが家と個人の事に専心する権利義務を保障した（竹田一九六四、五〇〇頁参照）。世界の民族社会で隠居にほぼ該当するのが年齢階梯制における長老で、その形態は多いのを一口に縮めて言うと、成年者になる可能期が幼少年、準備期が青年（若者）、実力による活動期が成年（中年）と進んだ次の老年期が長老で、中には活動の指導・決定の権能を掌握する主導的な例も少なくないが概しては相談・調停の補助役であるから、隠居とは違う点はあっても、老年化制度の社会＝法的形態の重要な一つには違いない（高橋一九八七参照）。このような老年化制度は、近代では人間の自由を抑圧するものと敵視されて、西欧社会では一切放棄されたのに対し、日本の近代社会は、明治法制によって特殊な家制度の中で隠居制を公式法化した後、昭和法制によって西欧に倣って廃止した。しかし実は西欧の近代社会も、構成員を社会で資格ある成員に育成するため青年は勿論幼少年までをその予備群として重視し、家庭道徳・宗教制度・成人教育等の教育手段に加えて、普通教育を中心として幼児教育から高等教育までの学校法制度体系を、公式・非公式の制度として国家社会に整備してきている。これは成年化制度と言ってよい社会的＝法的メカニズムである。だがしかし、その充実ぶりに比較して、社会で成年の役を終ってから死に至るまでの老年化の道に入ったいわゆる老人に対処する社会的制度は、近代のほころびが明らかになり初めたころから福祉政策が登場したとしてもごく一面しかも受動的に過ぎず、老年化に耐えむしろこれを楽しみつつ生を全うするために行なう社会と法の積極的な指導・教育・援助の制度はまったく無かった。ここに、近代社会の正統な構成員は本来成年者だけでそれを通過した人間は文字どおり余生を繋げているだけ、つまり老人は近代の忘れ物いやむしろ意図した廃棄物、だという思想が明白に窺われている。キリスト教ほか大宗教のある所は宗教上の倫理と制度がその欠を補ってきたが、そういう宗教の無い現代日本社会はこれに替わる制度を、社会ひいて法律が用意しなければならないはずである。それをも放棄した現代日本が老人問題に慌てふためくのは必然である。今こそ老年化制度の再確認と確立が要請されている。

したがって、期待される老年化制度の内容は、介護制度のような老年者対策だけにとどまるのではない。各人がよき老年生活を準備するためには、幼年期には基礎的なエチケットを体得し、青少年期には自分の来るべき人生を望んで心身を鍛え始め、青年期のとくに後半には老年体制の予備訓練を意識して取り入れることが、有効のみならず必要であるから、老年化制度とは広義で、まず第一には一生を通ずる本人の自覚的な自己鍛錬を、第二には社会的＝法的制度はむしろ自己鍛錬の促進・補助手段であることを、そして第三にそれは社会の側からする老人対策の具体的な直接手段であることを、意味する、すなわち老年化制度は、各人の自己鍛錬とこれを促進・補助しその最後に全開する社会の体制である。

（1）　原文は、「法人類学の可能性」、国士舘法学三一号、一九九九。本誌への掲載とその元であるこの原論文と冒頭に記した講演との双方を配慮した篠原敏雄君の配慮に感謝する。
（2）　固有法の要件については、ここの記述をその後若干敷衍した。本書第四章参照。
（3）　スポーツ法学については、本章の執筆後に書いた論文を加えて論文集とした千葉二〇〇一がある。
（4）　時間と法についても、以後の論文を加えた千葉二〇〇三がある。

第二部　法文化——人類社会に実在する

第一部の諸章で現代法学にも散見される夢の端々を見出し、夢は人間の持つ法文化であることに確信を与えられたが、人類社会に実在するその形態は多様でその全貌は概況すら見えない。実際には、その一端どころか多くの端緒がわれわれの日常生活と常識の中に現れていて志ある研究者の探究を待っている。眼を開くと探究すべき材料はどこにでも転がっている。そう気づいて順序もなく手当たり次第に試みた探索の結果を集めたのが、第二部の諸章である。

第七章は、一九八一年国際法人類学会を発足させたテーマのフォーク・ローについて、アメリカの親子の人類学者が古典的な関係論文五七編を集めたのが必読文献集だと私は思って全編を紹介したもの。第八章は、機会を与えられて世界で最も複雑と言ってもよいインドの法文化を総体的に観察した、一般論としては多元的法体制だが特殊論としてはヒンドゥー法社会を語るもの。第九章も、機会があって非西欧の法と宗教を探索したものだが、学界で初の問題で依拠できる成果も資料もなくてほんの端緒を提示したにとどまるので後続の有志が展開することを切に願うもの。第一〇章は、法シンボリズムの実在は古いが法学のテーマとしては新しいので、これも舌足らずで終わらざるをえず後続の展開をやはり願うもの。第一一章は、スポーツ法学の論文集（二〇〇一）で言及し残したその重要な問題点を補充しようとしたもの。第一二章は、多年追ってきた夢を総括して後続の研究者に述べる機会を与えられて試み、その諸君たちと夢を法文化と確認したもの。第一三章は、法の主体を人間だと認定するから問題が大きいのに論証は粗雑で済まさざるをえない点は批判を免れないだろうが、人間学への関心増大という最近の傾向に法学からもこれに応ずる意味があり、私個人としては学問研究の初心（一九四九）を証明できたと内心喜ぶものである。

第七章　人類社会のフォーク・ロー（補1）

第一節　法人類学最近の進展

一　法人類学は、当初は、正統法学から見て異端の学であった。すなわち近代法学が正統性を確立した一九世紀に、進化論における原始法ないし法史学における古代法の学として着目され、近代法が不動の真理として世界に伝播したあと、第一次世界大戦後に人類学における非西欧未開法の学として展開し、それが戦間期に法学にも知られ戦後は新学際科学として再認識された。わが国では今日でも法人類学を未開法の学とする学者がいるほどそのインパクトは強かったが、現在の対象は、未開法からフォーク・ローへと発展し問題も非公式紛争処理制度研究より広がって、非西欧社会に加えて西欧社会をも視野にとらえる多元的法体制と法文化となっている。それが八〇年代中ごろまでの趨勢であった（一般的に千葉一九六九、一九八七、フランスにつき同一九九一b）。

その後約一〇年、近代法とは文化の異なる法を対象とする点[1]、法人類学は今やポストモダン法学[2]としては正統を担う一翼となった。学会としては、主には国際法人類学会（IUAES Commission on Folk Law and Legal Pluralism）だが、国際法社会学会（ISA Research Committee on Sociology of Law）もそのオニャーティ法社会学国際研究所（Oñati International Institute for the Sociology of Law）とともに参与し、両学会員の協力が進みつつある。(3) 国際誌としては、*Journal of Legal Pluralism and Unofficial Law* と *Law and Anthropology* のほか、*Law and Society Review; Verfassung und Recht in Uebersee; Third World Legal Studies* 等も貢献している。

その中で最近注目される動向がある。まず百科全書的著作が出現したことである。一般に百科全書は、フランスの古典的事例によっても明らかなように、前代まで信じられていた常識への疑いが発展しそれに替るべき新たな真理が待望され進んでその全貌がほの見えた時期に、その転回のために展望をまとめる意義を持つ。法人類学における百科全書的志向は、André-Jean Arnaud が総編集した事典（Arnaud 1988, 以下『アルノオ事典初版』と言う）が「法人類学」と「法文化」等若干の項目を採用したことに兆し、その再版（Arnaud 1993, 以下『アルノオ事典再版』と言う）が法文化関係の諸項目を組織的に収載した。これに対して多数の巻を集めた双書の一部門に「法文化」の名を掲げたのが、Dartmouth 社の『法・法理論論文国際双書（International Library of Essays in Law and Legal Theory）』（以下『双書』と言う）で、しかもそれが一巻を専門論文集の『法と人類学』（Sack & Aleck 1992）にあてている。(補2)

もう一つは、従来も多元的法体制の中で研究がなされていたにもかかわらず独立のテーマとして考察されることのなかった主要問題二つに、それを主題とする著作が初めて現れたことである。一はフォーク・ローを題名とする二巻の大冊（Renteln & Dundes 1994, 以下『フォーク・ロー』と言う）で、他は非西欧法を主題とする私の小冊（Chiba, ed. 1993 とその邦訳の千葉一九九四、あわせて以下で『アジア法』と言う）である。

私は、以上五著作が世界における法人類学最近の動向を特徴づけるものと解し、その理由で日本の同学にそれらの充分な消化を願い、そのために役立つ情報を提供したいと考え、ここに紹介することとする。ただしその内、『アルノオ事典』は私の不得意なフランス語であり、『双書』は膨大な上に一部が未刊であり、

『法と人類学』は別に専門的書評を要することを顧慮して、いずれも本節の次項で略述するにとどめて詳論は他の適任者に譲り、『アジア法』は私の小冊であるから結論の注（15）で言及してすませる。それらと比べ『フォーク・ロー』は、その視点が世界の学界でも卓抜な上に、集めた論文全五七編は日本の学界では未知のものが大部分で、今後の法人類学とくに多元的法体制研究に対する貢献は大きいので、第二節でくわしく紹介する。

二　『双書』は、Tom D. Campbell（オーストラリア国立大学）を総編集者とし世界の専門家により全五五巻（内九巻は二冊）を編集し、イギリスのDartmouth社から一九九一年以来刊行されている。全体は「アプローチ方法」編一七巻と「法領域」編二五巻とに並べて「法文化」編一三巻に別けられているが、この「法文化」編が法人類学の百科全書にあたるはずなのでその各巻を以下に列記しておく。（＊印は九五年一月現在で予定）

法人類学の総論的なものに以下の四巻がある。*Law and Anthropology*, 1992, ed. by Peter Sack & Jonathan Aleck（ともにオーストラリア国立大学）; *Comparative Legal Cultures*, 1992, ed. by Csaba Varga（ハンガリア・アカデミー）; *Law and Development*, 1992, ed. by Anthony Carty（グラスゴー大学）; *Legal Education*, 1993, ed. by Martin Levine（南カリフォルニア大学）。

各論的にあたるものはつぎの九巻である。*Civil Law*, 1995, ed. by Ralf Rogowski（ウォーウィック大学）; *Common Law*, 1994, ed. by Michael Arnheim（ケンブリッジ大学）; *Russian Legal Theory*, 1995, ed. by W. E. Butler（ロンドン大学カレッジ）; *Chinese Law and Legal Theory*, 1995, ed. by Michael Palmer（ロンドン大学）; *Islamic Law and Legal Theory*, 1995, ed. by Ian Edge（ロンドン大学）; *Hindu Law and Legal Theory*,

1995, ed. by Ved P. Nanda（デンヴァー大学）; *Jewish Law and Legal Theory*, 1995, ed. by Martin P. Golding（デューク大学）; *Japanese Law and Legal Theory*, 1995, ed. by Koichiro Fujukura（東京大学）; *African Law and Legal Theory*, 1995, ed. by Gordon Woodman（バーミンガム大学）et al.

他の編に属する巻にも法文化に関係するものがある。たとえば、「アプローチ方法」中に、*Sociological Theories of Law*, 1994, ed. by Kahei Rokumoto（東京大学）、「法領域」中に、*Law and Religion*, 1992, ed. by Wojciech Sadurski（シドニー大学）[4]。

以上の諸巻が取り扱う内容は、ここで一言するにはあまりにも広範だが、法人類学の立場からただちに気づかれる点だけを指摘しておく。一は総論に「法と発展」の問題を取りあげたことである。この問題は、世界では国際第三世界法学会（International Third World Legal Studies Association, INTWORLSA）の活動があり（*Third World Legal Studies* を見よ）、日本でも開発法学の発展に向けた努力もある（安田一九九二を見よ）にもかかわらず、国際法人類学会も国際法社会学会もこれに冷淡である。私は、そのように方法論を区別する厳密さも一方では必要だが、他方では異なった方法による学問の協力も必要と考えるので、これを法文化問題と認めた編集者の目を評価してもよいように思う。

ただし二として、編集者の言う法文化の意味には疑問がある。法学教育を法文化の問題とすることは評価してもよいが、その巻の内容はすべて英米の問題に限られていて、法人類学で大問題である非西欧社会の実態（ペレス－ペルドーモ一九九四、一一五―一一六頁、International Legal Center 1975; Dias et al. 1981 を参照）には一顧も払っていない。同様に、法と言語の問題が「アプローチ方法」中に採用されているが（*Law and Language*, 1993, ed. by Frederick Schauer（ハーヴァード大学）、非西欧諸国では法文化の衝突が言語に顕著に現れる（『フォーク・ロー』の No. 38論文を見よ）のにそれを無視している。また法と宗教の問題にも上記のように一巻があてられているが、その扱う宗教はキリスト教だけで世界の他の宗教と比較する視点がない。要するに、その言う法文化とは伝統的な法学からする西欧法文化だけにほかならないから、実は法人類学ではないと言わねばならない（『法と人類学』は例外）。

三に、各論として世界で代表的な七の広域文化を取上げているのはよいコレクションのように見えるが、各項目を「法と法理論」として扱う手法は西欧法学である比較法学の応用であることに疑いなく、非西欧をも展望する法人類学的文化論は、別な手法をとることが要請される。この要請に応えようとしているのが、他の四著作である。

三　その一の『法と人類学』は、二四の収載論文の中に、Laura Nader, Francis G. Snyder, June Starr, Sally E. Merry, Carol J. Greenhouse, Boaventura De Sousa Santos, Alison D. Renteln, Lawrence Rosen 等の現在活動的な西欧学者のほか、固有法を弁ずる R. Panikkar, Bernard Narokobi, Na'im Akbar, Tom Tso と私の非西欧出身五学者を加え、法人類学現在の動向と要請を的確に再現していて将来の一基準書になるに違いない。ただ Gordon R. Woodman, Franz & Keebet の von Benda-Beckmann 夫妻、John Griffiths, Fons Strijbosch 等の国際法人類学会の有力学者たちと Paul Bohannan, Leopold Pospisil, Sally F. Moore らが不採択なことには若干の疑念がある。

André-Jean Arnaud は、事典初版の完成時にすでにその不備を自覚して訂正増補を期し、その最大眼目として「法人類学・非西欧法（Anthropologie juridique et droits non-occidentaux）」部門を新設し、その企画と編集を私に委託してきた（Arnaud 1993: xxviii-xxxi 参照）。これは、初版は西欧文化中心主義で非西欧人の主体性を無視しているという、私の批判を驚くほど素直に受け入れた結果であった。私はかれと連絡をとりつつ項目をあげ執筆者を選考して委嘱した結果、一四名による一五項目を再版に掲載できた[5]。収載は項目のアルファベット順で散在しているが、私の体系では次のとおりである。

A．非西欧法の法人類学を総論的に扱うものとしては、

1．"droit non-occidental（非西欧法）," par Masaji Chiba;

2．"occidentales et non occidentales (perspectives du droit)（西欧対非西欧——法の観点）," par Peter G. Sack（オーストラリア国立大学、*Legal Pluralism*, 1986; *Law and Anthropology*, 1992［前記『双書』中］の編集者）;

3．"folk law（フォーク・ロー）," par Gordon R. Woodman（バーミンガム大学、国際法人類学会前会長、『フォーク・ロー』と『アジア法』へも寄稿）

4．"tiers monde (études juridiques du —)（第三世界法学）," par M. Lakshman Marasinghe（スリランカ出身でカナダ・ウィンザー大学に在職、第三世界法学会元編集長、『アジア法』へも寄稿）

B．非西欧の代表的法文化の各論としては、

5．"culture juridique juive（ユダヤ法文化）," par Bernard S. Jackson（リヴァプール大学、国際法記号学会と*The Jewish Law Journal* の編集長）

6．"culture juridique islamique（イスラーム法文化）," par Majid Khadduri（ジョンズ・ホプキンズ大学、*The Islamic Conception of Justice*, 1984の著者）

7．"culture juridique afridcaine（アフリカ法文化）," par Simon Roberts（ロンドン大学、*Order and Dispute*, 1979の共著者、『フォーク・ロー』へも寄稿）

8．"ibid. (la propriété dans les sociétés africaines = 財産保有形態)," par A. K. P. Kozo Kludze（ガーナ出身で

アメリカ・ラトガース大学カムデンに在職）
9．"culture juridique chinoise（中国法文化），" par Alice Ehr-Soon Tay（中国出身でシドニー大学に在職、国際法哲学社会哲学会前会長）
10．"tradition juridique bouddhique（仏教法伝統），" par Yoneo Ishii（上智大学、『上座部仏教の政治社会学』一九七五の著者）
11．"cultures juridiques en oceanie（オセアニア法文化），" par Peter G. Sack（2に前出）
C．非西欧法文化と比較すべき西欧法文化として、
12．"reception du droit（en Occident）（西欧における法の継受），" par G. C. J. J. van den Berghe（ユトレヒト大学、オランダ法史学の指導者、『フォーク・ロー』へも寄稿）
13．"culture juridique chrétienne（catholique）（カトリック法文化），" par Jean Gaudemet（パリ大学、フランス法史学の最長老）
14．"ibid.（protestante）（プロテスタント法文化），" par Jacques Ellul（ボルドー大学、フランス法史学の長老）
15．"tradition juridique occidentale（ヨーロッパ法伝統），" par Harold J. Berman（エモリー大学、*Law and Revolution*, 1983 の著者）

以上の結果に、私は不満を持つ。予定した一八項目のうち三項目の原稿がまにあわずに欠落したこと[6]、および、法文化の概念とアプローチについては各筆者に任せざるをえなかったので理論的整合がなされなかったことである。これは明らかな欠陥でのちの企画に補正してほしいと願う点である。

しかし他面では特徴もあると信じている。1、2、3、4の総論的項目は新しいタイトルであり、各論的項目中にも10、11の新タイトルを採用し、比較すべき欧米の法文化としては大陸法と社会主義法は伝統法学

に任せ13、14、15を分説し、執筆者にもそれぞれの法文化の現地出身学者を選んだことである。その結果全体として世界の学界にはじめて登場した項目が多いはずである。(7) 私は編集責任者として、欠陥を自覚しながらも法人類学の発展に一つの礎石になることを期待している。

第二節　『フォーク・ロー』の内容

本書（Renteln & Dundes 1994）は、ガーランド社が刊行する双書 Garland Folklore Casebook 中の一冊で、『フォーク・ロー——不文法の理論と実例の論文集』と名づけられるが、その不文法とは、一般に民衆法・慣習法・非公式法・固有法・伝統法・現地法等から慣習・フォークロアなどさまざまの用語で表現されているものの総称である。ゆえに収録すべき論文が多く、長すぎるものを割愛しても数にして五七編、総頁数は本文だけで一〇三二頁の上下二巻に達した。編者は Alison Dundes Renteln とその父 Alan Dundes との両人類学者であるが、後者はこの双書の総編集者であるフォークロア専門家なので、実際の編集作業は前者に多くを負っていると思われる。

娘の Renteln は、一九六〇年生まれ、ハーヴァード大学で人類学とともに現代ヨーロッパ論を勉学したあと、法学をロンドン大学で修め一九八七年カリフォルニア大学バークレー校で Ph.D. を取得、国際人権法を専門として一九八九年から南カリフォルニア大学政治学科に就任、九三年 Associate Professor に昇進したばかりである。一九八八年に二つの論文（一九八八a、一九八八b）によって早くも学界に知られ、翌々年には小冊だが論文集を出している(8)（一九九〇）。

本書の内容は、巻末に参考文献表もあるが、主体は八部にわけられた収録論文である。その大部分が私には初見であり日本でも知られ利用されてほしいものである。編者は、五頁の序言を書き、各部にも大体一—

二頁ほどの解説を、さらに各論文にも一頁前後の解説を加えている。両解説とも短い上に精粗のアンバランスがあり不備も少なくないが、日本では得難い情報を含んでいてやはり有益である。そう考えて、まず本節で全論文の内容を要約して紹介する。(9)

詳しい紹介は紙面もなく必要もないから省き、われわれが日本で知らなかった情報と世界の法人類学発展のための示唆とに重点をおいて紹介する。各論文の原発表年を［　］に添え、なお私のコメントを＊印で加えておくことにする。コメントは端的な表現にするため主観のまじることも免れないだろうが、読者それぞれの関心による学問的評価を誘発できれば幸いと思って記すものである。

一　フォーク・ローとは何か

まずNo. 1: G. G. J. J. van den Berghe（オランダの法史学者、ユトレヒト大学、『アルノオ事典再版』へも寄稿）が、ヨーロッパの歴史で展開された議論を要約する［一九八六］。不文法は、ギリシアでは自然法をさしたが、ローマではモーレスあるいは慣習であった。中世には慣習法が神法の前に敵視された。近代では独占的な国家法のもとにドイツで民衆法の声があったが、公式に認められたのは植民地のアダット法等だけであった。「新しい柔らかな法の観念」の生きる現代世界では「法のよりよい操作的概念」を求めよと結ぶ。＊文章は要を尽くして無駄なく結論は首肯でき、論文として模範的。

つぎのNo. 2: Arthur Schiller（アメリカの法史学者、コロンビア大学、一九七七年没）は、ローマ時代を扱い、不文法が、慣習と区別された慣習法を意味し、前古典時代には公式法と万民法の淵源となり、古典時代には法学者からも地方法か民衆法として認められたと述べる［一九三八］。＊説得力ある論説。

No. 3: M. P. Jain（インドの法学者、バナラス－ヒンドゥー大学）は、インドでは慣習が不可欠な一法源だと例証する［一九六三］。慣習はかつては、ヒンドゥーではダールマシャーストラがさまざまの共同体やセクトごとに異なる法であったのに対し、ムスリムでは神聖なアラーの法のもとに例外的存在にとどまった。イギリス統治後は、ともに一部が公認された。(10) ただし地方・部族・共同体・家族・カースト・ギルド等による変異に応じ、また裁判所の repugnancy clause によって採否を決定されていた。独立後は立法により賢明に対処すべしと主張する。＊未知だった情報を伝える好論文。

類似の事実を、No. 4: Gordon R. Woodman（イギリスの法学者、バーミンガム大学、国際法人類学会前会長、『アジア法』へも寄稿）が、アフリカのガーナとナイジェリアの事例に基づき理論的整理をする［一九六九］。要するに、慣習法の観念には裁判所と常民の間に明瞭な差があるから、法学と社会学とが相違する認識をもって協力すべきことである。＊かれの持論（ウッドマン一九九四参照）の発端である。

No. 5: J. P. B. de Josselin de Jong（オランダの人類学者、ライデン大学、一九六四年没）は、慣習法を法から区別しようとすると泥沼の議論になるからやめよと主張する［一九四八］。理由は、法はもともと「文化の一現象」で単一現象ではなく「法複合体」だからである。＊法人類学として先駆的な着眼。

この泥沼がコモンローにあると認めるのが、No. 6: A. W. B. Simpson（アメリカの法学者、ミシガン大学）である［一九七三］。コモンローは実定法学によって理性と権威による組織的な法規の体系とされるが、実態は慣習的に変化するので「体系よりむしろ泥沼（muddle）」だという。＊正論であろう。(11)

フォーク・ローの多様な実態と観念を提供したこの部の最後に、慣習法に対する典型的な国家法理論を念のために、慣習法は法律か裁判所か要するに主権の認証・採用によりはじめて法となると主張するのが、No. 7: Alan Watson（アメリカの法学者、ジョージア大学）である［一九八四］。

二　フォーク・ロー研究の先駆者

最初No. 8: Ernö Tárkany-Szücs（ハンガリーの人類学者、多言語の碩学、千葉＝島村一九八三、島村一九八三参照）が、総論的にヨーロッパ各国における法民族学の六〇年ころまでの成果を概観する［一九六七］。フランス・スペイン・ポルトガル・イタリア・ドイツ・スウェーデン・オーストリア・ハンガリー・アルバニアの諸国に次ぎ、南スラブのセルボ＝クロアチア・スロヴェニア・ブルガリア、西スラブのポーランド・チェコ・スロヴァキア、東スラブのロシア・ルーマニア・リトアニアの諸民族の後、トルコ・ギリシアにチュートン族のスウェーデン・ノルウェイ・フィンランド・デンマーク・ベルギー・イギリスにも言及する。＊ドイツ以外は日本に未知だったので待望の資料、後続の報告を待つ。

いわば各論では、ロシアをNo. 9: Samuel Kucherovが概観［一九七二］、二〇世紀初頭の三学者の慣習法論と一七世紀までの古記録における慣習とを紹介、婚姻が革命後に法定されたが慣習法は残ると指摘。＊サティー（安田一九九一参照）類似の慣行や法的シンボル（千葉一九七八、Ⅷ参照）の言及が注意される。

ドイツをNo. 10: Rüdiger Schott（法人類学者、ミュンスター大学）が担当する形で、ポスト・コーラー・トゥルンワルト等々の諸学者と調査項目表・文化圏理論その他の成果を紹介する［一九八二］。＊かつてのドイツの多彩さは日本にも既知だが（千葉一九六九、五六―七四頁）[12]、現代ドイツの学者としてはかれ一人しか見えないのはさびしい。

オランダはNo. 11: A. K. J. M. Strijbosch（通称Fons, 法学者、ナイメーヘン大学、国際法人類学会事務局長）が担当［一九七八］。極東植民地住民固有の法主体性と現地人の目による認識を強調したファン・フォーレンフォーフェンの姿勢が第二次大戦期までに浸透し、F. D. HollemanやB. ter Haarなどの学者を育て、アダット法学とライデン大学の名を高め、戦後はアフリカ法とフォーク・ローの各研究所が活動したと説明する。＊国際法人類学会を推進しているオランダの背景がよくわかる好資料。

その指導者 No. 12: Cornelius van Vollenhoven（オランダの法人類学者、ライデン大学、一九三三年没）はイギリスのインド慣習法政策を回顧する［一九二七］。ボンベイ州総督 M. Elphinstone は、総督府の英化政策（Principle of Hastings, 1772, 参照）に反対し「現地の目」による慣習法尊重を説き、一部は今日にも生きる Elphinstone Code を作成した（一八二七）。これはイギリス法学の「島国根性」を批判するメインに継がれたとも言う。＊論争の詳しい紹介があり日本の対朝鮮政策を自省するにも好参考となる。

No. 13: Irena Sinitsina（ソ連、科学アカデミー・アフリカ研究所）は、とかくマージナルな現地の法学者の中で慣習法の記録と採用に努力したガーナの三学者を紹介する［一九八一］。戦前は J. M. Sarbah と J. B. Danquah がファンティ・アシャンティ・アカン諸族を研究、戦後は N. M. Ollennu がガーナ一般を研究しアフリカ法学界を指導したと言う。＊ソ連がこういう関心を持っていたとは新鮮な情報。

三　フォーク・ローの公認 (Ascertainment)

法学と裁判所は国家法を前提とするので、フォーク・ローがどういうものであるかは国家法がこれをいかに発見し認定するかつまりその公認の仕方により決定されるから、イギリスのアフリカ現地法リステイトメント政策はまさにフォーク・ローの命運を決する事業であった。

この事業を指導した A. N. Allott（イギリスの法学者、ロンドン大学、Allott & Woodman 1985 の主編者）の二論文が最初にある。No. 14［一九七六］では、不文が多い慣習法体系を異質な枠組に無理に当てはめないよう調査の企画と実施の技術と記録方法を丁寧に教え、No. 15［一九五七］では、ガーナで慣習法規則を公認する機関の主役である裁判所の機構を分析し、assessors, referees, text-books, judicial notice などの機能を指摘、その実効と native courts の研究を訴える。＊理解ある態度だが現地人の立場に立つものではないことが問題。

慣習法記録を No. 16: T. O. Elias（ナイジェリアの法学者、ラゴス大学、検事総長、国際司法裁判所前長官、一九九一年没、Elias 1956 の著者）が論じ［一九五八］、大事な事業なので記録は正確に、調査は忍耐強く、検討は注意深く、化石化と分断の危険に注意せよ、等と警告する。＊現地感覚と西欧的学識とを調和させた議論だが、現地の率直な主張も欲しい。

No. 17: Simon Roberts（イギリスの法学者、ロンドン大学、Roberts 1979 の著者、『アルノオ事典再版』へも寄稿）は、ツワナの経験からリステイトメントは失敗だったとし、裁判所の記録は日常行動と違い、質問に対するインフォーマントの答えはむしろ事実を語らないので、個々の紛争事例を検討すべきで判決の一般化をするなと警告［一九七二］。＊短文だが指摘は適切。

ザンビアの No. 18: Muna Ndulo は、英国領の法と裁判所はみな継受と固有の二重組織をなすが両法ともに国民生活に必要なので、国法の統一体系を注意深く発展させるとともに多種多様で常に変化する慣習法をも活かせと主張する［一九八二］。＊一国内の多元的法体制を承認推進する趣旨は的確。

ケニヤのリステイトメントをスーダン人の No. 19: Obei Hag Ali（弁護士）が批判し、政府からその事業を託されたCotran はイギリス人の法学者で、社会人類学の成果も知らず一五部族だけから社会的コンテクストも価値体系も無視して英語と英法の概念で規則集を作ったとする［一九七二］。＊適切な批判。

No. 20: Robert J. Gordon（アメリカの人類学者、ヴァーモント大学）は南アフリカの白人支配を批判する［一九八九］。一九二七年の現地人行政法は、現地法を認める条件を定めた結果バントゥー法を侵害した上後に現地民族をホームランドに囲いこむ根拠にもなったし、慣習法の制度化は国が法学のリステイトメント論によりエリートのために再編成したもので、人口の七〇%を占めるバントゥー族からはその固有法を奪った、と明言する。＊植民地の法体制を的確に批判している。

四　フォークロア・シンボル・儀礼におけるフォーク・ロー現象

法学者はフォークロアに現れる法現象を普通看過するが、私は諸種のシンボル・日常用語・祭りなどからも固有法を看取できると信ずるので（千葉一九七七―七八、一九九一a、一章。なお堅田一九八五参照）、この部をおいたことを、おそらく編者のうちDundesの意図によるのであろうと察しつつ、評価する。

まずNo. 21: Herrmann Baltl（オーストリアの法史学者、グラーツ大学）が、その最も発達したドイツ語圏の諸研究者を紹介し、社会規範や慣習をはじめシンボル類、民俗、サガ、メルヘン、文芸、絵画、名称等までを研究対象にあげている［一九六八］。＊類例をさらに世界からも集めることが望まれる。

つぎにその具体例が二つ続く。一は、No. 22: Paul G. Breuster（アメリカのフォークロアリスト）が、一つの子供の遊び歌の起源をドイツに探りそこに古代法の罪と罰の残影を見出し［一九三八］、他は、No. 23: A. F. Chamberlain（アメリカの人類学者、クラーク大学）が、拾得物の所有権を周囲に承認させる手続を示す子供の遊びに着目しヨーロッパ六カ国の例をあげる［一九〇三］。＊より多数の例を欲しい。

転じてNo. 24: John C. Messenger, Jr.（アメリカの人類学者、オハイオ州立大学）が、ナイジェリアでアナング族の二八の下位部族に共通する法諺がイギリス統治下に禁止された固有法廷でなお活用されている状況を述べ、伝統の価値観のもとの整った手続と挙証方法とともに賄賂と偏見による腐敗をも指摘する［一九五九］。＊法諺は一一だけだが他国や欧米諸国（Mieder 1982 参照）と比較対照できる。

No. 25: Harry L. Levy（アメリカの古典学者）は、兄弟達が共同して亡父の土地に兄弟の数だけ家を建てた後に畑とともに籤引きでこれを分けて相続するという、ギリシアの一村落における古来の慣行を紹介する［一九五六］。＊国法が関心を払わない非公式固有法がヨーロッパにも生きていた例。

慣習法におけるシンボリズムが不当に軽視されていたとし、主として Chassan の業績（一八四七）によりこれを鼓吹するのが、No. 26: Durica Krstić（ユーゴスラヴィア、バルカン研究所）である。法的シンボルを宗教的および美的シンボルと比較した後、これを起源・物品・性質・形態から分類できるとし、多くの実例をバルカンと世界から列挙する。＊これらは法のシンボルの新資料としては有益だが、シンボル論の他面、法の象徴的機能（千葉一九九一a、一章参照）には論及がない。

つぎに個別の三事例が続く。一は No. 27: Clinton Bailey（イスラエル、イェルサレム大学）の、ベドウィンで「ラクダの鞍を正しく置く」が加害を救済すべき正義を意味する例［一九七六］、二は No. 28: John N. Hazard（アメリカの法学者、コロンビア大学）が、アメリカで裁判官その他関係者が室内で占める座席をソ連・ポーランド・スイス等大陸法国と比較する例［一九六二］、三は No. 29: Carl Bock（イギリス？の人類学者）の、一九世紀末タイのラオ族で潜水神判により奴隷の所有権を判定した実例の報告である［一八八四］。＊現行の事例とくに位置関係（ホール一九七〇参照）につき研究の進展が望まれる。

最後に No. 30: Theodor Reik（アメリカ？の心理学者）が、現代の刑事手続における宣誓も、飲んだ毒の利き方で犯罪の有無を判断する口頭神判の変型だと述べる［一九四五］。＊法をシンボルで理解するとその変異する生命力が知られる（千葉一九九一a、三章参照）。

五　フォーク・ローの体系

編者は、英文ではCodeのタイトルで以下の論文をここにまとめている。

まず古代法について二編。一は、No. 31: Albrecht Goetze（アメリカの法史学者、イェール大学）が、ハンムラピ法典（一九〇一年発見）以前に成立しその原資料となった法典として、シュメールの王名を冠したLipit-Ishtar法典とアッカドの都市名で呼ばれるEshnunna法典その他最近の発見を紹介し［一九四九］、他は、No. 32: Raymond Westbrook（イスラエル、ヘブライ大学）が、ハンムラピ法典前後の七楔形文字法典と聖書の二法典（出エジプト記二一―二三章一六節と申命記二一―二五章）とにつき、王の個別判断が錬成されて規則・先例となりさらに補正されてカノンになったと論ずる［一九八五］。＊歴史的事実の叙述。

つぎにNo. 33: Shih-Yü Yü Liが現地調査の成果として、チベットで半独立的なアムド地方に一七三三年清朝が発した「チベット人刑罰規則」六八ヵ条の本文と当代の実態を報告する［一九五〇］。草原の優先利用権、草原利用の草代、番犬の権利などいかにも狩猟民族らしい固有法が清朝下の刑法の中にも採択されていることが分かる。＊学界に未知の資料を提供し中国法圏の実態を語る貴重な報告。

No. 34: Josef Minatturも珍しい報告をする［一九六四］。マレーシアのアダット法は始祖の下した「正しい社会的行動」で、ヒンドゥー法とイスラーム法にも影響された父系のものもあるが、より厳しい規則を長老の仲裁や酋長の裁判で適用する母系・族外婚制の方の実例を、義務と礼儀の基本、国王の選挙、土地利用、夫の地位につき、単なる慣習でもイギリスの言う地方法でもなく地域の共通法が歌の形で運用されることを説明する。＊詩だけでなくリズムも法のシンボルだと示す貴重な例。

最後はNo. 35: Edward Westermarck（フィンランドの人類学者、ヘルシンキ大学のちロンドン大学、一九三九年没）の、モロッコのベルベル一一部族における殺人事件処理慣行の調査である［一九四七］。伝統的な血讐義務の内容と方式、賠償の場合の方法に加え、偶発・戦争中・家族内など特例の場合や、宗教儀礼・雪冤宣誓（加藤一九九一、四章参照）の利用など、部族ごとに詳しい。＊ベテラン学者の緻密な作品。

六　フォーク・ローの事例（以下Vol. II）

まずNo. 36: J. F. Holleman（オランダの人類学者、ライデン大学）が、紛争ではない事例を研究することの重要性を強調［一九七三］。紛争事例研究法は歓迎されたが充分の数を集めることと紛争にならない事例も多いのを無視することが難点だと批判し、対して非紛争事例研究はリステイトメントの法規ではわからぬ規範原理のほかその社会的背景に加え法の逃げ道（leeway）まで教えると弁護する。＊賛成。

これに対してNo. 37: A. L. Epstein（イギリスの人類学者）は、不貞を理由として夫が妻に暴行したザンビア・ベンバ族の事件を検討、刑罰でなく賠償で解決した背景に情況と当事者の地位関係ありと分析して、紛争事例研究法を弁護する［一九六九］。＊これも有効、前者とあわせ両方法が必要。

No. 38: Roger Howmanは、ジンバブウェで一助産婦が、世話した新生児の母親がかけた妖術で眼病になったと非難したところ違法だと起訴された事件で、現地人裁判官が妖術の法律用語non-natural means in causing any diseaseにあたる現地語は、正当行為にも及ぶ一二の多義を含むことを調べあげ、不足だった助産婦への支払いをさせて法外で解決したと報告［一九四八］。＊英法と現地法とで観念の異なる好例。

同様に、No. 39: R. F. Barton（アメリカの派遣教師のち人類学者）は、アメリカ法では殺人に違いない事件がフィリピンのイフガオ・カリンガ・ボントック等の諸族におこっても、現地の固有法では権利行使ないし正当行為である事例を詳述する［一九三〇］。＊整理は不十分だが正確な現地理解である。

No. 40: R. S. Freed（アメリカの人類学者、ニューヨーク大学）は北インドの某部落で最近おこった殺人事件を詳しく報告する［一九七二］。長い結婚準備の儀礼をまもなく終え近く結婚する予定のブラーマンの娘がコレラで突然死んだ。だが実は、他の男により妊娠していたことがわかり許嫁者の家から帰されたので、この不貞を次代の新生命のために償う慈悲の行為としてその父親が殺したのであった。これをその家族とリネージは勿論カーストも村も固有法により当然と認め、警察も知らぬ顔をしていた。＊サティ（安田一九九一参照）と並べられるヒンドゥー法事例の周到な調査である。

つぎの No. 41: Beatrice Farnsworth は、一八六一年農奴解放後のロシア農村の四タウン裁判所から集めた女性関係七九四事例を分析する［一九八六］。一般人は勿論農民から選ばれた裁判官も妻を殴打するのは夫の愛と権利だとする慣習法を民法に優先させる環境の中でも、嫁が夫の殴打や義父母等家族から受ける不当不利な扱いに抗議しあるいは逆に不従順や侮辱を理由に訴えられた諸例を、氷山の一角として集計する。＊資料は貴重、調査は綿密の好論文。

最後に No. 42: Hendrick Hartog（アメリカの法史学者、プリンストン大学）は、初期のニューヨークにあった規範対立を詳述する［一九八五］。市民は豚の飼育者が市の街路に豚を自由に歩かせるのを生ごみの清掃と将来の食料に役立つと当初は認めていた。やがて公害論が強まり一八一九年訴えを受けた市長はこれを有罪として一ドルの罰金を課したが、それはむしろ暗黙の承認を意味して慣行は続き、結局一八四八年コレラの流行を機に完全に禁止された。＊アメリカにもこういう歴史があったと知る。

七　フォーク・ローの衝突

まず No. 43: L. C. Green（カナダの法学者、アルバータ大学）が、英米法国で裁判所が非公式固有法を承認した例を紹介する［一九七五］。北米は勿論旧英領における例を、アフリカのニヤザランド・タンガニカ・ガンビア・ゴールドコースト・南アフリカ・ナイジェリア、アジアのインド・シンガポール・ホンコン、さらにオセアニアのオーストラリアとニューギニアからも集め、repugnancy と reasonable man の両規準のほか現地人との条約についても言及する。＊重要なのに看過されていた問題の概観。

No. 44: R. D. Kollewijn（オランダ）は、異人種間婚姻とくに重婚問題に西欧法と非西欧法との衝突を見る［一九五一］。一般的には西欧法優越でインドネシアの裁判官さえオランダ法を適用して重婚を禁止しようとするが、ヨーロッパ諸国でもフランスは厳格、イギリスは妥協を認め、オランダは住所地主義をとると、相違を対照する。＊キリスト教国の非キリスト教国に対する野蛮な態度を指摘。

No. 45: E. G. Unsworth（南アフリカ）は、北ローデシアとナイジェリアの経験から英領アフリカ全体の縮図をまとめる［一九四四］。植民地政府は現地法に対し repugnancy clause と国家法と個別特殊事情とを規準として現地法の採否を決定するというのが結論。＊入門の説明としては妥当。

No. 46: Robert B. Seidman（アメリカの法学者、ボストン大学）は、アフリカの一事件を設例し裁判官の口を通じて固有法の取扱い方を分類する［一九六五］。設例は、同居した亡父の妻が妖術で自分の子供達を殺し始めたと信じた男がこの老女を殺し死刑を宣告された一審の控訴審である。裁判長は被告人の主張（正当行為、事実誤認、心神喪失、被害者の挑発）をすべて拒否、一陪席はアフリカ法はイギリス法と異なるが対等の正義観に立つとこれに反対、他の陪席は中を取り謀殺から故殺に減じて恩赦せよと主張した、とする。＊旧イギリス植民地方の問題点の明快な整理である。

つぎは、一九八六年末から半年間国際的にも伝えられた（日本では松園一九九二）ケニヤの弁護士オティエノの埋葬地をめぐる争いである。その兄弟親族は出身部族のルオ法により郷里を、キクユ族出身の妻は本人の希望でとナイロビを主張、確定判決が前者を支持したのを、No. 47: R. C. Howell が批判する［一九八七］。＊事件はナロコビ判決（Narocobi 1993）に匹敵して象徴的。多元的法体制の活用が急務。

この活用状況をイギリス本国で調べあげるのが No. 48: Alec Samuels（イギリスの弁護士、サザンプトン大学）で、在住少数民族が刑罰を受けても事情を考慮され、宗教規律を公法により尊重され、家族関係で多妻婚慣行を受け入れられる等の例をあげ、法の統一を目的に差別するよりかれらの特権とのバランスをはかれと結ぶ［一九八一］。＊結論は穏当だがさらに実態の批判的分析が欲しい。

最後に編者 No. 49: Renteln がアメリカの法律と住民の異文化との衝突を取り上げる［一九八七］。母子心中しようとして自分だけ助かった日本人妻が謀殺罪でなく心神喪失として保護観察となり、モン族伝統の略奪婚を実行した男子がアメリカ化した女子から暴行と訴えられたが情状酌量で刑期を半減された等の例をあげ、異文化尊重の法律的メカニズムはアメリカにも現存するのだから特別の法は不要だと主張する。＊特有の cultural defense 論だが、そう言いきって世界に通用するか疑問が残る。

八　国際フォーク・ロー

国際法では慣習も法源をなすことはだれしも知るところだが、これをフォーク・ローの一形態と見るのは編者が初めてである。私も、スポーツ固有法の国際法性を訴えている（千葉二〇〇一、一一一―一一七頁）のでその趣旨には賛成し、本書に対する国際法専門家の反応を期待する。(13)

最初に No. 50: Peter E. Benson（カナダ?の法学者）が、Gény も、国際慣習法を認めることがあるが結局は実定法は強制を本質とするという静態論に基づき、国際慣習が現実過程から形成される事実を理解する動態的な目的論的志向を欠くと、批判する［一九八二］。

No. 51: Nirmala Nagarathan（スリランカの法学者、コロンボ大学）は、諸国際機関間の合意を慣習法とみなし、現実に大陸棚や宇宙空間等に新国際法が成立したことを根拠に、現在の国際慣習法は、法外の要因、慣行期間の短縮、国家以外の主体性等を認めた結果伝統理論を拡張したと指摘［一九七一］。

この議論を裏付けるように、No. 52: Rudolf Bernhardt（ドイツの法学者、ハイデルベルク大学）が、国際法の変質を指摘する［一九七七］。成文法は不文法による補充を必要とし、国際共同体の発展で権利主体は国家のほか国際団体や個人にも及び、慣習法の新規則は灰色の中からも形成される、等々。

No. 53: Richard J. Erickson（アメリカの空軍士官）は、主としてG. I. Tunkinによりソ連の国際慣習法論を紹介し、議論は基本的には西欧と類似するが、国家の明確な合意を必要とする点を強調［一九七五］。

No. 54: N. G. H. Dunbar（オーストラリアの法学者、タスマニア大学）は、一九七五年軍事政府により契約商品の受領を拒否されたスイスのTrendix社の対ナイジェリア銀行控訴審で、イギリス高等法院（実はデニング判事）が主権免責論を斥けたのを紹介、国際慣習法の観念は神話にすぎないと結ぶ［一九八三］。

No. 55: Steven M. Schneebaum（アメリカの弁護士）は、アメリカの裁判所が国際慣習規範を適用できる条件の法律論を実例について展開、明確に権利を保障するものは適用可能と結論する［一九八二］。

No. 56: Vladlen S. VershchetinとGennady M. Danilenkoの両名（ソ連の法学者、科学アカデミー）は、一九六七年の宇宙空間探査利用条約以後は条約法が優勢となったが、実は慣習法も、国家間合意の慣行化、新規範の創出、未加盟国への適用などの場合に機能すると認め将来を期待する［一九八五］。

最後をしめくくるのがNo. 57: Allan Rosas（フィンランドの法学者、アボ・アカデミー大学）で、慣習規範は慣行とopinio jurisを要素とし国家の明示黙示の同意により有効だと弁護して問題点と効用を指摘、ヨーロッパでは普遍法だが世界では地域法として発展する傾向もあると結ぶ［一九八四］。

第三節　『フォーク・ロー』の意義

上に述べた本書の内容を知れば、これがフォーク・ローを正面からテーマとする最初の画期的な著作であること、百科全書的でもあると言ってよいほど内容が豊富で法人類学の進展を実証すること、日本では三編(Nos. 10, 20, 47) のほかの五四編は未利用だったから法人類学の再発見と言うべきこと、等が明らかである。内容の豊富さはつぎの簡単な集計からも明瞭である。(14)

論文の執筆者は、専門別では大体が法学者か人類学者であることは当然だが、国籍別では偏りがある。アメリカの一九名を筆頭にオランダが七名、イギリスが五名と多いことは、本書と法人類学の性質からもっともなことで、それ以下は、欧米ではロシア・ドイツ・フィンランド・イスラエル・カナダ各二名、ハンガリー・オーストリア・ユーゴースラヴィア・オーストラリア各一名であるのに対し、アフリカがガーナ・ナイジェリア・ザンビア・スーダン・南アフリカ各一名、アジアがインド・中国・マレーシア・スリランカ各一名だけで、法人類学も欧米に偏っていることが例証されている。

各論文が考察の対象とした地域・国・民族の別を見ると、反対にアフリカが最も多くガーナ四（内現地学者一）、ザンビア三（同一）に、ナイジェリア（同一）・南ア・英領全般が各二で、ケニア・ボツワナ・スーダン・ベルベル各一とあり、アジアもインド三（同一）にチベット（同一）・タイ・マレーシア・フィリピン・インドネシア・ベドウィン各一がある。対して欧米からは、ヨーロッパ（No. 8)、イギリス（Nos. 6と48)、ドイツ語圏（Nos. 10, 21)、ロシア（Nos. 9, 41)、ギリシア（No. 25)、ユーゴースラヴィア（No. 26)、アメリカ（Nos. 42, 49）があり、世界を見渡すもの（Nos. 26, 43, 44）もあるが、みな伝統法学が無視している諸問題を提起している。

この二種の集計は簡単だが示唆するところは重要である。一に、非西欧社会の研究に主として欧米の学者が当たっていた事実で、これは理由あることであるが、現地文化を正確に理解するためには現地学者の一層の参与が必要である。二は、欧米の学者がとかく語らない自国のことをイギリスとアメリカ、東欧とバルカンの学者が提出したことは評価すべきだが、ラテンアメリカとスカンジナヴィア諸国からも欲しかったところである。三は、それらの新資料がアフリカとアジアを含め従来学界に不十分ないし皆無だった相当数の地域に及んでいることである（ただし世界にはアジアの中央部・内陸部・山岳部・島嶼部・北部とオセアニア・南アフリカ大陸になお未発掘の資料が残っている）。

この書の全八部を総評すれば、まず前例のない豊富な内容だと言うことができる。今後フォーク・ローの関係用語とその意味を網羅的に集めて精確有用な科学的概念を構成するための準備として必要充分な資料を提供し、ついで、それが正統法学およびその法概念といかに異なるか、フォーク・ローの記録と公式的利用にはいかに慎重な配慮が必要か、それに無理解な場合に現地住民にいかなる混乱不利を惹起するかを例示し、そしておわりに、フォーク・ローを探求すべき新材料としてフォークロア、シンボリズム、国際社会慣行を挙げる。いずれも、世界の法人類学のさらなる発展のために示唆するところが多い。

情報源としても有用である。本書が提供した参考文献は、巻末のリストでは四八編だけだが、総計五七に及ぶ収載論文の各解説で編者が紹介したものは全体として膨大であって（一論文の解説に参考文献が二、三しかないものもあるが）、文献の収集は勿論情報さえ思うに委せないわれわれ非西欧の研究者には、各論文の内容と並んで有益である。この収集力はさすがにアメリカであり、無数の論文の採否に苦慮しながら一九六〇年生まれの若さでこれをまとめた編者 Renteln の視点と、共編者でこれをフォークロアの双書に採択したその監修者 Dundes の英断とを、世界の法人類学者は感謝すべきである。

ただ望蜀の願いもある。各論文の解説に精粗の差があることはやむなしとし、編者自身の自己紹介の仕方が不備なことは看過するとしても、索引が全くないのは不便である（上の簡単な集計も私がしたので、少なくとも人名と調査対象民族とには索引を欲しかった）。日本からは論文の採択がなく参考文献に三が列記されているだけなこと（Kikuchi 1876, p. 656; Chiba 1986, p. 754; Ishii 1978, p. 1033）はどう評価すべきだろうか。内容で私が編者に期待したのは、フォーク・ローを分析して理論化を試みること、およびそれを促進するための方法を提案することであったのに、それが意図もされていないことには私は不満を持つ。ただしこれは、私自身が理論的枠組を提案し（千葉一九八八、三九—五九頁）それを進める条件として西欧と非西欧双方の研究者の協力共同を訴えてきた[15]（Chiba 1989: 180, 211）からで、本書の編者は、フォークロア双書の一冊である以上理論よりも事実を先にしたのかもしれない。しかしそうであるならば、フォーク・ローないし多元的法体制の充分な理論化こそ、法人類学を人類法文化の科学として確立させるために世界の学界が共通の課題とすべき目標であることが、明らかとなったと言えよう。

（1）と言っても近代性の意義を軽視するのではない。それは前近代を超克する力として不可欠であったし、日本では現在でもまだその意義を充分には実現していない。

（2）今にして思うと、二〇世紀前半におこった社会主義法学も第二次大戦後に再発見された非西欧法文化の研究もポストモダン法学を求める叫びであった（千葉一九九八、序章参照）。

（3）アメリカの「法と社会」学界（Law and Society Association）も、国際法社会学会とたびたび合同学会を開催したことから知られるように、同学会に比肩する活動をしている。

（4）上述のとおり、編者として、日本からも藤倉皓一郎と六本佳平の両教授が参加している。

（5）当初計画では一九項目だったが後に一を削り一八に修正した。それでも三の原稿が間にあわなかった。

（6）三の内二は比較のための参考項目だったが、他の「インド法文化」は本来不可欠な主要項目であった。

（7）アルノオ教授が非西欧法研究の意義を評価しその関係項目を再版の第一の特徴としたこと（Arnaud 1993: xxiii-xxxi）には、私は深く感謝している。

（8）私は、*American Anthropologist* 誌上にかの女の論文（一九八八ａ）を発見して手紙を出し、のちに贈られた著書でその発想が Panikkar, 1984の刺激によることを知り、共感して交流を深めた。

（9）以下に紹介する各論文とも、頭の番号は原本にはないが便宜的に私が順番につけたもの、筆者名に続く括弧内は主として編者の解説によるもの（一部分は私の補充あるいは推測による）、［　］内は当該論文の初出の年、末尾の＊印以下は私のコメントである。

（10）Repugnancy clause（あるいは rule）は、"any folk law that was deemed 'repugnant' to 'natural justice, equity or good conscience' was to be put aside"（Renteln & Dundes 1994: 295）という原則のことで、旧英領植民地の裁判所が現地の法や道徳・慣習の採否を判定した規準であり、独立後の裁判所でもなお広く用いられている。

（11）イギリスのコモンローは、不文の慣習法にせよ成文化された公式法にせよイギリス人には伝統の固有法であるが、旧植民地の現地人にとっては移植された成文の制定法であり、これに対しかれらがコモンローと言うときはかれら自身の伝統的固有法を意味している（スリランカ出身で現在カナダの大学でコモンローを講ずる M. Lakshman Marasinghe 教授の教示による）。

（12）このことはわが国法学の文化的性格を判断するのに重要な事実である。思うに日本では、欧米諸国中際だってドイツの法学に傾倒した結果、ドイツの解釈学は勿論歴史法学ないし民族法学にも深い関心を示したが、反面では他のヨーロッパ諸国の法学を軽視した。

（13）以下の国際法関係論文には、私は専門でないのでコメントをさし控える。

（14）古代法関係（Nos. 1, 2, 31, 32）と国際法関係（No. 50 以下）と方法論関係（Nos. 36, 37）とは、ここの集計から除いてある。

（15）私は、現地文化の性格を真に理解するには現地学者の言を聴かねばならないと思う。現地学者でも西欧文化に準拠するマージナルな者がむしろ多いだろうし、外国学者でもかれら以上に現地を理解する者もいる（No. 12ファン・フォーレンホーフェンとNo. 39バートンはその数少ない例）。しかし結論的に言えば、両者の協力がなければ非西欧法ないしフォーク・ローの充分な認識と理論化はできないと思っている。『アジア法』はこのことを訴える試みである。この書の掲載論文は、一国際研究集会に自発的に集まった七編と招待の一編だけで内容の量には不足があるけれども、非西欧法研究所としてはArnaud 1993とともに世界に新方向を開くきっかけとなることを、編者の私は願っている。

（補1）本章の原文は、「法人類学の進展と再発見」、（東海大学）行動科学研究四七号、一九九五。

（補2）本双書は、その後出版社をAshgateに移し二〇〇二年以来Seconed Seriesが出されている。全一八巻のうちに、Martha Mundy（ロンドン大学）編の*Law and Anthropology*, 2002があり、二七名の論文を集録している。

第八章　インドの法文化(補1)

一　問題と方法

私は本学会には不本意ながら長い間疎遠であったが、今回木下毅教授の誘いを受けたので感謝しつつその企画に協力したい。企画には三問題点が例示されているが、そのいずれにもインド法研究者の報告があることを私も知っている。契約については、労働者大衆は口頭に頼り文書に無関心（ハラクシン一九九四、一〇〇頁）、所有では、共同家族で財産形態が複雑（Diwan 1993: 265-281）、裁判では、「訴訟好きな国民」だとは言えない（キダー一九九四、一七）等であるが、私はこれらを精細に論ずる能力がない。しかし、出来ることとして本圏の全貌を描きだしてみたい。

インドの法文化はヒンドゥー法で代表されるが、私はこれを専門的に研究したことがない。しかしインド法文化ならば、多くの非西欧の法文化と対照していわば外から概観したことがあり（千葉一九九八、二五三―二五六頁）、次にはその内部を観察する必要を感じていたので、今回はこれを試みたい。さきの概観では、インド法文化を、基層をなすヒンドゥー法と、それ以外の諸固有法および本来は移植法だが固有化されたイスラーム法との固有法群、およびラマ教法と上座部仏教法との仏教法、と三大別したので、本稿はこれを補正することになる。

初めにタイトルの意味を確かめておく。法文化圏と言えば地域が特定されるが、この場合、インド共和国だけでもパキスタン・バングラデシュ・スリランカを含めた旧英領インドにもとどまらず、ヒマラヤ山中のネパールとブータンから南方島嶼のモルジヴにもわたるインド亜大陸に及ぶと理解する。法律制度だけを問う場合は前二者に限定する意味もあるが、法文化を問うならば人類学的なインド文化圏の広域であるべきだからである。次に問題をインド法文化と特定するとこれを他と比較して特徴づける必要があるが、法的な制度・原理と人の行動様式とに関わるので、その実態ひいて考察が、他の法文化と交錯しあるいは上の広域の範囲を越えることもむしろ必然となる。[1]

アプローチは幾様にも可能だが[2]、ここではI原理下の三ダイコトミーと名づけた私自身の概念枠組[3]を使用する。私は日本・韓国・スリランカ等にこれを適用して有効性に確信を持つ上、最近これを支持する文献も内外に現われたこと（安田一九九七b、Tan 1997, 角田一九九九、Capeller & Kitamura 1998）に力を得てここに試みを重ね、一層多くの有志に検討していただく契機にしたいと願っている。

二　固有法

インド亜大陸に固有の基層法文化は、当初のバラモン文化を継承発展させたヒンドゥー文化の一面であるヒンドゥー法だが、ヒンドゥー法の意味は一義的ではない。[4]インドの法学者は、独立国インドの数法典によって代表される制定法（具体的には注（19））と、判例を主とする非制定法とをその基準とするが、ヒンドゥー教徒の社会生活には理念型および慣習としても働いていることを前提としている（Diwan 1993: Preface to 1st ed.）。一方の理念型は、マヌ法典に代表される諸古典に基づいて説明されヴェーダ宇宙哲学に基礎づけられる（ibid.: C.2 もこれを力説する。Nanda & Sinha 1996 も同様）から、ここでは、要するにダルマ性多元主義だと言っておけばよいであろう。他方の慣習は、各地において地元の伝統的諸慣行あるいは固有化したムスリム慣行と他の諸文化と多様に同化した部分があり（Derrett 1966 はその実例を豊富に紹介する）、それらの錯綜した実態がインド法文化の基体を成している。[5]

その第一の要因は他の諸宗教法である。ヒンドゥー教が最終原理とするダルマの原理は、紀元前五—六世紀のころに仏教とジャイナ教の新宗教を派生させ、その後仏教は上座部仏教と大乗仏教とに別れ後者がさらにラマ教を生み、それら諸教がいずれも多くの宗派に別れそれぞれが独立の法主体として固有法を護持してきた。降って一六世紀にはシク教も加わり、二〇世紀には仏教の再興もある。[6]

それらの諸宗教法を横断する世俗の固有法も多種あるが、三形態の社会組織によって代表される（概略は黒木一九八四、一五三—一五六頁参照）。一はヒンドゥー法に基づく周知のカーストで、ブラーフマン・クシャトリヤ・ヴァイシャ・シュードラの四ヴァルナが多様なジャーティに細分化し交錯しながら現在も根幹は変らない。[7]二は人類学が言う合同家族で、カースト内で祭祠と財産を共同にする特有の拡大家族、三はカーストに跨る村落共同体で、基礎的な自治組織である。いずれも二〇世紀の近代化とくに戦後の都市化とともに変動が著しいが、カーストと村落共同体のパンチャーヤトおよび合同家族の家長＝家族会議という管理機構が健在なので、それらの法主体性と固有法も健在なことになる。以上三種のほかにも、伝統医学のアーユル・ベーダや鍛錬修行法のヨーガなども流派に別れて固有法を持っているように、伝統的で非公式の法主体と固有法が多くあるが、情報がなくここには確言できない。

以上の始源的固有法群を上位で統一したのが歴代インド王朝の王法で、マヌ法典で見られるとおりいずれもヒンドゥー法に基づいて諸固有法を活用する公式法を制定した。これを変えたのがイスラームの伝播とくに一三世紀以来ムスリム王朝の支配で、その公式イスラーム法は諸固有宗教の教義を否定し施設を破壊したので、その難を避けて、大乗仏教は日本までの東アジアに伝播し、そのうちヒンドゥー性の濃い密教はチベット・ブータン等にとどまってラマ教となり、現世の修行に律法を課する上座部仏教は東南方に渡ってセイロン・ビルマ・タイ・カンボジア・ラオスに普及し、ともに諸国の国民宗教となり僧団と寺院を中核とする法主体が固有法を護持した[8]。移植されたイスラーム法も表では厳格なシャリーアを掲げながら現実面では多義的で（Ewing 1988）、やがて各地の慣習にしたがってヒンドゥー法との多様な同化も進行した（Derrett 1966: 413-454参照）ので、その後に西欧法の移植が始まると上述の始源固有法とくにヒンドゥー法と並んで第二の固有法になった[9]。そのほかの移植宗教で有力なのはゾロアスター教で、現在ボンベイ近辺に一二万人の教徒がありその固有法を護っている。

三　移植法

インド法文化圏の移植法と言えば、イスラーム法とコモンローが代表的だがほかにもある。一六—一七世紀にインドに植民したポルトガルとフランスは、それぞれゴアとポンデイシェリほかの地を領有しその国法を公式法として強制した。それらが、インド独立後には当然消滅したが、民衆の間では固有法と同化してフランス＝ヒンドゥー法およびポルトガル＝ヒンドゥー法として残ったと言われる（Derrett & Lyer 1975a: 107）。ただ現状については情報がないので調査すべき課題として残る。

それらを点として残しながらインド帝国に公式法として強制されたのが、イギリスのコモンローである。一方でインド人の属人法[10]には初代総督ウォレン・ヘースティングズにより一七七二年ヒンドゥーとムスリムその他に各固有法の適用が認められ、また他方ではやがて五〇〇余の藩王国が総督から下位の法主体性を公認されたので、それらの固有法もその範囲では公式法であった。実務では、初期のベンガル・マドラス・ボンベイ三管区の最高裁裁判官がイギリス人で下級裁裁判官はインド人（ただしブラーフマン出身）であり、かつ裁判ではヒンドゥーとイスラーム両法の学者の意見が聴かれたことにより、アングロ＝ヒンドゥー法とアングロ＝イスラーム法が公式法として成立した。それは、移植コモンローのヒンドゥー化およびイスラーム化であり、またブラーフマン法の確立でもあった（以上、主としてBaxi 1986b: 223-234によるがGalanter 1989; 湯浅一九九七aも参照）。コモンローはそのような譲歩もしたが、他面では総督直轄の政府法とその監督下の州法を通じて文明法として強制され、とくにキリスト教が反倫理的な陋習と排斥するサティ（寡婦の殉死）や幼童婚・持参金等のヒンドゥー法が禁止された（黒木一九八四、一六一―一七六頁参照。Baxi 1986は陋習の現代における問題性を批判する）。

キリスト教諸教派の教会法も、移植宗教法として顧慮する必要がある。西欧の植民攻勢と並行して本格化したその伝導は今日二千万近くの信徒を残し、カトリックとプロテスタント各教派ごとの非公式法を教徒に課している。原理上は対立矛盾することが多いヒンドゥー法・イスラーム法その他の非公式固有法と、それがどう反発または妥協しているかも不詳で調査すべき課題である。

四　国家法

上記のように多元で複雑なインド法文化圏は、第二次大戦後に世界の中で他国と併立できる公式の法秩序を確保するには、結局七の国家を法主体とする連邦体制に分裂せざるをえなかった。

ネパールとブータンとは、英領化を免れ民族・言語・宗教の多様な伝統的諸固有法を、形式上は憲法の下に国家法を具えたが実質的にはそれぞれ国教のヒンドゥー教とラマ教のアイデンティティ法原理で統合している（西澤一九八七、今枝一九九四、Ramakant & Misra 1996）。パキスタン・バングラデシュ・モルジヴの三国は、それぞれ原理主義的・ヒンドゥー的・スルタン的の相違はあるがいずれもイスラームを国教とするアイデンティティ法原理で統合する（湯浅一九九七b、二二二頁他、Mahmood 1997: 174-195参照）。スリランカは、インドの多元制の小型で（田中一九九七、奥山一九九七）、憲法は社会主義を準国教の仏教とともに尊重する建前のアイデンティティ法原理による統合を図るかが動揺している（千葉一九九八、一一三頁）。

インドは建前では唯一の世俗国家だが、その法秩序は複雑でそれが詳細な憲法に反映している。[11] 中央集権が特徴と言われるが連邦制を成す以上、法主体の主軸は連邦自体とこれを構成する各州である（要領は吉田一九八六、二二三—二二四頁参照）。州は、独立当初の旧英領知事州九が、その後、諸地方の社会的伝統とくに言語圏による独立運動、アッサム・シッキム・カシュミール・パンジャーブ諸地方の対中国・パキスタンとの国境紛争の落着（一部はまだ継続中）、旧藩王国の州への吸収、[12] などにより再編成が続き現在では二五と増えている。その上、州成立のさまざまの由来を反映して各州ごとの特殊性が著しく、アメリカなどから連想される州の一律性には遠い。国家法上の法主体には、そのほか連邦が直轄する連邦領と自治体がある。[13] 自治体は変転の末一九九三年施行の憲法改正で地方自治体（Municipalities）の三段階（第一〇編）とパンチャーヤト（第九編）の二種が新たに制度化された。いずれも州から自治の権限を委任され、名称は上級の二段階が大都市の自治会議と小都市の自治委員会、下級の三段階が都市化進行中地域のナガル・パンチャーヤトおよび村落とその中間の二パンチャーヤトである。

このパンチャーヤトは、憲法上は行政権だけで紛争処理権はないが、伝統を継ぐ司法パンチャーヤトも諸州で別に制度化されているから、この改正は国家法における固有法の意義を強化する意味がある。[14] もともと憲法はエスニシティ・言語・宗教・カースト等マイノリティの保護を国是とし、その一般的保護を宣言する（とくに二九条）ほか、特別に指定地域・指定部族（第一〇編）と特定階層（第一六編）および言語（第一七編）の三編を置き諸条でその趣旨を具体化している[15]。保護の主な態様は、一、マイノリティの宗教活動と教育施設の自由を保障（二五、二六、二八、三〇条）、二、大統領直属の指定カースト指定部族全国委員会を置く、三、連邦下院と州と連邦領の立法院、各自治体の議員に、指定カーストと指定部族から人口比で一定数を留保させる[16]、四、少数者の就職・入学等にも一定数を留保、五、連邦に諸部族の宗教的・社会的慣行と慣習法等に関する法を制定する権限を付与、六、部族福祉・指定カースト・後進階層を担当する大臣を数州におかせる[17]、七、州の支配的言語を州の公用語に指定する[18]、等である。よって諸教諸派の宗教組織もカースト・山地部族も、それぞれの固有法は本来は非公式法なのであるが以上の諸規定に該当する範囲では公式法をも成すことになる。いわゆる属人法がその象徴である。すなわち、憲法が統一民法典制定を目ざしながら（四四条）、いわば特別法としてまず多数派のヒンドゥー教徒のために人権法を幾つも制定し[19]、後には少数派のムスリムのためにも立法し（安田一九九七a参照）、固有法を保護しつつ改革する道を歩んでいるのである。

インド憲法は、移植国家法には異分子と言うべき固有法とくに宗教法を、周辺などではなくむしろその中核に採用しており、公平に見ても移植法と固有法の複合である。憲法が、一方で基本的人権と自由平等を高らかに宣言し（一三、一四条）差別を禁止し不可触賤民を廃止し（一五、一六、一七条）、事実厳格なカースト制は揺らぎつつありながら、他方でマイノリティにかくも多くの特権を認めることは、近代憲法の論理では不可解であろう。しかしインド憲法は、「法律」中に「インド領内で権限ある権威（competent authority）が法の実効を持つと認める慣習または慣行（custom or usage）」をも含める（一七条、cf. Baxi 1986b: 257）以上、それとしては論理的なのである[20]。それだけにインド国家法秩序は、整然というよりは複雑むしろ混乱とさえ見えよう（固有法とくに宗教法との間の解釈問題についてはDerrett 1966: 340-350参照）。公然たる違法の事件が起こってもむしろ当然と見られる（安田一九九二はヒンドゥー法、同一九九七aはイスラーム法による事件の報告。Diwan 1993: 78 は持参金禁止法も実効がないと言う）。

五　結　論

インド法文化はまさに複合的である。基層固有法のヒンドゥー法は、他の諸宗教と諸社会組織との固有法と一部は同化しつつ、他面で、インドで属人権法としてまたネパールで国教として国家法にも公式化されている。他方で固有化したイスラーム法は、パキスタンとバングラデシュでは基礎的な公式法かつ非公式法であり、インドでも少数派だが憲法が目標とする統一民法典制定を阻止する力を持つ。仏教法は、この文化圏の中ではブータンとスリランカだけだがむしろ広い外で有力である。それらと重なって、西欧法文化が、国家には国家法が個人にはキリスト教会法が圏内全域で行われている。その複合の実態を各地域ごとに確証し理論化することが、今後の課題である。(補2)

（1）　人類学も、広義では東はインドネシアから西はアフリカ東岸に及ぶインド洋沿岸地域をインド文化圏とする。法的にもヒンドゥー属人法（注(10)を参照）を一部変更しながら公式法に採用している国に、シンガポールからケニヤ・タンガニカ・ウガンダ・ザンジバル・タンザニアまでが挙げられている（Derrett & Iyer 1975b: 154）。

（2）　安全な見方としては、インド法をヒンドゥー法で代表させ、そのヒンドゥー法としてはJ. D. M. Derrettの見解とインド法学者の（実はアングロ＝ヒンドゥー法の）解説に頼ることであろう。だが実は、インドの法文化ははるかに複雑な巨象なので、それに少しでも近づきたいというのが私の意図である。

（3）　I原理はアイデンティティ法原理の略称、三ダイコトミーは公式法・非公式法、固有法・移植法、法規則・法前提。千葉一九八八、四一―五九頁、一九九八、三章、ほか。

(4) 現代ヒンドゥー法のインド人著者として日本で知られている者には、P. V. Kane, J. Lal, R. C. Nagpal その他があるが、私はここで、最近の Diwan 1993 を一代表と見ることにした。
(5) 私の言うインドのアイデンティティ法原理で、永劫の時間における生命と真理の輪廻転生を原理とする意味である（千葉一九九八、一一二頁）。
(6) インド国内における各教徒の最近の人口比概数は、ヒンドゥー教八三％、シク教二％、仏教一％、ジャイナ教〇・五％のほか、イスラーム一一・五％、キリスト教二・五％である（坂本他一九八九、一五一頁）。圏内の他地域は後述する。
(7) 人口比は、ブラーフマン五％、クシャトリヤ〇・二％、ヴァイシャ〇・五％、シュードラ五〇％で、ほかに不可触賤民と部族民が計三〇％という（坂本他一九八九、一三六頁）。
(8) 上座部仏教は、現在タイ・スリランカ・ミヤンマー・カンボジア・ラオスの国民宗教で、その法は実効的な非公式法を成し、前の二国では憲法上国教か準国教となっている（他の諸国でも社会主義革命以前は国教であった）。
(9) 一九九二年ムスリムの人口比は、パキスタン九七％、バングラデシュ八八％、モルジヴ一〇〇％、インド一一・四％、（スリランカ約五％）、ネパール四％、ブータン〇・三％と言われる（千葉編一九九八、三〇九頁）。
(10) 属人法（personal law）は個人が所属する合同家族や宗教等に基づく人間的属性を権利義務として保障する国家法で、身分権だけでなく財産権にも及びインド法の本質を成す（cf. Derrett 1966: 39-55）。
(11) 孝忠一九九二は本文の全訳で頻繁な改正を詳しく紹介するが、付則の各条を省略し改正が一九九〇年一〇月まで（同一九九五bでは一九九四年まで）である。本稿は、Flanz 1997 によるので一九九六年の七八次改正までを含む。
(12) 藩王国は、独立当時五〇〇余がインド連邦に参加したがまもなくみな州に吸収され法主体性は公式には消滅し旧王家も多くは平民化した。しかし一部の藩王法は非公式には残っているという情報がある（藩王一九九二）。

(13) 現在は、特例のデリー（首都圏）とチャンディーガル（パンジャブ、ハリヤーナ両州の州都）に、州に昇格せずに残っているラクシャドウィープ（ラカディヴ群島ほか）と旧植民地（旧英領のアンダマン＝ニコバル諸島、旧仏領のポンディシェリ、旧ポルトガル領のダードラ＝ナガルハヴェリとダマン＝ディウ）の計七である。

(14) 浅野一九九七によると、紛争処理機能を含む伝統のパンチャーヤトについては独立当時に大議論があり、結局憲法はその公式制度化を各州の政策に委ね、その結果諸州で名称は不定であったが県—郡—村落と三段階の地方行政の単位として活用されていた。九三年憲法改正はこれを格上げしたものである。なお安田一九八七、三六四—三七二頁を参照。

(15) インドのマイノリティについて一般的には、李一九七七、孝忠一九九五aを参照。その内の指定カーストにはいわゆる不可触賤民がほぼ該当しその居住地域が指定地域と呼ばれ、指定部族にはいわゆる山地部族があたる（人口は坂本他一九八九、一三八によると、前者が全体の一五％にあたる約一〇〇〇万、後者がその約半分）。ただし仏教に改宗した理由で指定カーストとされない不可触賤民が約四〇〇万人あり、別に「他の後進階層」も指定カーストとほぼ同数いるといい（堀本一九七七、七五頁）、そのほか欧印混血人（Anglo-Indians）も憲法上のマイノリティとして保護される。全国委員会はそれらの全体を管轄する。

(16) 留保議席数は、連邦下院が定員五四五人中、指定カーストに七八、指定部族に三八であり（吉田一九八八、二一五頁の引用による）、州立法院が定員三七七一人中指定カーストに五一六であったという（堀本一九七七、七四頁）。

(17) ビハール、マッディヤプラデーシュ、オリッサの三州（一六四条）。そのほかの三州に、発展・機会均等などの保障に関係あると思われる規定がある（三七一、三七一Ｄ条）。

(18) 連邦公用語のヒンディー語と準公用語の英語のほか、州の公用語が独立時五だったのが今は一八になっている（憲法第六付則）。

(19) 英領下のインド帝国と州とで伝統のヒンドゥー属人権を公式に保護しつつ改善するための立法が各種試みられていたのを、独立後に全国一律のヒンドゥー公式法に制定したものである。一九五五年のヒンドゥー教徒婚姻法、一九五六年のヒンドゥー教徒相続法、ヒンドゥー教徒未成年後見法、ヒンドゥー教徒養子扶養法を中心とし、一九二九年の幼童婚約制限法、一九五四年の特別婚姻法、一九五六年のヒンドゥー寡婦再婚法、一九六一年の持参金禁止法等もある（くわしくは、Derrett 1966: 321-351; Diwan 1993; 黒木一九八四、一九七―二三七頁、等を参照）。

（20）マイノリティ保護の諸規定は、憲法制定後一〇年で廃止されることになっているが一〇年ごとに延長され現在も当然のごとくに更新されている。ここにインド憲法の苦悩（あるいは知恵）がある。

〔付〕スリランカ民族紛争の教訓（補3）

インド洋の真珠とよばれ、事実、サファイアなどの宝石類と、有名なセイロン紅茶を世界に提供している美しい響きの国スリランカは、また平和な仏教国というイメージの国でもある。ところがこの国に、最近、多数派のシンハラ族と少数派のタミル族との間の抗争が深刻な事態になってきた。この争いは、独立直後から各地でおこっていたが、一九八三年からは組織的となり、何十人、時には百人をこえる殺し合いが頻発。この四年間に六千人もの死者を出している。

一　神話と仏教精神

そのスリランカに、こういう建国神話がある。紀元前五世紀のおわりごろ、インドの西岸から漂着した勇士ビジャヤが七百人の部下をもって先住民族を征服し最初の王朝を建てた。かれは、部下のために南インドから七百人の女性をよんで子孫繁栄の基礎を築いた。その後まもなく仏教が伝来し、ここに仏教国家が成立した。その子孫が国民の七〇パーセントを占める仏教徒のシンハラ族である。

神話の中で活躍する神々や祖先たちは、皆気高く勇ましい。その指導者はまさしく尊敬すべき英雄で、他のどこの英雄にも劣らぬ誇るべき存在である。かれらがなしとげた偉業は、民族の子孫がいつ想っても、新たな活力を鼓舞してくれる。建国神話は民族の生命源だといってもよい。ビジャヤ神話も、シンハラ人にとってそうである。

この種の神話は、当然のこと、敵対者の存在を許すわけにはゆかない。一時の敵も悔悟して従うならばよい。しかしあくまで敵対する者は、排除せねばならない。これがナショナリズムと結びつきやすい。シンハラ仏教国家ナショナリズムは、民族の活力と紙一重であった。

紙一重ながらこの紙を丈夫に守ってきた力があった。それがほかならぬ仏教精神だった。スリランカの仏教は、他の東南アジア諸国の仏教と同様、大乗仏教でなく上座部仏教（以前小乗仏教とよばれていた）だが、仏の心には変わりがない。物も人も差別せず、闘争を嫌い平和を愛する。民族や言語の壁をこえて、その心はひろがることができる。

スリランカの北部、インドに近いジャフナ地方には、早くからヒンドゥー教徒のタミル族が移住して、別の王国を建てていた。このタミル族とシンハラ族との間には、長い歴史の間に、対立・紛争が全然なかったはずはない。だがそれは、あっても、宗教と民族の間のものというよりは、だれでもがどこでもおこしてしまうという性質のものだった。対立・紛争をその限界内に包みこんでおく、丈夫な紙があった。

二　主導権確立を望むシンハラ人の動き

この対立において多数派であったシンハラ族の中から、いわば対立に業をにやしてこれを解消することをはかり、仏の心を仏教国家ナショナリズムでよそおい、紙を破り棄てる動きが出た。第二次大戦後に独立し一九五六年スリランカ自由党が勝利を得たときである。仏教は国家護持の指導理念と政治化され、国語がシンハラ語に統一されタミル語が公用語から追放された。これは、タミル人にとって大事件であった。

スリランカには、ほかにもマレー系・アラブ系・ヨーロッパ系の国民がおり、またイスラーム・キリスト教その他の教徒も多い代表的な多民族多宗教国家だから、社会的文化的には異民族が共存する知恵を作りあげてきている。それだけに、相互の尊重ではあきたらず多数派の主導権を確立しようとする政治的勢力があるのも、また一つの自然かもしれない。その以前から、仏の心を強調する仏教復興運動がおこっており、その中からこれを政治哲学に応用する一派が出て、単なる神話がナショナリズムに作りかえられた。

紛争は、社会に住む人間の間にないにこしたことはないが、絶無というわけにはゆかない。歴史・文化を異にする人びとの間、そして経済的条件に差のある集団の間では、むしろおこるのが普通である。おこったならば、その原因を冷静につきとめてこれを処理すればよい。これを、かりに一面の事実を含んでいるとしても、〝人種紛争〟と断定されると、対立はのっぴきならなくなってしまう。

三　対立を越える知恵を

一面の事実といってよいことが、実はある。両民族が人種と宗教・言語を別にしていることは知られている。この国で少数民族であるタミル族は、インドの対岸タミルナドゥ州を出身地としているので、インド政府もかれらの援助を一つの政策としているくらいに、インドとの関係が深い。

それにもかかわらずスリランカのタミル族は、歴史の中でシンハラ族と基本的には協調しつつ、一つの国家をなしてきた。この事実の方が重視されるべきではないだろうか。それなのに、一部のシンハラ政治家が、この国の経済生活の困窮はタミル人の稼ぎすぎによるのだと宣伝して、シンハラ族の間に反タミル運動を高潮させてしまった。

政治的統合のためには、問題を人種・宗教に帰着させてはならないのにあえてそれをしたところに、偏狭なナショナリズムがある。それは、明らかに政治的イデオロギーで、仏の心とは別物である。これにたえかねた少数派が抵抗に出て政治的に独立を主張する者まで現われても、人間社会の法則としてはまた別な自然である。

その衝突が、八一年に始まり、そして八三年から八四年、さらに現在にも続く大衝突となっている。そうなると、暴力はエスカレートする。スリランカの現状は、そのように理解される。

この理解は、スリランカの二人の国際的社会科学者に教えられたものである。一人は、東南アジアの仏教人類学者として令名の高いハーバード大学のタンバイア教授、もう一人は、やはり東南アジアの社会人類学者として活躍しているプリンストン大学のオベイェセケレ教授である。タンバイア教授はタミル族出身だから、シンハラ政治運動を批判しても当然と思われるかもしれないが、オベイェセケレ教授は、シンハラ族出身なのに同じ趣旨の批判をしている。

私は、この点を重視したい。それは、それらの批判がうち続く衝突事件の原因を適確に指摘していることはもちろんだが、対立しているといわれる両民族の最高の知識人が同じことをいっているからである。そこに、長い歴史の間に異民族・異宗教が存在する知恵を作りあげてきたことに対する自信と誇りが、静かだが強い一つの愛国心としてきらめいていることが感ぜられる。そして、この愛国心が、一方のショービニズム（狂信的愛国主義）を打破して、ふたたび丈夫な紙を張ってくれることを期待する。

四　スリランカの紛争に日本を考える

スリランカのそのような状況を知ったとき、私は、建国神話の活力よりも、恐ろしさを想わざるをえなかった。私自身のささやかな知の成長期に、日本の建国神話が八紘一宇の世界指導理念として政治的に鼓吹された。神話の活力に励まされていた当時の日本人の大部分は、これを簡単に政治的イデオロギーに発展させて怪しまなかった。そして、実は世界史的な大失敗を民族の栄光と思いこんでいた。

スリランカの現状にはこれとそっくりな部分がある。建国神話の政治的イデオロギー化である。それは、活力を秘めているだけに民族に訴える力は大きい。自分自身がその力におしまくられてしまった悔恨を待つだけに、今スリランカの人たちが同じ悔恨をしなければならぬ道を進みつつあると思うと、私はなんとも痛ましく感ずる。

私は、これに対して直接には何もできず、事態の好転をただ祈るだけだが、間接的だとしてもできることが、少くとも一つはあると思う。それは、スリランカのような、いやおそらく日本以外の世界のほとんどすべての多民族・多宗教の国々のことを理解するには、一人一人の民族の心と宗教の思いをこちらが十分に心得ること、それをせめて理解しようと努めるべきことである。現に、わが国にも指紋問題その他の外国人差別や、靖国問題その他宗教的信仰の無理解がある。これらの問題に無感覚では、スリランカの理解はできない。

スリランカを思うことは、結局自分をかえりみることにならざるをえない。

（補1）　原文は、「インド法文化圏」、比較法雑誌（一九九八）六〇号、一九九九。その元は、一九九八年度の日本比較法学会におけるシンポジウム「法観念を中心とする世界法文化の比較——比較法文化論への試み」の一環として報告したものである。これを組織して機会を与えた木下毅教授に感謝する。

（補2）　本章の原文を発表してまもなく、二〇〇〇年にアジア法研究会が発足しそれが二〇〇三年にはアジア法学会へと発展した（本書第五章第二節参照）。わが国でもその頃からインド法に関する業績も目立って増えているが、本稿にはそれらを参照する余裕がなかったことを念のため記しておく。

（補3）　原文は、「スリランカ紛争の根はどこに——建国神話の光りと影」、婦人の友一九八七年九月号。スリランカは私の研究を育ててくれた国である。タミル族出身の弁護士かつ研究者の Neelan Tiruchelvam 君が、最初に Chiba, ed. 1986 の共同研究に参加した後（本章第一六章第一節参照）、私が企画して組織した海外学術調査の共同研究（結果が千葉編一九九八）を現地で受け入れ私が非西欧法研究を世界に訴えるのに協力した。本文中のいわゆる民族紛争にあたってはよき仲介者として双方から信頼されていたはずなのに、タミル極派の暴徒に殺害されてしまった。ただ無念と言うほかない。ハーヴァート大学大学院に学びアメリカでも知名で、その犠牲がかれの業績を呼び起こして Law and Society Association（LSA）の第一回国際学術賞を二〇〇一年に受けたので、私が二〇〇三年の第二回を受けたので、彼への想いは一層深い。

第九章　法と宗教——非西欧に観る（補1）

はじめにお断りを二つ申しあげます。一つは、私の報告を代読で済ませることです。これは異例のことですが、私は年寄り夫婦二人だけのところで妻が体調不良のため一人にしておけない状況にあります。私が欠席でも角田さんのお計らいで大塚さんに代読していただけることになり、私はお二人に感謝しております。二つは、これからする報告内容がお手許の報告要旨を若干修正していることです。私は科学の手法は常に操作的でなければならないと信じますので、草案を書き換える度に修正することは一つの進歩だとご理解くださるよう、皆さんにも願う次第です。

一　問題の意味

本シンポジウムのテーマ「宗教と法」と言えば、憲法上の信教の自由と政教分離との問題に集約されるのが現代法学の常識です。この常識が国家法のみを法とする一元観にとどまることを、私は批判していました。批判点は二つあり、その一は、法を憲法中心の成文法体系に限定し宗教法を無視しているように見える法学なことですから、本シンポジウムが宗教法を視野に入れ、現代法学の宗教的根拠をなすキリスト教の専門家ヨンパルトさんを招いたことを評価いたします。他は、現代法学はその理由によってパースペクティヴとしては西欧的であることを前提して疑わないのに、非西欧のパースペクティヴを取り上げたことで、これまた本シンポジウムを評価するゆえんです。

よって本シンポジウムの趣旨は画期的と言ってよいのですが、私の担当する非西欧のパースペクティヴからしますと、題名の意味が現代法学の常識とは違ったものになることがまず重要です。第一には西欧と非西欧との対照で、これは地域のではなくパースペクティヴのですから、取り扱うべき問題は西欧と非西欧の両地域すなわち地球の全域にあるはずなことです。事実、一方で西欧起源の国家法は全世界に移植されていますし、他方で西欧諸国にもとくに戦後には非西欧からの移民難民が出身地の固有法と宗教を持ち込んでいますから、尚更です。第二は主題についてで、現代法学は法と言えば国家法に限り宗教も国家法が定義するものに限定するのに対し、非西欧では法も宗教も多元的ですから、法と宗教の両概念が西欧と異なります。第三は副題についてで、聖と俗との対照はキリスト教・イスラーム・ユダヤ教の一神教には妥当する面もありますが、非西欧のヒンドゥー教・道教・神道その他の多神教から民俗宗教さらに精霊信仰までの諸宗教には、この対照を自明とするわけにはゆきません。

以上三点の内、第二点と第三点は本シンポジウムにとり決定的に重要です。ロンドン大学アジア・アフリカ研究所で眼を当初のインド法から世界に拡げたウェルナー・メンスキー教授が強調するように、多元的観点では「法は文化ごとに特殊（culture-specific）」でありヒンドゥー教等では「俗もまた聖でその峻別は無意味」だと言う（Menski 2002: 108, 125, 124）とうりです。法を人間生活の中に還元してみますと、そのことは西欧社会にも妥当すると、私は言わざるをえません。その実例の引用は後に譲り周知の典型例だけ申しておきますと、キリスト教でも多数の教派が文化を異にするからこそ多数の教派に分かれていて、それら相互間にも国家法に対しても時に鋭い対立が露呈されます。またユダヤ教徒にも、イスラエルの国家法を是認する者、国家は認めても法はヘブライ法を信ずる者、国家法を超越する神の法を信ずる者と三分されているといいます（Paine 1992）。すると上述の第一点すなわち西欧と非西欧とは基本的には同様ということの真実性が一層迫ってまいります。したがって、本報告は非西欧のパースペクティヴからするので、対象は非西欧社会を主とはしますが西欧社会にも大事な点では言及しなければなりません。そうだとするとそこに方法の問題が前提として明らかとなります。現代法学はもとより他の社会科学のどれも、非西欧のパースペクティヴでこの対象を観察し分析するのに適切な道具概念を全く用意してこなかったことです。やむをえず私はその操作的概念枠組を自分で用意することが、一挙に成就はできないことを承知しながらも、まずはこれを試みることから始めざるをえません。

二　法と宗教の概念

法一般の道具概念を非西欧のパースペクティヴで構成することは、私が非西欧法の概念を求めて作ったアイデンティティ法原理下の三ダイコトミーを応用できると考えますが、具体的な内容は別に述べています（千葉一九八九、三章）し、報告要旨にもカッコ書きしてありますから、ここでは省略いたします。ただ一点、非公式法を認めることが非西欧のパースペクテイヴを論理的に根拠づけるということだけ、申しあげておきます。

ただし実はこの概念枠組全体に理論上の根本問題が残っていました。この枠組の基礎を成すのが公式法と非公式法とのダイコトミーで、両法の区別は公式法の核心である国家法が他の法を公認するかしないかで比較的容易に可能ですが、ではそもそも法規範を他の多くの社会規範から区別する法の要件は何かという根本問題は、学界で問われることなく残されたままでした。現代法学は法を国家法に限定し、他の種類の法は自然法や慣習法などの名は認めてもその実体は国家法が許容できる範囲だけですから、その概念を事実のままに認めているわけではありません。けれども非公式法をも法と認めるならば、それがなぜ法であるのか、その理論を提供することが要請されていたはずです。

私は長い間これを考えながら解決の手がかりを得られず苦慮していたのですが、近年スポーツ固有法を非公式法として理論化するにあたってようやくこれを発見した思いを持つことができました。それが報告要旨に記載した法の要件五つです（千葉二〇〇一、一七七―一八〇頁）。これらの五要件は、国家法において完璧と言いたいほど整備されていますが、多数の社会規範はそれほど整備されてはいません。しかし多数の中には、それがある程度は具わっていると認められるものがありますので、それが可能であるかぎりこれらをも非公式法と特定できるわけです。反対にそのことが弁別されない社会規範は法とみなすわけにはゆきません。ただし、五要件の中の規範構造は権利義務関係の体系にほかならず、原理理念は権威権力の採否で決定されるという、二者間の相関関係があるのに対し、社会組織と権利義務関係と権威権力の三要件はそれぞれ独自に存在しますから、多様きわまる社会規範の中から法を弁別するにはこの三要件をさしあたりのメルクマールとして使用することが可能であります。たとえばスポーツ団体が権威権力ある社会組織として法主体を成し、それによって傘下のスポーツ人がそのスポーツの権利義務を享有している場合は非公式のスポーツ法があると扱い、公式法との関係、固有法か移植法かの別、および法規則と法前提との関係ないしバランスを考察することが可能となります。[補2]

宗教法も同様に弁別が可能です。宗教法を広義に理解すると実態は多様でその全体をただちに弁別することはできませんが、右の要件をそなえたものをさしあたりふりわけることができます。権威権力ある社会組織の法主体性と成員の権利義務とを具える典型例は、教会・教団・教派・宗派等の名で呼ばれる各派ごとの宗教教団組織と、教会・モスク・寺院・神社等の礼拝施設を中心とする地域住民組織とですから、それぞれを成立させている非公式法を教団宗教法および地域宗教法と呼べば、宗教法の基礎形態が概念化できます。そこで、この二型の事例を私が集めた資料を整理して後に提示することといたします。だが人間の宗教行動はこれら宗教法の規律に拠るだけではなく、それ以外の宗教規範にも広く拠ることが多々ありますから、本報告のテーマを考察するには宗教法だけでなく宗教規範ひいて宗教一般をも視野に入れる必要がありますので、その事例も一端だけにとどまりますが例示として後に挙げてみることにいたします。

宗教一般については、私自身の宗教概念を設けるよりも、上記の五要件を具える国家法および宗教法に関係ないし影響するかぎりの宗教規範を、専門家の多岐多様な宗教概念の中から随時援用することの方が当面は適当だと考えます。たとえば山折哲雄（一九九一）の言う、「宗教儀礼は共同体や社会の連帯を強化し、かつその成員を統合する」、および「祖先崇拝こそは独自の宗教風土と自然観にもとづいて日本人の宗教意識を根底から方向づけてきた」の宗教観念は、前者は法主体を成す社会組織ひいて宗教法の存在を、後者が一宗教法を基礎づけるアイデンティティ法原理の機能を示唆すると解することができ、したがってこの種の現象にも私は注意を払うつもりです。

三　教団宗教法

教団宗教法と言えば、カトリック教会にカノン法があることは周知のところですが、キリスト教の各教団はすべて同様に成文の法体系を具えておりますのに、その実態については個別的にも全体的にも信頼できる資料が日本の法学界には提供されていません。その状況はイスラーム法もユダヤ法も同様であり、まして世界各地で生きている大小無数の宗教の教団法は法学界から無視されたままです。残念ですが、それらの教団宗教法には言及できません。

それに対して日本については、幸い全貌を認識できる資料が提供されております。愛知学院大学の宗教法制研究所が多年にわたり調査し年報の『宗教法制研究』に継続して発表したものです。研究所の創始者であり日本で唯一の仏教法学者だったと言える小野清一郎は、仏教法を「国家的法律」と並べ社会の「法律的秩序」の一に加えていますし（一九八七）、これを継いだ若原茂は、国の宗教法人法の要件を充たす各仏教教団の「宗教法人規則」類とは別に、当該「団体を統制しその維持運用を行う」宗教団体に個有の「自治規範」を法だとしています（一九九一）。当研究所は、仏教系には「宗憲・宗規」また他の諸教には「教憲・教規」の名で、国内全部の宗教について実態調査を行いました。以下は、適宜私の解釈を織り込んでその要点を纏めたものです。

まず神道系には、神社で教団として記載されているのは伊勢神宮・熱田神宮・出雲大社だけですが他にも多くあるはずでありますし、後で新宗教として紹介するものもあり、神社本庁や日本神社教団等の神社団体もあります。次に仏教系には、多数が記載されており、天台宗・真言宗・臨済宗・曹洞宗・日蓮宗・浄土宗・浄土真宗等の典型的な仏教のほか、浄土真宗本願寺派・真宗大谷派・高野山真言宗や臨済宗妙心寺派・臨済宗方広寺派、その他多数の分派もあります。キリスト教系にも多く、日本カトリック教会・日本聖公会・日本基督教団・日本福音ルーテル教会・日本キリスト教会・日本バプテスト連盟・日本自由メソヂスト教団・日本ホーリネス教団、その他でこれまた多数あります。さらに新宗教としては、神道系に、天理教・金光教・黒住教その他があり、仏教系に、創価学会・立正佼成会・霊友会その他が、またキリスト教系に、ものみの塔聖書冊子教会・モルモン教会その他が、さらに諸教系として、丸山教・ＰＬ教団（前ひとのみち教団）・世界救世教・成長の家・大本（教）その他があります。

四　地域宗教法

地域宗教法については、私はスリランカの仏教徒とヒンドゥー教徒の村落およびタイの地域社会で実見しましたし、情報では東南アジアにもアフリカにもあることが伝えられていますが、それとしての科学的調査の報告は学界にありません。またキリスト教の教会、イスラームのモスク、ユダヤ教のシナゴーグなどを中心とする信徒の地域社会にもそれに類する組織があると推定されますが、実証も報告もないので私はやはり言及できません。

しかし日本では、地域宗教法が多様に実在することが実証されています。これを法だと確信しその性質を論証する例はありませんが、法に類する社会規範であることは誰からも疑われることがなく、実態は戦後日本の社会科学の諸分野とくに民俗学、そして法社会学でも村落構造論として注目されていて調査があい次ぎ（千葉一九五六参照）、報告がなされてきました。私はこれを非公式法と確信・論証するので、その要点を以下に整理して列記しておきます。

(1)　神社関係

神社祭祀の社会的組織は独立の戸を単位とし一神社を中心として地域ごとに構成され、その目的のために固有の法をもって組織を維持運営しておりますが、実態に応じ私はこれを三類型に大別しました（千葉一九七〇、一章）。ただし当時から戦後の都市化が進展し始め「氏子組織の崩壊」が嘆かれてもいましたが、私はこれを崩壊ではなく、現象形態は変化しても祭りを含む神社そのものと祭祀の原理理念とは社会的シンボルとして継承されていますから、その地域宗教法は「拡散的変容」したので（千葉一九九一a、三章）三類型は依然健在だと解しております。現在でも変容は絶えず進んでいますが、この見解を変える必要はないのでその三類型をここでも理念型として踏襲いたします。

一の宮座型では、法主体は各宮座で、メンバーの権利義務は神社との特殊な結合による頭屋の輪番制を核心とし、管理機構は総員の寄合です。二の氏子型では、法主体は地域住民の総員を理想としますが実際は有志の組織が大多数で、都市では一見商店街だけの観もあるほどです。メンバーの主な権利義務は神社の維持と奉仕で、管理機構は神社総代会です。三の崇敬者型では、法主体は講や奉賛会などの名による有志集団ですが、その地域は一村落を超えて広域に拡がるものもあり、有名な大社には全国から会員が集まります。メンバーの権利義務は醵金による神社への参拝が主で、管理機構は、講では総員会議または世話役、奉賛会では役員会です。

(2)　仏教関係

一の檀家型は、仏教寺院を檀那寺とする檀家の組織が法主体で、これが個有の地域宗教法によって世代を超えて維持されます。メンバーの権利義務は主に檀家の葬儀法事と寺の建築に関し、管理機構には一応檀家総代がありますが実際には寺院が主導するものが多いようです。しかしその法の実態には不備も不定型も多くあります。二の仏教講は、仏教施設を参詣礼拝する目的による有志の組織ですが、対象には寺院のほか祠堂・石仏もあり、また地域には小は近隣・村落から大は広域まで多種多様で、各個の組織と地域宗教法の実体も多様です。いずれも、信頼できる調査研究はなく詳細はやはり不明で報告できません。

(3)　その他留意事項

上記に関連して大事な事実があります。まず新宗教の場合、教徒組織は社会学上は近代的な自発的結社ですから、それに地域宗教法はあっても一般的には特記する必要がありません。ただたとえば天理市が天理教の「城下町」といわれるほど同教を理念とする特殊な社会組織を形成している以上は、そこに特有の地域宗教法がないか、検討すべき問題として残るはずです。キリスト教の場合は、一般的には新宗教の場合と同様ですが、九州のカクレキリシタンの集団は神社とも寺院とも両立しているほど習合しています（宮崎二〇〇一参照）。これは日本文化の性質から来る現象です。同様に、宮座型地域宗教法の総員輪番制はそれ以外の各種の日本社会にもしばしば共通し、また氏子型地域宗教法はたとえば出羽の黒川能、三河の花祭り、京都の大文字焼等々多くの伝統的民俗行事にも応用されております。ここに、日本社会に特有の社会原理が働いているとして検討すべき価値があります。

五　宗教法と宗教をめぐる公式・非公式諸法間の協調と対立

このタイトルこそ本報告の主題をなすべきはずですが、信頼できる基礎的な研究成果が学界にはありませんから、私自身の非西欧法研究と近年の新聞報道とを簡潔に要約するにとどめます。ほんの一端だけですが、資料は別にプリントでお配りしました［ここでは章末］。日付けは朝日新聞のです。

(1)　国家法と宗教法・宗教との関係

西欧社会では、国家法とカノン法との間に離婚と妊娠中絶に関し対立のあることが著名ですが、各国別に見ると両法の妥協に関する立法も論争もあって実態には多くの相違があり、その情況はそれ以外の問題点に関しても少なくないので、各国ごとの正確な調査研究が必要です。ヨーロッパでは、近年ムスリムの移民難民が増大して、モスク建設の公認や、禁制の飲食物をめぐる立法や紛争が増えています。同様の例はユダヤ教徒の日常規律にもしばしば現れています。仏教国も一つあり、ヨーロッパも宗教は多元的です。

非西欧社会では、ムスリム諸国で、作家ルシュディに対するイランのイスラーム教団の死刑宣告はじめ背教や規律違反を責める事件が相次ぎ、両法の対立の根深さを示す一方で、対立していた女性の裸身の嫌悪感が薄れてきたり、両法の協調を図る立法や運動もあります。仏教では、ブータン・タイ・スリランカが憲法上の仏教国でありネパールとチベットは準仏教国と言えますし、上座部仏教国では仏教教団の政治的影響力が現在も顕著です。ヒンドゥー教によると、国法で禁止された寡婦の殉死サティも時に歓迎され、結婚直前に不貞を冒した娘を父が再生を願う慈悲として殺しても警察は黙認しますし、聖なる牛についても例外的な立法と議論があります。移植されたキリスト教には、西欧社会の問題が引き継がれるとともに、異端的やカルト的な教団の多いことが注意されます。

(2)　宗教法相互間の関係

西欧社会でも、キリスト教の諸派がそれぞれ独自の宗教法を持っていて各教徒がそれを自分で選別して享受していることは、言うまでもありません。非西欧社会でも、同様と言える事実があるとともに、異教間の対立・紛争がインドによく起こるように時に暴動にまで至ることもしばしばな反面で、他方では、中国や韓国・日本などのように異教が共存しひいて習合することもありまして、西欧とは文化の違いを見せています。

六　結びにかえて

報告内容は未熟かつ粗雑でありましたが、私自身はこれまで見知ったことを精一杯まとめ直したので、どなたかがどの点かを意味あるものとして今後の発展に役立てていただけるならば幸いとだけ申して、角田さんの設定した土俵に仮でも答えを出して終わることにします。(補3)

(1)　通常の用法では、「近代」は西欧歴史特有の要因を、また「法」は独特の規範観念を前提しますから「世俗」を事実の世界と解すれば、法は近代化しても世俗との関係ではその基本性質を変えていません。しかも非西欧の歴史と法に対して自己流の評価を押し通しこれを歪曲して平然としています。

(2) 宗教法と宗教は、自己本位に絶対性を通す国家法に対し、観念的には対立し闘争することがあっても、他方では他の非公式諸法とともに教徒にこれと協調できる根拠を提供し多元的な対応を可能にさせます。

〔資料〕

A 国家法と宗教——欧米諸国

1 対キリスト教

＊アイルランド。カトリック教徒の離婚自由化を認める憲法改正を微差で承認（九六・三・一五）。

＊ドイツ。公立学校に受難像掲示を義務づけた州法に違憲判決が出たが、十字架掲示は後に復活（九六・三・二六）。

＊同。妊娠中絶の妥協的な国法の手続を法王が停止したのにカトリック教徒が大反対（〇〇・二・?）。

＊スウェーデン。政府は二〇〇〇年を目標に教会税を会員の会費制に改めると九五年に公表（九六・三・二五）。

2 対イスラーム

＊イタリア。バチカンに欧州最大のモスクが完成した（九六・三・二九）。

＊フランス。増大するムスリム移民の要求で自治体がモスク等の建築を許可し始めた（九六・三・二八）。

＊ドイツ。同様にムスリムの麻酔なし動物屠殺を国法に反しても認めると連邦憲法裁が判決（〇二・一・二一）。

＊ニュージーランド。ムスリムの国会議員がはじめて聖書でなくクルアーンで宣誓した（〇二・二・八夕）。

3 対ユダヤ教

＊イスラエル。安息日の商業を国法は禁止するが、開店許可の地裁判決もある（日不詳）。

＊同。ユダヤ教の禁食規定中の肉は法定されているが自由化をめぐって論争がある（九四・一二・五）。
＊同。ユダヤ教神学校生徒の兵役の回避・軽減を合法化する法案が提出された（〇〇・七・五）。

4　対仏教

＊ロシア連邦のカルムイキア共和国は欧州で唯一の仏教国（〇一・七・二二）。

B　国家法と宗教—非西欧諸国

1　対イスラーム（法）

＊イラン。妻が離婚しやすくなる法案を国会が可決した（〇〇・五・一四）。
＊同。大統領のフランス訪問にワイン抜きを求めた仏側と折合いつかず訪問は延期（九九・三・三）。
＊同。八九年ルシュデイの死刑宣告を革命防衛隊は有効と声明するが政府は距離を置く（〇〇・二・一四）。
＊同。男性と同等に女性にも海外留学に奨学金を支給する法案に革命評議会が異論（〇一・一・二五）。
＊エジプト。一大学教授が背教者の理由でムスリムの妻との離婚を判決されオランダに出国（九六・八・七）。
＊ナイジェリア。一州の上級イスラーム法廷が婚外性交渉で子を産んだ女性に死刑判決（〇二・八・二一）。
＊クウェート。イスラームからキリスト教に改宗した男性を家裁が背教者と宣告（九六・七・八）。
＊サウジアラビア。インターネット解禁でもヌード等有害ホームページは制限（九九・二・一三）。
＊同。イスラーム法による判決を人権侵害呼ばわりするのは不当と担当大臣が談（〇〇・六・二）。
＊アフガニスタン。大衆の前でイスラーム法による二名の死刑と男女の鞭打刑を執行（〇一・三・一〇）。
＊インドネシア。ミスインドネシアの水着姿が大騒動になったが一年後には下火（九七・四・三）。
＊同。ムスリムの大統領がバリ島のヒンドゥー寺院に参詣したのを食糧相が厳しく非難（九八・一一・八）。
＊同。味の素の材料に豚の酵素を使用していたのが違法と操業停止、数人逮捕（〇〇・一・九）。
＊中国。憲法上信教は自由だが少数民族の風俗習慣を認めるほかは国家が管理（鈴木一九九七、三、四節）。
＊日本。自殺した身元不明のムスリムを町が火葬にしたのにイラン大使館が外務省に抗議（九四・五・一三）。

2　対ヒンドゥー法

*インド。牛の食肉禁止の例外を廃止する法案がデリー首都圏議会に提案（九四・三・三〇）。

*同。寡婦殉死のサティは禁止されているがなお時に熱狂的に実施される（安田一九九二、一八七頁以下、〇〇・一・二七）。

*同。不貞をした結婚直前の娘をブラーマンの父が再生を願い慈悲で殺した（千葉一九九八、四九頁）。

　参考、パキスタン部族法で父親が定めた結婚相手に背いた娘を殺すのは「名誉殺人」（〇〇・三・六）。

*同。一女性が敵部族の男性と親しいと部族会議の決定で集団レイプした六人に死刑判決（〇二・九・二）。

*同。ジャイナ教徒はヒンドゥー教徒と同様行動が多いが戒律の厳しさは格段（八二・一・一）。

　参考、下記のカイラス山をチベット仏教とともに聖山として巡礼する（〇一・五・一八）。

3　対仏教

*ミャンマー。中国の保管する仏陀の歯の貸し出しを政府が受け入れ（九四・四・二一）。

*同。高僧が軍事政権とスーチー女史とを仲介する用意ありと公言（九八・四・二四）。

*同。絞首刑に「魂の成仏を七年間許さず」の付加刑が付いた例（〇二・七・三一）。

*中国。チベット暦の聖地シェーゴンパ巡礼祭に巡礼者が続々（〇〇・一〇・一六）。

*同。カイラス山への登山許可をイタリア隊は巡礼を見て断念、スペイン隊の許可に両教徒が反発（〇一・五・一八）。

4　対キリスト教

*メキシコ。大統領と前報道官との離婚者同士の再婚にカトリック聖職者・法学者が異議（〇一・七・二〇）。

*ウガンダ。「神の十戒復古運動」の本拠で五〇〇余人が集団焼死し殺人罪で捜査開始（〇〇・五・一三）。

*エチオピア。皇帝を救世主とし節制で神の復活を待つラスタファリアンが一町にある（九九・一一・二九）。

*フィリピン。シキホル島の「魔法使い」はカトリシャンだが精霊信仰と結び魔術的（〇〇・五・二七）。

C　宗教法の相互間と他の非公式法との交渉

1　西欧社会

＊アメリカ。在住ユダヤ教徒にはキリスト教の祝日を楽しむ者もある（AERA 九八・九・二八号）。
＊ギリシャ。アトスにはギリシャ、ブルガリア、ロシア、セルビア各正教の修道院が共存（〇〇・一・一七）。
＊イスラエル。ユダヤ教徒に国法尊重、メシア優先、タルムード優先の三集団がある（千葉二〇〇一、二六頁）。

2　非西欧社会

＊エジプト。反体制のイスラーム組織がキリスト教徒に人頭税を強制徴収（九七・七・一九）。
＊イラン。一町のイスラーム革命裁判所が一三人をスパイ罪で訴追したのでユダヤ教徒が移住（〇〇・五・五）。
＊インド。地震避難用のテント村にカーストによる身分差別を護ろうと入居する者がいない（〇〇・二・一一）。
＊パプアニューギニア。邪術使を殺害した親族を一審の現地人判事は部族法の義務によると損害賠償で済ませたが、上告審では刑法上の殺人と判決（千葉一九九八、五四頁）。
＊韓国。開国の天孫壇君を派遣した天帝ハヌニムはキリスト教の神だと言う牧師がいる（千葉一九九八、一二一頁）。
＊日本。カクレキリシタンはキリスト教、神社、仏教と習合（宮崎二〇〇一）、寺院と教会が同場所に（九四・九・一二）。

（補1）　原文は、「宗教と法――聖と俗の比較法文化。非西欧のパースペクティヴから」、法哲学年報二〇〇二『宗教と法――聖と俗の比較法文化』、二〇〇三。この好企画を組織し私にも機会を与えた角田猛之教授に感謝する。

（補2）　本書第四章を参照。

（補3）　角田企画委員長が各報告者にあらかじめ提出していた設問である。
　一、法の近代化は必然的に法の世俗化を意味するのか？
　二、法は、自らの絶対性を固持する、もしくは他者を強く排除する宗教といかなるかかわりをもちうるか？

第一〇章　法シンボリズム（補1）

一

「法学と民俗学とに架橋」（千葉一九五二）したいという念願から、私は一九五〇年ころ一度だけ、尊敬する柳田國男先生を成城のお宅に訪ねて話をうかがう機会を得た。その時の話題でただ一つ今も忘れられずに覚えているのが、私がその趣旨を述べたのに対する、「フォークロアに法がありますか」と（私がうけとった）、先生のけげんそうな質問だった。私はそこに、先生の貴族院書記官長まで務めた官歴と民俗学を純粋に守りたいという学究心と双方を感じたが、この先生に納得していただけるようにはおろか、私の意図のいくらかでも筋だてて説明する用意はできていなかった。以後、これを果たすことが私の学問の一つの課題であったと、今になって覚る次第である。

柳田先生の質問はもっともであった。フォークロアは法とは関係がない、したがってフォークロアを対象とする民俗学も人類学も法学とは無縁であるというのが、第二次世界大戦前の常識であった。わが国でも戦後になってこの常識を疑う傾向が法社会学として生まれ、その中から新しく民族法学と法人類学の声があがった。民族法学は江守五夫の主唱するところで（一九六二その他）、法慣行をフォークロアの中から探りだす意味において法社会学の一環であるには違いない。しかし現在までのその実績は、家族と婚姻に対象を集中しこれを民族学固有の方法でアプローチするもので、フォークロアの法学として方法論を整備しいわば法民族学の理論的確立を志すものと言えるかと問うと、私は即座の肯定に躊躇する。法人類学は私が唱えてきたものであるが（一九六九その他）、その意図は、名を法民族学あるいは法社会学・法人類学と言おうが何であっても、社会に実在するあらゆる形態の法の社会科学を志向し、ゆえに考察対象である法には実定法と慣習法は勿論フォークロアの固有法をも包含する。したがって私もフォークロアの法学を追ってきたつもりであるが、これを正面から論じたことはなかった。

今回与えられたこの機会にその概略を試み、半世紀近くも遅れた柳田先生の質問に対する答えとすると同時に、現在の研究者有志に検討していただくことを願う次第である。

二

まず日本のフォークロアの代表例である神社の祭につき、私の知るところ（千葉一九七〇、一九九一aの三章を参照）を整理することにする。神社といっても形態は多様で、集団の宮座組織あるいは地域の氏子組織による小社から広域に全国的な崇敬組織を持つ大社まで、また地域守護の鎮守社にも御利益授与の崇敬社にもいろいろとあり、祭の様相も多様な上に識者が変貌や衰退を嘆くほど時代とともに変化がはげしい。それでも神社の祭は、祭として日本社会で本質的特徴を維持して行われ続けている。

祭では、国の政権や法律がどう変ろうとも、神社ごとにその神事の祭儀と民間行事の祝祭とが慣例どおり定期的に実施される。だからこそ国家法とは関係ないと言ってもよいのであるが、実は同時に、だからこそ、そこに神社とその祭を維持させている特殊な法があるとも言うことができる。一回の祭には関係者の一連の行動が、準備としては担当者の精進潔斎と祭場の舗設その他、そして本番としては宵祭から本祭の祭儀と祝祭まで、慣例に従って毎年正確に行われ続け時にはむしろ一般の国家法の場合よりも厳格に実行される。

祭儀の司祭役は、専業化が多くなったが、宮座で厳守されているように氏子が交替で担当する例が典型例にはまだ変らずに続いている。それ以外の種々の祭事・行事、すなわち神事や神楽・神輿渡御その他の祭儀への奉仕と祝祭としてさまざまの芸能や遊戯の奉納とに、一般の氏子はそれぞれ役割を受けもってこれを遂行する。そして勿論経常・臨時の神社費用拠出や清掃・修理等にも一員としての役割を果たす。総代に選ばれれば神社の維持と祭の執行という任務を名誉ある責任として担う。

勿論、地域に住んでいても氏子でない人も、また費用拠出や参拝をしても附きあいか興味からでしかない人も、多いどころか増加しているらしい事実もある。しかし他方で、祭がかくも的確に遂行され続けている事実があるならば、その遂行を自己の不可避むしろ誇るべき社会的役割と心得ている人の集団、およびこの役割を管理・運営する責任機関があり、そしてそれらが社会的組織である祭祠集団の機能としてその凝集力により機能していることを、認めなければならない。そこには、国家法とは関係ないと見えても神社と祭にとっては不可欠な関係者間の生ける法があるはずである。

したがって、神社と祭があるということは、社会にそれを目的とする一つの特殊な法秩序が存在し機能していることを証明するにほかならない。その法の内容は、一定の祭祠集団が組織として生ける法の社会的主体をなすこと、その構成員はその法に基づく権利義務を保有すること、その全体の運営を担当する管理機関があることである。換言すれば、一特定組織の権威とその構成員の権利義務とそれらの管理機構が、仮りに言っておけばこの祭特殊法を構成している。この法は、法学すなわち国家法本位の立場から見ればたしかに法ではない。だが当の本人の生活秩序の中では、つまり人を法の単なる受規者でなく法を自己の責任において行動基準として受け取り考量して実践する主体の立場で言えば（千葉一九九八の二章参照）、国家法と並んで実在する法である。祭特殊法の規定内容は、国家法のそれと充分に調整されているので目立たないが、時には国家法を明確に補充しさらには排除する実効性を有する。たとえば、祭日は公休日とされて公共の機関と公務員の公務を免除させ、「荒れみこし」に至っては違法行為を正当行為に転換させ民事刑事の法律的責任を免責させる。この事実があるならば、これを、国家法とは別の一特殊法と理解することが、可能のみならず社会科学としては必要である。

三

この特殊法は、一種の非公式法である。公式には認められていないからである。これに対する公式法は、現在の日本では国家法だけしか目立たないが、世界では、イスラームとキリスト教のほかラマ教と上座部仏教などの宗教法も、また連邦内の民族共和国や国家内の部族・少数民族などの部族法も、その他の諸法とともに憲法で公認されているかぎりは、みな公式法の範疇に属する。非公式法は、それ以外に社会に実在する生ける法のすべてであるから、日本にも種類は挙げきれないほど多い。理解の一助に例示すると、仏教・神道・新興宗教その他の宗教集団、各種の伝統的な芸能と武芸の家元集団、戦後変化が著しいがなお残る村落共同体と同族関係、等々はもとより暴力団にさえある。

祭特殊法は、それら諸例と並んで伝統的な日本文化に属する固有法でもある。固有法に対しては当然に移植法があり、その公式法としては、非西欧諸国家が国家法を西欧諸国から移植した場合を典型とするように歴史上例が多く、わが国の非公式法としても、大学・組合・教会等々のオーガニゼーションや自発的参加による各種の任意結社など各種の近代的な社会集団（Galanter 1983 参照）は、近代スポーツ（千葉＝濱野一九九五参照）に代表される外来文化とともに、実はそれぞれ非公式法を持つからこそ生きて働いているのである。

法に以上の二ダイコトミー四概念を設けるならば、祭にも立派に法があることになる。問題としては、それと国家法その他の諸法とをより判明に比較対照することが問われるであろうがここにはその余裕がないので省き、それよりもここに必要な他の二点を記しておきたい。一は、祭はもとより他の同様な特殊法の構造を分析するのに、少なくとももう一つのダイコトミー概念、すなわち法規を典型例とする具体的規定の法規則と法理念等の価値原則を意味する法前提とが有効なことである。国家法の場合は、法規則と解釈法学が壮大に整備されて明確であり法前提はこれを補助する機能に限定されているが、祭特殊法その他の非公式法の場合は、法規則は不明確・不限定と見えることが多いのでその法前提の機能の探求が要請される。

他は、以上の六道具概念により分解される法の全体像を再構成する必要から、その機能を果たす原理としてアイデンティティ法原理があることである。これは、一法主体が自己の文化的アイデンティティを維持するために上述六種の諸法を適宜取捨選択して組合わせ一つの統合を実現させる最終原理で、これが働くからこそ、律令法・武家法も明治法制も一つの日本法のヴァリエーションであり、祭特殊法も日本の歴史に一貫すると理解できる。（上記の七概念について詳しくは千葉一九八八、四一―四五頁）

四

神社を維持し祭を実行する祭祠集団は右の意味において祭特殊法の社会的主体をなすが、その実際の形態は多様である。

まず、非公式法の生きていることが外形から顕著に認められる典型的な形態がある。一は氏子団組織とくに宮座組織で、その組織と固有法とは本来不文であるが当該村落の中で確立していて自他双方から明確に認識尊重され、時には世俗的な意味の法規というより神聖なシンボルである文書に記されていることもある。二は全国的にも著名な有名大社の祭祠組織で、たとえば長崎のおくんち、京都の祇園祭、高山祭、秩父祭、東京の三社祭などで知られるように、関係者の伝統的な権利義務と管理機関の体系が成文法も具えて精密壮大な構成を持つ。三は奉賛会や講の名称による組織的な崇敬者集団で、地域の講は多く不文の協約によるが奉賛会には文書に明示された集団組織に構成員が参加するという近代的形式をとり固有法が移植法の装いをとるものまである。

一般に鎮守の祭といわれる地域神社の祭は、いわば原型である宮座のそれが村落に拡散した形であるがなお地域組織の性質を保持している。しかし都市における町内会むしろ商店街の祭は、それがさらに拡散した結果神社に固有な地域集団性が失われ有志だけが自発的に参加する形になっている。そこでは、前の奉賛会形態の場合とともに、神社と祭の非公式法はすでに消滅し近代的な任意集団すなわち憲法上の自由な基本的人権の享受があるだけという見方にも、理由があるくらいである。しかしそれでも、それが神社の祭であるという事実と観念が現にある以上は、祭特殊法が依然生きていて、固有法かつ非公式法である本質を維持しつつ移植法と公式法とも交錯していると言うべきである。学問的には、祭の実態の調査と法概念の再検討を進め理論化をはかるべき課題である。

祭特殊法は、そのように変化しつつなお維持されているが同時にあわせて顧慮すべきことは、その法としての機構が神社以外の他の施設ないし集団の行事にも転用あるいは準用されていることである。

まず講組織が宮座組織と類似の機構によっている。地域神社の講、あるいは伊勢講のように他地の大社を信仰する講は、組織原理を宮座における家柄から崇敬者の同地域居住と自発的参加とに拡散した形であり、富士講・羽黒講などは修験道に起源するので仏教的性格をも加えており、地蔵講・観音講などとなると神社を離れ仏教信仰に基づくものになっている。頼母子講・ユイ（講）その他は宗教的信仰とは無縁に経済的共同を目的とする。しかしいずれも、講中（コウジュウ）の語に示唆されるように宮座に類する法機構で組織運用されている。

そのような祭とその機構の準用転用は、講以外にも広く行われている。神楽は本来は神社の特殊神事であり、勿論その形を維持し続けているものが多いのだが、それと並んで、その目的が拡散され独立の行事としてあるいは仏教的信仰をも加えた祭事さらには世俗的な芸能行事にまで発展した形も、至るところにある。三河の花祭は修験信仰がかかわって成立したが宮座機構を採っている。出羽の黒川能もその点は同様だが機構の組織性は一層堅固である。京都の大文字火も堅固な組織的機構によるが宮座的ではなく氏子的であり、しかも本来は盂蘭盆にちなむ仏教行事である。同様に青森のねぶたも盆と関係する氏子的機構の行事だが実体は世俗的な民俗行事であり、博多の「どんたく」もその一例だが本来は神社と関係のない芸能行事である。

祭特殊法は、日本の社会でさらに広い関連性を見せている。祭の語は、その観念を上述のように世俗化させた結果、現代ではあらゆる社会的行事したがって各種の私的・団体的・行政的行事の代名詞にさえなっている。それらは、祭特殊法に特有な神信仰も法機構も具えていないと見えることが多いから、現象としては祭特殊法とは無縁と思われている。しかし私は、それにもかかわらずこの種の集団的行事を「祭」と表現する心意に注目する。すくなくとも、その祭観念は日本人の社会生活の一つのシンボルであることには違いないから、祭特殊法のシンボリズムとして検討すべき課題がここに現れる。そのように行事における祭の心意が問題となると、フォークロア一般を祭特殊法の拡散した形態として検討する課題すなわちフォークロアの法学が展開する。

五

たとえば、村落の年中行事は地域の特殊な非公式法だが、その諸行事の中でも祭を最も中心的とする。また通過儀礼は、個人の成長過程を記念して家族と地域が神をまつってする行事である（この二種の行事については千葉一九七〇、三―五章参照）。現在ではそれらは本来の規制力を失ったことがたしかではあるが、同時に、それらの古典的な形態が拡散していった広い日本社会では、各地各社会に新しい年中行事が成立しており、また成年・結婚・還暦等も人に社会的義務を喚起する通過儀礼であることを考えると、古典的と現代的との両形態は断絶性よりも連続性において論ぜられるべきであろうし、そうだとすると、それらの特殊法の命運・存否が検討されて然るべきである。同様に、その他多くのフォークロアがそれぞれに主体的意義における特殊法を内在させている可能性がある。それらと祭特殊法および国家法との関係関連を検証・検討することは、既成法学の常識にはないことだが、法の社会科学には魅力的な、いな不可避の課題である。

わが国の学界でも、フォークロアに対する関心がなかった訳ではない。古く穂積陳重は法律進化論の中でこれを未開法ととらえ（一九二四―二七）、昭和になってからは民族学者たとえば松岡静雄・宇野円空・古野清人・馬淵東一等がフォークロアにおける慣習法を拾いだし、増田福太郎・平野義太郎・中川善之助・川島武宜等の法学者も、フォークロアの法的意義に着目した。中でも杉浦健一はただ一人これを正面から法と理解した（一九四七、一九五〇）。しかしフォークロアがどういう意味で法であるのかという理論問題に挑戦した例は日本の学界にはなかった。（以上、千葉一九六九、一八―三〇頁を参照。）

そのような志向が、外国ではより早い時期から現れていた。中でもドイツ＝オーストリアの民族学はフォークロアから法までの社会規範を体系的に把握する志向があり、とくにフォークロアを法のシンボルと理解する観点で成果をあげてきた。それがグリム兄弟の兄ヴィルヘルム以来の伝統となり（堅田一九八五参照）、他方で民族法学を刺激するとともに、マリノウスキーと並ぶトゥルンワルトの機能主義を生んだ（千葉一九六九、五六―七四頁参照）。

その後のことが日本には伝わっていなかったが、今世紀におけるフォーク・ロー（folk law）研究の発展に貢献した五七の論文を集めた図書が最近刊行されて（Renteln & Dundes 1994）、状況が知られた。これに採択された諸論文で、家族・犯罪等に関するフォークロアの事例と国家法との衝突、およびフォークロアが儀礼的に法のシンボルとして機能している諸報告が、東欧・ロシア・アフリカ・アジアはもとよりアメリカからも提供されている（本書第七章参照）。

だがそこにも法の概念と理論を再構成するものは見いだせないから、ここにわれわれの課題が明らかとなる。私は、この課題に応えるために、はじめに記した法の七種の道具概念が一つの基礎を提供するものと確信するが、理論的な作業仮説として十分な支持を受けるには至っていない。この仕事は若い研究者に委ねるほかないとは思うけれども、私も一案を持つのでそれを披露して終わることにする。

それは、法を広義のシンボルの一つとして構造と機能を解明することで、祭特殊法もその他のフォークロア特殊法も、法としての性質が説明できるのではないかと思うこと、言ってみれば法シンボリズムの研究である。私は、一方では国家法がシンボル的機能を必然的に果たすことを論証し（一九九一a、一、二章）、他方では祭を法シンボリズムの一例として理論化することを試みその可能性を確信する（千葉一九九一a、二章）。そうであるならば、フォークロアの法学の実効的目標として法シンボリズムの研究が有効であろう。有志の方々に検討を願ってやまない。法学は、法を在る権威として適用だけしていればよいものではなく、法の事実が判明するにつれて造りかえられるべきものでもあるからである。[補2]

（補1）原文は、「フォークロアの法学」、神奈川大学評論二三号、特集「民俗学の可能性」、一九九六。この特集に私を招んでくれた萩原金美教授に感謝する。

（補2）これは小論だが今振り返ると私には大事な示唆を与えたもので、後続の有志がこれを発展させてくれることを願ってやまない。

第一一章　スポーツの人間法学（補1）

一　本稿の意図

本稿は、スポーツ法学に寄せる私の理解と期待を表明する最後の論稿である。

スポーツ法学については、私は、新法学としての基礎づけを先に論文集（千葉二〇〇一a）で果たし、それに盛りきれなかった課題を願いとして簡略にだが述べたこと（千葉二〇〇一b）もある。あとは後続の若い有志がこれを発展させることを期待するだけであるが、当時から私が望みつつも論及しないでしまい、今は明らかな手落ちであったから補充しておかなければならぬと思い迫られる問題がある。それが、スポーツ法学のいわば一つ先にある予防法学ないし応用法学である。

私はこの両語を一度ならず使用したが、両語とも学界に時折は現れても正確な意味と法学としての性質とには学界に共通の理解どころか議論さえもないので、私がこれに言及する以上は、少なくとも同学の士に検討してもらえる試論を提出しておく責任があったはずである。そう思って考えめぐらしている内に気づいたことがある。このテーマは単にスポーツ法学にかかわるだけではなく、近来世界でも日本でも前世紀の法学から新世紀の法学に脱皮しようと模索している法学全体の命運にもかかわる大テーマ、したがって私が一生追いかけてきた法理論の課題の一面を成すことである。今の私にはそれを十分に論証する余力はないとしても、ここに試論だけは残して責任を果たしたいと願う次第である。[1]

　私の責任はそれだけではなかった。私は、新しいスポーツ法学は広い学際科学であることを強調していた。学際的協力の相手分野としては、法学内では、法解釈学、法社会学、法人類学、法哲学、国際法学を挙げ(千葉二〇〇一a、八三―八四、八六―九〇頁)法史学と比較法学をも示唆し(同、六一―六二、七九―八一頁)、新法学として立法学・予防法学・応用法学を待望した(同、四四、八五―八六頁)。法学外には、体育学、スポーツ社会学、スポーツ人類学、スポーツ医学、その他スポーツ諸科学を列挙した(同、四五頁)。そう言う以上は、そのような学際的協力は何故そして如何に可能かとの問いに答える責任が実はあると思う。私が専門としていない法学外の諸分野との関係についてまで言及することは差し控えるけれども、法学内諸分野との関係については、広く基礎法学に携わってきた私には知りかつ考えたこともあるのでそれを提示することはできる。それも試論にとどまるがここで関連して論じ、その中で予防法学と応用法学を位置づけることにしたい。[2]

二　学問の性質と分野

　学問は、無数の分野に分かれているばかりでなく、一方では時ならず新分野が生まれて成長発展するとともに、他方で長期的に見ると衰退消滅する分野もある。そのように学問分野が分かれて独自に成立するのは、それぞれが観察分析する対象と手法とに他と異なる特有の方法を採るからである。[3]各分野は特有の対象と手法とを確立して独自の学問として学界で認められることになるが、必要がある時にそれらの修正に成功すれば分野の成長発展となるのに対して、そのような修正をする活力を失えば衰退消滅に至る。その意味では、学問の諸分野は対象と手法との在り方に応じて盛衰をくり返す歴史的存在である。[4]

学問の諸分野は同時に文化的存在でもあり、固有文化的であるとともに普遍人類的の性質を持つ。言語は学問の母体であるとともに固有文化の条件でもあるから、人類の持つ無数の異言語は言語圏ごとに固有文化の学問を生み出す。だが他方では、異言語間でも意味の相互理解は可能であるばかりでなく、学問は言語を超える共通の人類知を志向する文化であり世界に普遍の水準を規準とする。近代以降は前者の固有文化性より後者の普遍文化性が学問の性質を代表するようにさえなった。人類の文化としては、学問の固有性を規定する要因は言語だけでなく宗教にも歴史その他にもあるから、それらを尊重しつつ普遍性の要請を充たすことが、歴史的に発展する各国各分野の学問に要求される。

日本近代の学問を念のために振り返っておくと、明治開国とともに基礎づけられ明治—大正期に諸学が一応展開し、日本語等の特殊的条件による固有文化性を色濃く残すとともに、国際化の要請によりとくに自然科学では普遍文化性をも発揮し始め、第二次大戦後は、学術振興が国家政策に取り上げられ日本学術会議法の制定によって研究奨励の方途がとられ、民間でもこの方針に沿う財団等も徐々にだが活動が興った。諸分野の分類は、学術会議の採った大分類すなわち文・哲・史・法・政・商・理・工・農・医の七部門が現在でも行われている。分類方法には他にいくらも可能だが、法学がそれらの中で他とは異なる独自性を持つ一部門を成すことは疑われない事実である。

三　現代法学の位置と課題

法学の独自性は、他学と同じくその対象と手法と両面にある。すなわち、対象としては道徳・慣習その他多種類の社会規範の内から法を特定し、手法としては特有のその規範論理体系の解明を目標とする。法を対象とする学問はほかにも可能で、たとえば政治学も歴史学も哲学も法を取り扱うことがある。だがそれらの場合はそれぞれに特有の手法でアプローチするから、対象もそれによって限定され法としては特殊な一面のみに限られざるをえない。したがって、法学が法を全面で捉えて学問としての独自性を主張するには、その対象と手法との性質・特徴を確認し明示できなければならない。

これを確認するために現代法学の実体を瞥見して要約すると、それが西欧社会で近代法学として完成され世界に移植された当時は、対象は国家主権の発動により制定された国家法ひいて国際法で、手法は規範論理体系が無欠缺であることを前提として規範意味を解釈するという原則のもとに、法解釈学を本位とする実定法学が確立していた。二〇世紀に入り社会主義の法と法学が成立すると、近代法学もそれに対抗しつつたとえば法に労働法・福祉法を採用して対象を拡大し解釈も個人権保護に一層留意するようになり、さらに後とくに第二次大戦後に社会が新展開を示すと国家法は社会生活の諸面に六法以外の新しい法分野を次々に作りだし、その趨勢が二〇世紀の終わりころには社会の法化とさえ言われるほどになった。日本でも新分野が続々と誕生しそれぞれに対応する法学会も数多く結成されて現在に至っている。この段に至って、法学の対象と手法とには動揺ひいて変化が明白となり、法学もこれを自覚して再生の途を探らざるをえなくなった。

近代実定法学の上記の原則には、もともと例外があった。たとえば、対象である法には自然法と慣習法とが国家法にも不即不離にともなうと認められていてこれらを専攻する法哲学があり法社会学も興り、人類史には古代法も前近代法もあると法史学が追究していた。それらは西欧社会を中心としていたが、一部では非西欧法も着目されて民族法学は民族法を、法人類学は未開法を唱えていた。非実定法を対象とするそれらの諸法は、それぞれ解釈法学とは異なる手法の法学を成立させていた。だが、それらはあくまで例外であって原則を揺るがしまして凌ぐほどではなかった。その意味で、法学は自覚の有無を問わず国家法一元論と西欧法普遍論に拠っていた。その動揺変化を対象と手法との両面で確かめることが現代の問題である。

その事態に最初に気づいて生まれたのが批判法学であったが、批判すべき根拠が現代国家法の近代性にあることが明らかになると、ポストモダン法学が樹立すべき課題となった。現在はそれが進行中で、たとえば女性の実は抑圧されていた権利あるいは放置されていた生命と死の権利その他における実定法秩序の再構築、先住民族の無視されていた固有権の復権などに、世界の法学が再生を志向して効果を挙げつつある。日本でもその趨勢を真剣に受けとめていることは、日本法哲学会も日本法社会学会も最近は学会のテーマで再生の方向を模索していることで示されている。だが具体的な目標はまだ必ずしも明確にはなっていない。その業に参与することが、日本に現在行われている法学すべての、したがって個々の法学者の課題である。

この課題を言うことは、個々の解釈法学者が現代法学の各分野に属してそれぞれの手法に拠ってそれぞれの対象を追求すること、したがってそれぞれの伝統である対象と手法とを深化発展させる使命を貶価するものではない。課題の意味は、個々の法学者よりも法学が個別分野ごとには勿論むしろ全体として、前記課題に応える意図を抱きこれを実現するために努力すべきことで、ひいてその成果が結果的に個々の解釈法学者の研究にも反映することである。法学の諸分野に属する法学者間に共同研究が少なからず行われてきたこと、とくに最近数年間には学際的研究を意図する法学会が幾つも結成されたことは、その意味で慶賀されてよい。スポーツ法学もその一つである。

四　スポーツ法学の対象[5]

スポーツ法学は、当然その対象において法学の他の分野と明確に区別される特徴を持つ。一言で言えばスポーツに関する法であるが、大別するとスポーツに関する国家法とスポーツを可能にさせる固有法とである。

スポーツ国家法については、解釈法学も早くから着眼していて研究の実績があった。とくにスポーツプレイ中の事故には、当事者の契約・管理責任・注意義務等による責任が民事あるいは刑事の法律問題になるので、民法と刑法を前提とする判例研究が蓄積されていて、スポーツの特性に応ずる特殊な責任論が展開されていた。また実例は少ないがスポーツ振興法成立以後には国と自治体のスポーツ行政を問題とすることもあった。そのかぎりでは、法解釈学もスポーツ法を対象とする法学でありえた。その手法により捉えられるスポーツ国家法は、近代法学の原則にしたがい、各個人がスポーツを享受することには私事として宗教と家庭と同様に介入せず、しかし事件が生じた場合に後追いで法律上の解決を図るという範囲に自制しつつであった。

その事態が戦後社会全体の急展開の中で大きく変わった。とくにスポーツは、平和を享受する文化として国民生活中に広く普及した上にプロスポーツの隆盛に加えてマスコミの関心が大となり、人類文化の発展を促進する反面でスポーツひいて社会の円満な展開を阻害する事件も続出するようになった。これに応じて、アメリカではスポーツに関する事件の相次ぐ訴訟がスポーツ判例法を生み出し、イギリスはスポーツ奨励とともにフーリガン対策の立法を進め、フランスは国が直接に、ドイツは各ラントを通じて、国民のスポーツ享受を保障する法を整備し、ＥＵの傘下諸国のスポーツ国際法を発展させた。その事実がそれら諸国に新たなスポーツ法学を誕生させることになった。スポーツ国家法の解釈学もそれに応じて進展しつつある。対して日本のスポーツ関係国家法としては、一九六一年のスポーツ振興法で代表されるだけで、スポーツ基本法を基礎として整備せよという日本スポーツ法学会の主張（千葉二〇〇一a、一九〇―一九五頁参照）も聴かれず旧態依然のままである。

だがスポーツ本来の意義からすれば、個々人がスポーツを享受するのに国家法は直接の必要がない。必要なのは、第一に各種目のスポーツプレイを可能にする種目ごとのプレイのルール、第二に各プレイを可能にする参加者間の取り決め、そして第三に以上のプレイルールと取り決めを主張するスポーツ理念である。事実現代のスポーツは、種目ごとに整備体系化されたプレイルールのもとに行われ、それを管理し試合・競技を企画するスポーツ団体を組織し、安全なプレイと公正な事故処理を理念として運営されている。換言すれば、スポーツルール、スポーツ団体協約、スポーツ法理念の三つのルール類が働くことによってスポーツは存在しうる。この三種のルール類こそ、スポーツを可能にさせる法、すなわちスポーツ固有法なのであり、国家法がスポーツプレイをスポーツ人の自主性に任せるのはこのスポーツ固有法を尊重するからにほかならない。

スポーツ人の主体的観点に立てば、スポーツ法とは第一次的にはスポーツ固有法で、スポーツ国家法は最後の砦であっても、否その故に第二次的である。しかしながらスポーツ法学を興した欧米でも、この事実を当然としてもスポーツ固有法を明確に法だと主張する例はないに等しい。だがそれでよいか。スポーツ人本人のみならず観衆やファンを含めて膨大な数に上るスポーツ享受者にとっては、スポーツ固有法こそ自覚し遵守する規準の法である。そうであるならば、それが法として内在させている性質と現行の体系を認識すること、ひいてそこに介在する欠陥の改善に貢献することは、法学が責任をもって担当せねばならない問題であり、それを分担するのがスポーツ法学である。

以上の意味において、スポーツ法学の対象はスポーツ国家法とスポーツ固有法とである。二分された対象は性質を異にするからアプローチする手法も次項で述べるようにそれぞれに異なる。しかし両法は無縁どころか相互に尊重しあいつつ共存するから、この共存の在り方もスポーツ法学の研究対象になる。

五　スポーツ法学の手法

スポーツ法学は、その手法にも特有の特徴があることによって法学の他分野と区別される。これを概括して言えば、法学の各分野それぞれの手法のみならず法学外のスポーツ関係諸学の手法とも協同ができる、否しなければならないという広い学際性がある。

まず自明なのは、その対象の一半に国家法があることによって法解釈学の手法を適用することが可能のみならず不可欠でもあることである。それはスポーツ関係事件の判例研究として早くから行われており、日本スポーツ法学会の成立後も成果の量としては抜きん出ているほどである。同時に明らかなことは、日本のスポーツ関係国家法は先に触れた国際社会における進展と比べると遅れが甚だしいのでその整備が要請されるから、ここに立法学の任務がクローズアップされる。その現状で言えることとしてはスポーツ基本法要綱を日本スポーツ法学会が作成した程度にとどまっているから、国民みんなが安全かつ公正にスポーツを享受できるように国と自治体が関係法を飛躍的に改善する立法が求められる。それには、一方では遅れている現状を確認する行政法学の手法が働かねばならぬとともに、他方では先進的立法を果たしている諸外国法の比較法学も欠くことができない。

それらの手法が一層の成果を挙げることによって、スポーツ国家法学は対象における持有性を一段と明らかにするであろう。だがこれを数段飛躍させスポーツ法学の地位を不動に確立させるには、スポーツ法の実態に関する透徹した洞察が不可避である。スポーツ法学が興った契機は、スポーツに関連して現行国家法では処理しきれない新たな事故や紛争の続出であったから、それに国家法が適切に対処しようとすれば、問題の社会における実態および生きる人間にとっての意味をスポーツ行動に関して誤ることなく認識することが先立つ。それは、法解釈学は及ばず、他の社会科学および哲学が担当する領域である。

その第一が法社会学である。そう言う理由は、法社会学の手法は、社会学に準拠して実定法体系の現代社会における実態を究明して国家法の機能ないし効果を明らかにするとともに、社会に現に通用している「生ける法」を探究してその法としての性質を解明するという特有の目的によって、対象がスポーツ関係法である場合には、法解釈学では及ばない社会の実態究明とスポーツ固有法の探索とに適合するからである。事実スポーツ法学が誕生したのは問題への法社会学的着眼によってであったから、斯学のこの手法による格段の発展が今後もさらに期待される。だがその研究を進めると、法社会学だけでは担当しきれぬ問題が幾つも出てくる。まず、スポーツが特色ある人間文化である点で、文化を専門対象とするスポーツ人類学の任務がある。スポーツ人類学はまだ胎動期にとどまっているが、国家法は一定の国家が公式に制定してはじめて存在しうるのに対して、スポーツルール類ほどの種目にも「生ける法」として内在しスポーツ＝スポーツ固有法の実を持つから、スポーツ人類学はスポーツ法人類学でもあるはずである。その上近代以降におけるスポーツの世界的普及は文化伝播の顕著な事例にほかならぬから、人類学が担当する事象である。それらの理由によってスポーツ法人類学の前には探求を待つ無限の沃野が拡がっている。

法社会学と法人類学は、スポーツ法を対象とするとしても上の理由により法解釈学と違ってスポーツ国家法よりもスポーツ固有法を主要な対象とするだけでなく、進んで事を人間と社会の存在理由から究明しようとする志向を持つから、自己の手法だけでは足りず他分野の手法にも俟たなければならない場面が出て来る。世界の各地で誕生した固有スポーツがそれぞれのスポーツ法とともに発展し時に移植されて国際スポーツひいて世界スポーツにもなり、ついに現代のように国家法に規制まで受けるようになった過程は、法史学の手法によって研究がなされる。固有および移植の無数のスポーツ種目のスポーツ法を体系的に認識し比較するには、比較法学が、公式の西欧近代法の移植に限定していた方法を非西欧固有法にまで拡げるという脱皮とともに、期待されるところである[6]。スポーツが前世紀以来急激に世界化したとともに国際問題も起こっている現状を見ると、国際法学も、例外と見ていた国際慣習法の理論をスポーツ固有法に拡張して研究する役を待つと言える。かくてスポーツ法が社会と人間の問題であることが明らかとなれば、探究すべき課題は法哲学を要請することになる。スポーツを人間性の根源に遡りそもそも何故特殊な人間文化にまで発展したのかはスポーツ哲学の担当だとしても、スポーツ法に内在するスポーツ法理念の法理念としての一般性と特殊性を確証するのはスポーツ法哲学の課題に属するからである。

上述は簡略だが、スポーツ法学の手法は一つと限られることなく法学の諸分野がそれぞれ依拠する特殊な手法を広く借りなければならないという、冒頭に記した事情を説明しそれが法学内学際性を特徴とすることを証するものである。上記で言及した法学諸分野の手法が代表的なものと私が理解するものだが、私がまだ知らない新手法がどこかの誰かによって構想されているかもしれない、いやむしろそれによって法学の変革が一層進むことを願いつつ、ここで私は、上述から出てくるであろう疑問、すなわちそのような特徴を持つスポーツ法学が如何にして転換期にある現代法学の一つでありうるかを自問し、上述で言及しなかった予防法学と応用法学とを視野に入れてこれに自答し、本章を終わることにする。

六　スポーツ法学の総合性

私が予想する最初の質問は、二つに岐れる。一は、スポーツ法学が、言われるように法社会学、法人類学、法史学、比較法学、国際法学、法哲学等それぞれの手法で異なってアプローチされるならば、それらはそれぞれの分野そのものでスポーツ法学でなくともよいのではないか、つまりこれを特有のスポーツ法学と言う必要はないというわば形式上の否定論である。二はこれに関連して、スポーツ法学の意義を認めるとしても各分野に特徴的な手法によって異なった形で研究されるなら、それが如何にして「一つの」スポーツ法学でありうるのか、つまり一法学としての特有性を疑ういわば実質上の否定論である。

両種の見解は現代法学の一般的な常識論から出てくる論理で、その意味では説得力があることを私も認める。そして法学の将来像を構想するさいには如何なる時でも現状の正確な認識を基礎としなければならないから、これを認識すべきことにも異論を挟むつもりはない。しかし同時に、先に記したとうり学問は長い目で見れば歴史的に変動する、正確には現状を変革することによって発展するから、現状を固定することは学問を退歩・衰滅させる結果になる。現状の尊重と変革とは、矛盾する要因でありながら認識には適切なバランスを、採否には将来を展望し責任をもって決断すべく学者に学問態度の選択を迫る課題である。この点には反論もあろうし深い議論が必要なのだが、私は、現状尊重はその意のある者に任せて変革を求める途を探りたいので、むしろその先を論ずる。

根本問題は、各学問分野が現在の対象を現在の手法でアプローチするだけでよいか、にある。それでよいと言うべき場合も世界もある。しかし、かりに有効な変革策がただちには出てこないとしても変革の必要性と方法とを常に模索する作業が機能していることによって、かりにその或る結果が試論に過ぎなかったり失敗に終わったりしても、それを修正し再挑戦することによって初めて有効策に到達できる可能性が開かれるものなので、試論と失敗をくり返すことなくして学問の発展と変革はありえない。スポーツ法学は、その意味で法学変革の試論だと言ってもよく、故にこそポストモダン法学の具体的な担い手でありうるのである。

現在生まれたばかりのスポーツ法学は、それが特有の特徴によって成り立つ対象と手法を持つことに当事者は確信を持つのだが、他の学界にも十分の認識を得られているとはまだ言えず、ことに日本においては、対象は一応スポーツ法と措定されたが国家法は一体系を成すほどには整備されていないし固有法には研究の手がほとんど及んでいないと言ってもよいほど遅れている。手法については法学の諸分野のそれぞれを適用できると言えば体裁はいいが、それでは借り物にとどまると言われるかもしれない。それにもかかわらず、対象と手法をともに鮮明に解明できることを学問上の要請、すなわち現代法学変革の一方途と期待して、その試論への取り組みが始まった。その要請と期待が続くかぎり、またその努力が無駄以外の何物でもないことが確証されるまでは、着想は失敗も挫折も越えて試みる意味がある。そう言うと悲観的に聞こえるかもしれないが、反対に希望を与える状況もある。

それが近来法学界でも高まった学際的協同である(7)。スポーツ法学の手法が法学内諸分野と学際的協同をしないままならば各分野に埋没してしまって形式上の否定論が妥当してしまう。またスポーツ法学が学際的協同によって成果を挙げることができない場合には実質上の否定論に反論もできない。スポーツ法学は学際的協同の実効を挙げることが存在意義を闡明にする証拠だと言ってもよい。では、学際的協同があると認定するための条件は何かと問われるであろう。それを結論的に言えば、スポーツ法研究者とその業績が学際的協同を実行しその成果をあげることであることは言うまでもなく、それも個々の研究のすべてに要求される基準ではなく学界全体の中にそれを証明するものがあればよいはずである。対して他分野の研究者もこれを尊重する態度が要請される。その尊重とは、スポーツ法学の言う学際的協同が自己の分野の手法と成果を利用するのに誤りがあればこれを指摘し、修正に肯んじなければマイナス評価を下しても当然だが、誤りがないかぎり仮に不足を認めることがあるとしても自己の分野の十分条件を適用して貶価することを控え、スポーツ法学としての評価の規準をスポーツ法学自体が基づく根拠に任せることである。これはスポーツ法学に対する特別な原則ではなく、法解釈学、法社会学、法人類学、法史学、比較法学、法哲学の諸分野が他分野に対してとってきた態度で今後も維持されるべき関係である。

その点でスポーツ法学は、現存諸法学と共通する部分を持つが他分野にはない特有性も二点にある。(8) 一はスポーツそのものの特有性に基づく問題で、法ひいて他の法学は正常の社会的行動を前提するのに対し、スポーツは「本質的危険性」(伊藤一九九四)によって人身事故ひいて紛争の危険性にあえて挑む異常な行動、しかし紛争を中和して無害化するどころか積極的に社会秩序の一シンボルとして正常の社会的行動に転化するもの(千葉二〇〇一a、一三八、一五三頁)という、スポーツの固有で複雑な社会的・文化的性質を内在させていて、この意味を法から解明することをスポーツ法学に課題として要求することである。本質的危険性を課題とすると二面から別のアプローチが要る。二面のうち危険性の結果である事故・紛争については、事後の法的責任論として危険引受の法理や違法性阻却その他特有の正当理由が確立しており(及川一九九五、諏訪一九九八、萩原一九九九、井上一九九九、山田一九九九)研究成果も豊富だが、法解釈学本来の管轄事項であるのでここでその議論に立ち入る必要はない。

これに対して他の面すなわち危険性の事前の予防については、スポーツ法学は関心が強く多くの業績を生み出して法学としての特有性を証明している。まず、法解釈学では安全配慮義務が重要原理であるのでこれをスポーツ関係事件に応用する論考が多く為されているが、そこにも法解釈学に止まってはいられない広範な問題点が採りあげられている。たとえばこの原理をスポーツ法学が如何に特殊化するか(田中一九九七)、学校という特殊な世界ではこの責任をどう果たすか(望月一九九五、増尾一九九六、小谷一九九九、吉田一九九九、水沢二〇〇〇)、一般の社会人スポーツではこの責任をだれがどう担当するか(三浦一九九四、菅原一九九八、田崎二〇〇〇、山中二〇〇〇)などから、スポーツ事故防止の一般論(日野一九九五)まで、外国の例を含めて問題提起が為されており、スポーツプレイヤーの個人的健康問題からスポーツプレイの指導管理にわたる全面的な予防方策も提案されている（野間口一九八七、一九八八、齋藤他一九九三）。これらの問題意識と論述内容は、法解釈学的手法の管轄外にあり法学ならば主として法社会学的手法により、また教育学・体育学・社会学等から医学その他多くの法学外の諸分野により展開されたすなわち学際的な成果であり、しかもその実際上の切実な意義によって研究の一層の発展を緊急に要請されている。そして現行の法学にはない目的を持つから予防法学と呼んでよい新法学であることになるが、現状では法学と言うにはまだ未成熟でここにスポーツ法学の新課題がある。

先に言ったスポーツ法学の二特有性のうちのもう一方は、「みんなのスポーツ」（千葉二〇〇一a、六一頁参照）の新理念である。新といっても実は旧知である万人の人権を戦後になってようやくスポーツにも実現しようとするもので、スポーツを享受する機会は万人に提供されているべきであるから、それを実現するためスポーツ国家法とスポーツ固有法を整備するという目標である。今これを唱えるのは時期遅れも甚だしい感もあるが、スポーツ先進国は別として第三世界諸国はもとより日本も実状ではこの目標を必要とする状況にある。すべての国民が意思あるかぎりスポーツを享受できる社会体制を整備すべく要請されていることは間違いないからである。これに応えるべくスポーツ法学は、他の法学内および法学外の諸分野と学際的に協力するとともに、みずからの内容の充実を図らねばならない。

その具体的な目標は幾つも立てられるであろう。予防法学を成熟させることは最も手近にある。ただし予防をみんなのために十全に整えるには、それだけでは足りない。予防しきれなかった事故・紛争の処理を担当する法解釈学に十分の情報を提供しておくことも必要であるが、より根本的な目標は、意思ある者のすべてがスポーツを安全かつ公正に享受できることに奉仕する総合的かつ実践的な法学、具体的には事の危険の可能性および事故の現実性を観察・分析しこれらに対する実践的対策を提供する法学、言ってみれば応用法学を樹立することである。応用法学は新たな法学で、その萌芽はスポーツ法学界にすでに兆している。先に引用した野間口一九八七、一九八八、齋藤他一九九三はその発端ではあり、今中一九九五、スポーツ問題研究会一九九七、伊藤他二〇〇〇は、法学の専門知識で啓発を図る意味では法学の応用であるが法解釈学の手法に依存していて視点が限られている。これらに対し最近の中田二〇〇一、二〇〇二は主として法社会学的な手法により、これまで看過されていた実践的な問題を発掘したもので応用法学の一先例を成すと評価される。今後これに類する成果が続けば、応用法学は確かな歩みを進めると期待される。

スポーツ法学がこのように発展してゆくならば、他の法学諸分野と肩を並べる特有の法学であることをいよいよ鮮明にするとともに、対象と手法が固定化され実際の生活とは別世界にある近代法学を超え、生きた人間と社会の法学となりポストモダン法学の先導を成すことになるはずである。

（1）これを本誌で発表できることを私はありがたいと思う。東海大学は、私にスポーツ法学を着想させ、有志の共同に研究費を支給し、日本スポーツ法学会結成を準備した場となった大学であり、本誌は私にも同学会にも出発点となった記念すべき一論文（千葉二〇〇一a、1章に再録）の掲載誌であった（千葉二〇〇一b、一三八—一三九頁に略記）からである。

（2）立法学にも言及する要請があるかもしれないが、ここではこれを割愛する。理由は、これにはかつて憲法学や政治学の専門家が国家法のそれを提言したこともあったが今の私にこれを踏まえて検討する用意がなく、スポーツ法学が対象とする固有法には立法論が皆無でこれに手を着ける条件もないことである。

（3）「方法」の語は多様な意味で使用できる。学問の一分野が独自の対象を特定する仕方も、それに具体的にアプローチする仕方も、広義で方法だと言える。この総称的用法のうち後者すなわち具体的なアプローチの方法を、私は「手法」と言うことにする。

（4）学問各分野の対象は、その用語の日常ないし辞書の語義そのままではなく、その手法が構成した特殊概念によって特定されているから、手法は対象をもその特質・条件に即して規定することになる。だが手法は、その対象の観察分析が進むに伴い必要に応じてその現在形を修正すなわち操作的に発展し、それによって対象の概念をも修正発展させる。よって一分野の対象と手法とは、相互に規定しあいかつ操作的に発展する性質を持つ。これに対して宗教や芸術を比較的に特徴づけると、対象としては特定の価値を不動の規準と前提し、方法としてはこれを忠実に遵奉すると言えるから、対象も手法も固定的である。

（5）本項と次項は、千葉二〇〇一aで論じたことの要約にあたるので、詳論と参考文献については同書の参照を願いたい。

（6）私の理解では、世界の比較法学は、戦後に非西欧の固有法をも対象として視野に入れるようになったが、基本的な手法は近代西欧法が世界に移植された後を追う法系論であった。多元的法体制論はこの観点を批判するものであるが、比較法学の中からも非西欧法の独自の存在意義に着目する者が出てきている（Tan 1997; 木下一九九九）。

（7）学問研究は個人の創意により発想され実行されるから、研究方法は個人研究を基本とすることは確かで日本の法学とくに法解釈学はそうであった。しかし戦後は組織的な共同研究が広く行われることが法学でも常識となった。だが他方では、個人研究もまったくの個人だけでできることは少なく実は他の研究者や研究関係者からさまざまの形の協力を得て成就されることが多いので、私は最近これを研究協力と言って共同研究と並ぶ学際的共同の二形態とし、これが効果的にできることが研究者の大事な要件と考えるようになった（本書一四章参照）。共同研究にせよ研究協力にせよ学問的共同は同じ分野内でも可能かつ有効だが、通例は異分野間の学際的なものの方が効果は大きい。

（8）以下の本項で引用する文献は網羅の必要がなく例示でよいと考えるので、日本スポーツ法学会年報に掲載されたのを主として引くに止める。

〔付〕スポーツ法学一〇年の成果と課題（補2）

一　はじめに

本題に入る前に、この講演でどういうことをお話しするかにつきまして前置を三点申しあげてご了解を願うことにいたします。

最初の点は、私が当初ご依頼を受けたテーマはスポーツ法学のではなくスポーツ法学会の十年を振り返ることでした。この主題ならば本年のこの大会にはふさわしいに違いありませんから、私はこの主題にそいたいとまず考えました。そこで具体的にテーマ名に忠実に従って内容の計画を建てますと、何よりも十年間のわが学会の活動記録を精確に再現すること、つまり学会史を作ることが先立ちます。そしてそれが出来た上で将来を的確に展望すべきことになります。しかし正直に申しまして、その準備を十分に整えるために学会史の資料を集めて検討する余裕が今の私にはありませんし、歴史作りならばむしろ学会員の複数の方々の協力によってじっくり準備してやっていただく方がいいと思われます。それで、歴史よりも将来の期待と展望を主題にしたいと考え、題名をスポーツ法学会のではなくスポーツ法学の十年に直していただいた次第でした。スポーツ法学が学界に登場したのと同時にスポーツ法学会も結成されましたので、このテーマ名でも当初のテーマ名と不即不離の内容になることをご了解いただけると思っている次第です。

次の点は、このテーマについて主観的な期待と展望を吐き出したいことです。およそ学問は、客観的な観察と分析に基づき論理的な論述をするのでなければその名に値いしません。その客観性と論理性を保障する条件として、事実の正確な認識と文献の丹念な検討という二つが最も基礎的な前提です。私が従来学界で行った研究は、学問のこの条件から外れないことを自分の責任として実行してきたつもりです。しかし本日はこの条件を充たす準備ができないまま期待と展望を語りますからどうしても主観色の濃いものになってしまい、純粋な学問からは外れることが多くなるかと思われます。しかし幸いにもこれは記念講演であって研究報告ではありませんので、学問そのものからは少々外れていわば学問談めくことがあってもお赦しいただけるだろうと考えました。

なぜそう願うかという理由が三つ目の点で、この講演がおそらく私の研究人生における最後の学会報告になることです。私は、活動期には国内と国際のそれぞれ数学会に加入していました。国際会議にもどれかにはほとんど毎年一回は参加していましたが、数年前からは年齢のせいで耳が英語を聞き取りにくくなったので一九九六年を最後にやめました。国内学会のうちで私にとって大事なのは三つありまして、そのうち法社会学会には昨年、法哲学会には先月に、それぞれ研究報告を学問論としていたしました。三つ目が本日のスポーツ法学会ですが、事情は前の二学会と少々異なります。私は、すでに昨年『スポーツ法学序説』によってスポーツ法学の基礎的な一般論を完成し、最近は本日お手許にさしあげた応用法学をテーマとする論文をその補遺として書きました（本書第一一章）し、いまさらこれらに追加して報告できるような新研究を展開する余地はありません。しかしそれらを産みだしたスポーツ法学への思いにはまだ溜って残っているものがありますから、この際それを吐き出して公式の学会報告を一切締めきりたいと願う次第です。論点を搾って年寄りの繰言にならぬよう注意しますので、暫時時間をお借りすることにいたします。

二　スポーツ法学志向の源泉

スポーツ法学談の本論に入る前に、スポーツ法学を私がどうして志向するようになったかの経緯を簡単に申しあげます。個人的な経験の回顧になりますが、私のスポーツ法学を産み出した源泉ですからこれをまず了解していただくことが、以後の話を理解していただくのに役立つと思うからです。

私が学問に志したのは、一九四三年九月、東北大学大学院に入学し法哲学を勉強し始めた時でした。先進的な西欧の思想と学問、中でもドイツ哲学に憧れ、ソクラテスから始めカント、ヘーゲルなどの法哲学を学んでその深淵さに心を躍らせたのですが、私の素朴な感覚は違和感も覚えて仕方ありませんでした。私は、小学校から中学校の時期を田舎で過ごしているうちに村に昔から続く平和な秩序を感じとり、とくに神社の祭りが毎年同じ型で正確に繰り返されるのを見て、何故それができるのかと不思議に思い、やがて何時か、そこには一種の法があるからに違いないと一人決めしておりました。後に私が大学院で法哲学を専攻科目に選んだのは、この科目が祭りを毎年可能にさせる法を探しだしてくれるだろうと期待したからでした。ところが期待はまったく裏切られ、大学の法学は現在と同様に国家法しかも西欧諸国家から移植した法体系だけに法を限定して、日本の神社と祭りの法など毛ほども入り込む余地がありませんでした。やむなく、私は一人で神社と祭りの実態調査に着手しました。

それが神社と祭りだけの興味から出たのならばそれに集中してその専門家になったでしょうが、村々を歩いている内に小学校の学区も神社と同じように村人が自分たちの法で護っているからこそ成り立つことを知らされました。そこで神社の法と学区の法と二つが私の問題になりました。とすると、それは村全体の秩序が神社と学区という特殊な面に現れた現象ですから、それを現象させる起動力すなわち伝統的な村落共同体こそ自分が求める問題の核心だと覚りました。おりしも戦後新しく発足した法社会学が、戦争直後の法的社会問題として家族制度とともに村落慣行を緊急の研究テーマとして扱っていまして、私には好都合な環境でした。こうして法社会学の手法による日本の村落慣行法が私の課題となり、上の二テーマの研究も戦後しばらく経ってからでしたが一応完結することができました（千葉一九七〇、一九六四）。

ところが村落慣行と言えば、戦前に末弘厳太郎が残した北支農村慣行調査の画期的な事業がありました。その結果の総合と刊行は戦後になりました（『中国農村慣行調査』）が、調査参加者の個人的な報告は当時からも断片的に発表されていて私はその実績を尊敬していましたので、村落慣行法なら日本だけでなく中国にもあり、さらに戦時中に続々出版された調査報告によると南方の諸地域にもあることが知られました。そうだとしたら課題は拡がり、日本をはるかに越えてアジアの伝統法でなければならぬことになりました。戦争が始まっていた当時は自分では手の着けられない大問題でしたが、日本の村落慣行法を研究するにもアジアの一環だというパースペクティヴを堅持していなければならないと自分を戒めていました（その成果が後のChiba, ed. 1986）。

すると課題はさらに展開します。戦後になって世界の情報が入ってくるようになりますと、慣行法と言えばアジアの諸社会だけでなく世界の各地とくに現代の学問が見捨てているアフリカや南米その他非西欧社会にはどこにもありますから、私の課題はアジアを越えて非西欧社会の伝統法に拡がりました。そうなると人類学の成果に学ぶ必要にせまられますので、一九六五年に留学の機会を得た時にアメリカで人類学を勉強することにしました。当時非西欧の部族法研究で世界をリードしていたミネソタ大学のE. Adamson Hoebelの所に行ってみると、その調査研究がかなり進んでいて私は未知だった資料をたくさん仕入れることができました。翌年帰国すると法人類学の名で非西欧の慣行法ないし伝統法の調査結果を総観する連載論文を書き、すぐに一冊にまとめました（『現代・法人類学』北望社、一九六九年）。その後その対象の名を伝統法から固有法に変えましたので、法人類学からする非西欧の固有法が私が探究すべき課題として定まった次第でした（千葉編一九九四、他）。

しかし非西欧の固有法もそれだけが単独で存在するのではなく、一社会の中で他の諸法なかんづく国家法から一面では強い規制を受けながらも他面では反発しつつそれと共存しています。この事実に一九七〇年代の中頃に気づいたヨーロッパの法人類学者が多元的法体制の問題を提起し、国際法人類学会（IUAES Commission on Folk Law and Legal Pluralism）を設立し一九八一年から活動を開始しましたので、私は好機到れりとこれに参加しその観点からする研究を続けてきました。他方で、欧米の法哲学や比較法学などの基礎法学は、戦後に植民地から独立した第三世界の国々では移植した西欧起源の国家法もそれぞれの国の固有文化が異なるごとに違った様相を呈することに気づき、法文化の名でこれを共通の問題とするようになっていました。国際法社会学会（ISA Research Committee on Sociology of Law）も一九八九年に常設したオニャティ法社会学国際研究所（Oñati International Institute for the Sociology of Law）がこれを大きく扱うようになりました。私は幸いにもそれら国際学界の中で研究を進めることができました。こうして私の課題は一口で言えば人類社会の法文化に関わるものであったことが明確になりました（成果は、千葉一九九一、一〇九八、Chiba 2002）。

こうして私の研究人生は、人類の法文化を見つけ次第確かめようとする旅路でありました。その旅で非西欧法のほかに法文化の特殊例として私が注目したトピックは色々あったのですが、本格的に研究して成果を出せたのは二つでした、一つは「法と時間」で、『東海法学』に連載しまして今一冊にまとめて印刷中です（完成は『法と時間』二〇〇三）。もう一つが、本日の主題であるスポーツ法学（『スポーツ法学序説』二〇〇一a）でした。このようにひたすら法文化を追ってきた私の研究環境を背景として、その枠組の中で展開されたスポーツ法学について思うところを申しあげる次第です。

三　日本のスポーツ法学——概観

そこで話題をスポーツ法学にしぼって、私の観るところを申しあげます。

そもそもスポーツは、現代の世界で最も普遍的な人間文化の一つですが、その特質はルール類すなわち一種の法があるからこそ可能となるのですから、現代を代表する人類の法文化です。私はスポーツは何をやっても下手ですが不器用でもできる弓道に旧制高校と大学の時代に打ち込んで、弓道の道（ドウ）の精神はスポーツの真髄でもあると信じ、人間の技能の素晴らしさと美しさとに打たれておりました。一九八三年に東海大学に移って法学部を新設する準備にかかった時、この大学がスポーツで鳴らしていることからスポーツ法を思いつき、まず個人研究を始めてその研究に海外の強い関心と成果があることを知って驚き、次いで学内で共同研究を組織し、さらに外部の方に声をかけたところ予想以上に多数かつ熱心な有志の方々の協力が得られて、スポーツ法学ひいてスポーツ法学会の誕生に至ったのでした。

日本スポーツ法学会が一九九二年に設立された時は、会員数は日本学術会議から公認を得るための最小限度百名を僅かに越えるだけの小学会でした。しかし直ちに年次会議開催と年報発行という学会公認の二大条件を果たすことに努め、設立後三年という最短期間でその公認も得ました。これは着実かつ順調な発展であったと言うべきであります。本学会が公認を申請した時はどういう巡り合わせか新法学会公認の同時申請が多く、しかもその多数にまことに嘆かわしいことに公認条件をごまかすものもあって大騒動が起りました。その中で本学会はスイスイと通りました。そして今日めでたく十年を迎えました。

その成果の精細な指摘は学会の歴史を書く方々に譲り、私が評価する点だけを乱暴な要約で恐縮ですが簡潔に申しますと、まず挙げるべきものにスポーツに関する事故あるいは危害にともなう責任の問題が広くかつ深く論じられたことがあります。ついでは国民のスポーツ権の問題がはっきりと提示されたこと、そしてさらに、諸外国のスポーツ法とその研究状況が新しい情報として提供されたことです。そのほか、ただ法学と言うだけでは学界には現れなかった新しいスポーツの実際問題がいくつも提出されましたし、それにともなって常識的には法学者とは見られない研究者が学会に登場したことも、私は特記したいと考えます。こうして、スポーツ法に関する研究の成果が本学会に集中し、研究者の関係文献の収集と研究情報の交換が容易となり、スポーツ法学を研究しようと志す者の拠り所が出来まして、スポーツ法学が一層の発展を遂げる基礎条件が整いました。

だがしかし、スポーツ法学はそれで満足することができませんで、前途には大きな課題が横たわっています。そもそも学問の世界を歴史的にそして全分野にわたって通観しますと、学問の各分野は、現在の体系が真実だとして永続するかに見えますが、実は問題とする対象とこれにアプローチする方法が時代と環境の変化に応じて日進月歩しますので、どの分野も現在の学問体系をこれに対応して変革してゆく努力を怠っていると、知らない内に骨董品か老廃物と化してしまいます。そのことは、自然科学では自明ですが社会科学ではかならずしもそうでなく、伝統的な法解釈学の一部にはむしろ変わらぬことを真理の証拠としているかのような観さえあります。しかし心ある法学者は時代の要請を敏感に感じとり法解釈学とは違う方法の法学を確立してきました。法哲学と法史学は早くから法解釈学とは別の法学と認められており二〇世紀には比較法学と法社会学が新たに生まれ、現在大勢としては、広い法学にこの五つの異なった手法がそれぞれの特色を発揮して行われております。そして戦後後半期にさらに新しい学会が続々と言いたいほど多く生まれているのも法学の変革の胎動にあたります。この勢いを自覚して加速することが、現在に生きる研究者の使命であります。

ではその使命を実現するための具体的な目標は何か、思うことを例示して私の講演の結びといたします。

四　スポーツ法学の目標

日本のスポーツ法学は、本学会を拠点として過去十年の間に上に述べたような成果を挙げたことは確かですが、正直のところ、その将来について私は一つ心配があります。それは、スポーツ法学が実質的に見ると他の法学諸分野から明確に区別される特徴を鮮明には現わしていないことです。学会で主に取り扱われるスポーツ法の大勢は、民法・刑法・憲法・行政法等すなわちスポーツ国家法が圧倒的に多く、その成果も多くは研究手法が法解釈学の応用です。スポーツ国家法を研究する意義を私は否定するどころか、これまでに集中した論議の成果も認めますし、その論議をさらに新しく展開する必要性と可能性も信じます。だがしかしスポーツ法学がそれだけで終るならば、諸分野に別れている既成の実定法学と変わりありませんから、スポーツ法学が他の諸法学とは異なる独自性を主張する意味はないと批判されても、反論できなくなります。独自性を主張できる可能性は、スポーツ法学の実際の成果のうちに萌芽は兆していると言ってよいのですが、まだ大勢の蔭に隠れていますから、これを現在の大勢と並ぶほどに進展させることを私は望んでやみません。

したがってその目標のまず第一は、スポーツ法解釈学の新基軸を発展させることです。しかしながら国家法の解釈学については私は能力がなく、この目標へのアプローチにはその専門家である会員の方々に実行していただくほかありませんから、私は言及を差し控えることにいたします。しかしその新基軸を実現するにはどうしたらよいかという方法の問題になると、それはそもそもスポーツ法学の方法論になりますから、私にもいくらかのアイデアがあります。

アイデアの最初が、目標の第二にあたる研究手法の拡大、すなわち法解釈学以外の研究手法を積極的に応用するむしろ開発することです。この点は『スポーツ法学序説』で既に詳しく書いておりますが念のために挙げてみますと、既成の他の法学すなわち法社会学、法人類学、比較法学、法哲学等広義の法学的手法を応用し、なお、体育学、社会学、人類学、心理学、医学、その他の社会科学ないし文化科学の諸分野の手法を応用することによって、スポーツに潜むスポーツ法の探索に成果を挙げ、伝統的解釈学とは異なる法学を創りだすことです。

そのようにして研究手法が拡がりますと、これに捉えられる研究対象がまた新たに見えるようになります。新研究対象はスポーツ法学会でも一部はすでに現れていますが、急速に促進することが要請されます。その数は無数にあるのですが、そのうち二つがとくに重要ですでに実績もあります。一つはスポーツ固有法で、その研究促進が目標の第三です。一般に固有法に対する法学の関心が遅れているのは、スポーツ法学の責任ではなく法学全体の責任です。というわけは、法学は国家法一元論に拠っていてほかの異質な法の存在を認めようとはせず、例外的に自然法や慣習法などの存在を知ってもその効力を国家法が認める範囲内に限定し、それらの社会＝文化の全面における存在と機能を法として承認することをいたしません。まして非国家法ないし非公式法のすべてを国家法に並ぶ異種の法と認めて尊重する余地などまったくありません。スポーツ法学は、国家法のこの圧力のもとにもスポーツ固有法が生きて働きスポーツ人には国家法に先立つ法であることを主張するものです。それは圧倒的に堅固な法学の理論体系に蟷螂の斧を振うに似る難事業でありますから、生まれたばかりのスポーツ法学がその点でまだ遅れているのもむしろ自然です。しかしながらそれが存在意義を明示するものであるかぎりは、その急速な促進を図ることが急務であります。

スポーツ固有法と並ぶ新研究対象はスポーツ法の文化性で、これが目標の第四を成します。およそスポーツはスポーツ固有法を不可分に伴うことからすると、スポーツ法文化はスポーツ文化と言っても同じことです。それには幸い確実な基礎がすでに築かれていますが、文化とは人間の営為のすべてに関わりますからこれから新たにアプローチできる問題点はまだ無限に残されています。そこに私の発見した問題点は二つあります。すなわち、スポーツ＝スポーツ法は、人間が規範に対して大勢は遵守しても時には抵抗しつつ共存する存在であることを示す代表例であること、および、社会に起る紛争を法でコントロールして儀礼化し社会秩序に再編する象徴であること、です。この種の問題点をもっともっと拡張していただきたいのであります。

以上の四目標を追求してゆくためには、それらを遂行する適格な担い手がいなければならず、これを急いで増やすことが目標の第五になります。この適格者は、勿論まず法学者ですけれども、スポーツ法学の期待される発展を遂げるには通常の法学の能力だけではとても足りません。上記のように手法も対象も、既成法学の五分野の間でも相互の理解が不可能なくらいに異なり、ましてや社会科学、文化科学となりますと当然に各手法それぞれの専門家に乗り出していただくほかありません。すなわち法学者でなく他の分野の何を専門とする研究者であっても、さらにいわゆる学者ではないがスポーツの経験が豊かなスポーツマンも評論家も、スポーツ固有法とスポーツ文化について確実な資料を提供するならば、りっぱなスポーツ法学の研究者であります。そういう方々にスポーツ法学会の活動に参加してもらえるよう皆さんで努めていただきたいと願っております。

以上の五目標を進めようとしますと、基本的な問題点が浮かびあがってきます。それは、肝腎のスポーツ法自体が不備な上にこれを改善する努力も具体的には現れていないことです。スポーツ法の二分野のうち日本のスポーツ国家法が至って不備なことは周知のとうりで、とくに本学会で知られるようになったフランスやドイツやイギリスその他の諸国と比べるとそれが歴然です。スポーツ固有法について、主な種目にはそれぞれスポーツルールと団体協約がありますがその整備の程度に変差の大きいことが目立ちます。国際的スポーツについては国際規約が整っていて国内でもそれに準じているからまだよいのですが、国内だけを見ますとくに新興スポーツあるいはスポーツ人口の少ないものにはスポーツルールと団体協約の双方に欠陥のあるものが少なくありません。二種のスポーツ法の法体系としての整備がスポーツ人のスポーツ権を保障し事故・紛争の予防と処理に適切な方策を用意するために要請されます。これが第六の目標になります。

目標は数えあげますとまだ外にいくつもありますがそれらは省略させていただき、最後に第七としてもう一点、研究の成果を挙げるには研究者相互間の協力が不可欠だということを申して終わりたいと存じます。そもそも学問の研究は、まず研究者という個人の発想と努力によって可能となる人間の営為ですから、個人研究が基礎的な形態であることは言うまでもありません。しかし同時に、複数の個人が一チームを組織してする共同研究も研究の一層の進展のために有効ないし必要な形態であることも自明です。事実私も学問を始めた当初は当時新興の法社会学で共同研究の意義が高く評価されていた関係で、先輩が組織した幾つかの共同研究に参加しやがて自分の発意による共同研究も組織するようになりました。したがって日本の村落慣行から出発した私が次第に視野を拡げてついに人類の法文化に到達したのは、まず神社と学区を追った個人研究の基礎を共同研究で築いたおかげだったに違いありません。その上に今にして思いますと、自分の研究は個人研究でも共同研究の一部担当でも、自分だけの努力で出来たのではなく、多くの学友諸氏と研究機関との好意ある協力があったればこそだったということに気づきました。たとえば、学友と交わす何気ない意見の交換とくに本気の議論、評価はどうであっても自分の書いたものに対して貰った批評や感想、未知の文献や学者があることの友人の教示、職務上だとしても文献の探索に便宜をはかってくれた職員方や私の作品を発表してくれた出版者ないし編集者の理解、等々です。そう思うと、私は、学問研究の手法としては、個人研究と共同研究のとの二つに加えて、研究者が個人的に交わす種々の形の研究協力を挙げなければなりません。以上三形態の手法を可能なかぎり駆使することが研究を進展させる条件であります。

スポーツ法学も私にとっては、当初は自分の着想から出発した個人研究でしたが、たちまち日本のスポーツ法学となり学会も結成し今日に至りました。その発展は多くの方々がまず私に研究協力を賜った上に、学会員として全体の協力によってこれを推進してくださったからでした。その意味で、私は会員皆さんのくださった協力に感謝してやみません。と同時に、特記すべき協力者であったのにこの言葉を聞いていただく間もなく先立たれてしまったお二人に深い哀惜の念を捧げます。一人は日本法社会学会の旧友であった及川伸さん、もう一人は私が東海大学から外に最初に呼び掛けたのにすぐに応じてくださった伊藤尭さんです。お二人の御霊に合掌して講演を閉じます。

（補1）　原文は、「スポーツ法学から応用法学へ――新世紀の法学のために」、東海法学二八号、二〇〇二。

（補2）　原文は、「日本のスポーツ法学一〇年を振り返って」、日本スポーツ法学会年報一〇号、二〇〇三だが、その元は、二〇〇二年一二月同学会年次大会における創立一〇周年の記念講演だった。この講演に至るまでの会員諸君の努力を多とする。

第一二章　法文化への夢——その道程（補1）

はじめに

本日の機会は私にとって二重の意味で嬉しいことですので、本研究会の皆さん方にまずお礼を申しあげます。理由の一つは、このテーマは私が一生の研究課題としてきてある程度の成果は挙げたと考えるものですが、仕残したものも沢山ありますので、この研究会の皆さんが若い感覚とエネルギーでその探究を続けてくださるのだと、私は受取るからです。もう一つは、私の今の年齢では学問的作業を効果的に遂行する能力がなくなったはずだと考えて新しい研究課題を追い求める作業を二年ほど前から打止めにすることにしていたところ、思いがけずお招びいただき、まだ何かお役にたつことがあるのを知ったからです。

しかし実際に皆さんのお役に立つことは何かを確かめるのは難しいことで、私が自分で決めるよりも皆さんの質問をうかがってそれにお答えする方が確実でしょうから、私の報告は皆さんの疑問・質問を引き出すための誘因になればよいだろうと考えます。自分勝手なことをしゃべりますと年寄りの繰言に終わるでしょうから、まずその点私の限界をご了解をいただいた上で、その誘因になりそうなことをお話しし、合わせて、このテーマに関心を持つ研究者が日本でも世界でも従来は触れることの少なかった問題、しかし私は大事と受け取ってある程度考えてきた問題を、できればみなさんに今後の推進を願う意味で披露してみたいと思います。

こういう限界と趣旨で報告を述べることにいたします。するとどうしても、学問的課題と格闘する客観的議論であるよりも、私の主観的な回顧談が多くなりましょうからその点ではご迷惑をかけるわけで恐縮いたします。しかし私としては、このありがたい機会に、法文化研究を世界に通ずるように進展させるために不可欠と信ぜられる諸条件を気付くかぎりで申しあげ、その中から取り上げられる点あるいは改良・発展が可能な点をいくつかでも皆さんに拾い出していただけるならばまことに幸いと思う次第です。

第一節　私見の根拠

報告の前半では、私が自分の研究課題を追ってきた事情ないし背景を述べる。一般論として言えば、学問は使用する用語の概念を厳密に規定しこれをもって構成する客観的な論理の体系として構築され表現されるものだから、その種の個人的な事情・背景は学問以前の主観的な経験か感懐をとかく混じえていて、学問の厳密な成果には無用である以上に有害である。だが研究作業のプロセスでは、ある学者のある学問的成果を正確に理解し次いでこれを批判して止揚するには、いわば裸の概念論理の行間に埋っているその事情・背景を観取することがきわめて有用むしろ必要である。私は、私の考える所を本日ここで十分に料理していただきたいと願うので俎の上に材料のすべてをさらけだしたいと思う。

一　法文化への道程

私は一九四三年秋に東北大学大学院に入学した時、当時の国策に基づいて出版された大陸と南方海域に関する文献に目を見はり、東アジアの慣習法を研究テーマに選んだ。しかし国はすでに戦争に突入していて外国の実態調査は不可能なので、実際にはその一例である日本の慣習法に取りかかり、中でも神社慣行の実態調査を始め戦後東京都立大学に就任してからも続けるとともに理論研究をも加え、またその舞台である村落共同体には学区制度にも神社慣行と類似の問題があることを覚ってこれも併行して取りあげ、かくて当初は日本の村落慣習法が私の研究課題であった。

この両テーマが一応まとまるころ（結果は千葉一九七〇、千葉一九六四）留学の機会を得たので、日本を正確に観察するために世界と比較する必要を思って人類学を学ぶことにし、ミネソタ大学で一九六五―六六の一年間E. Adamson Hoebel教授の下で研究、非西欧の慣習法を知った。帰国後はまず欧米の学界状況を正確に紹介し（千葉一九六九）、一〇年後には自分自身の問題を確かめ（千葉一九七七―七八）、それらの成果を発展させて二つの共同研究を企画した。

一はアジアの仏教国・ヒンドゥー教国・スンニームスリム国・シーアムスリム国・多宗教国・神道国の研究者六名によるアジア固有法の比較研究、他は日本の有志一〇名のスリランカ多元的法体制の集中調査であった。両研究とも企画から実行と成果刊行（Chiba ed. 1986; 千葉編一九八八）まで一〇年間ずつかかったが労苦に余りある酬いを得た。その最大は、西欧法と非西欧法とを包括して概念化する世界の法文化の分析的概念枠組すなわち法の「アイデンティティ法原則（I原理）下の三ダイコトミー」を構成し最初の検証もできたことであった。

以後一〇年はその検証を進めて補完することに努め、その成果を、日本語では千葉一九九八で総括し、英語（一部仏語）では後のChiba 2002に纏めた（ほかに私の非西欧法研究を中心とするCapeller & Kitamura 1998［本書第一六章第二節の図書］もArnaud君の企画で編集刊行された）。そのような私の声を聴くものが、最後にまた言及するが外国にも日本にも現われたので、私は率直に言って安堵感を覚えると同時に、年齢を考えて研究課題の追及を打ち止めとした。

その後は、この大テーマについて、新しい展開はないが、それに密接に関連する諸テーマ、すなわち多元的法体制、法人類学、比較法学と法理論を改めて考えなおすようになった。(補2) 今回本研究会から与えられたテーマは法文化という対象と比較という方法との両面を問題とする意味で、私にとってはそれらの諸成果をさらに総括する最後の機会とありがたく受け取っている。

二　法文化のイメージ——私の原点

法文化の用語には後述のようにいくつかの類語があり、それぞれの使用者はそれぞれの理由で異なる意味を強調している。各用語は各使用者が実際に持つイメージを特定の概念に構成するものだから、各自のイメージこそ各用語の基礎を成す。ゆえに裸の用語よりもそのイメージが法文化の実体を示すと言える。私のイメージの原点は、術語として法文化を使用する以前に慣習法と言っていた初期以来、次の二つの文章に代表させることができる。

「戦後のわが国社会科学において、村落研究は、にわかに活況を呈し、成果もすくなからずあがった。わたくしも、この研究陣のかたすみにまじっていたのだが、一般の傾向に何かしら抜けたものがあることを感じていた。考えてみると、それには二つあったようである。一つは、どうしても都会的になるこの研究が村落に住む人たちのはだに気もつかれずにしみこんでいる、おおらかではあるがそれでいてきびしい、村の伝統あるいは村びとの気もちをつかまえかねているのではないか、ということである。もう一つは、科学が、発達とともに分化したのはいいが、統合の点でこれにおよばず、対象のかんじんの生きた姿をいつのまにか失い、死物をきりきざむ結果におちいっていないか、という

ことである。」（千葉一九六四、三頁）

「法学の常識は、〝社会あるところ法あり〟を前提とし、紛争を法に敵対する現象と考える。しかし社会の事実においては、〝社会あるところ紛争あり〟も真理であり、紛争のない社会には法も考えられない。したがって、経験科学的な社会理論は、（法と紛争の連続性という）この事実を証明し、かつ分析するものであるはずである。」（千葉一九八〇、i）

三　法文化のイメージ――世界の実例（補3）

日本　権利意識や契約観念が稀薄、裁判が嫌い、甘え、コネ、法匪、杓子定規、建て前と本音、等々。西欧法移植の優等生、模倣が得意で独創に乏しい、国際の場で自己主張しない。

I原理は、情況に応じて柔軟に変化するが個性を厳然と維持するアメーバ性情況主義。

韓国　門中・郷党関係・儒教倫理が働く、法外志向（権力嫌い、裁判より調停、実質的合理性）、法と権力への依存と不信と（千葉一九九八、一〇一頁）。

I原理は、正統性を求めつつ自称の複数正統が併立するハヌニム性正統主義（千葉一九九八、一〇六―一〇八頁）。

中国　民衆生活の規範は、宗教、郷＝郷約、個人的信頼により、民族の伝統は中華主義、フォーマルとインフォーマルとが媒介メカニズムにより自己組織（季一九九九）。

チベットでは、ダライラマに代表される寺院法の下に、草原の優先利用権その他の固有法（千葉一九九八、六章、一九九五、二七頁）。

他の四自治区も似ており、ほかにも自治公認の地域と山地民族が多い（イスラーム法について千葉編一九九七、三章)。

I原理は、中央権力が諸自治法に権威を誇示するが易姓革命の天道性多元主義(千葉一九九八、一〇九—一一二頁)。

ベトナムは、固有法と移植の中国法と西欧法を社会主義化して固有のドイモイで改変模索中。

マレイシアは多元法の社会で、アダット法に起源する地域共通法が歌の形でも機能(千葉一九九五、二八頁)。

ビルマの法は、社会主義法に伝統のダムマタッが底流し伝統法とくに僧侶のウィニーも尊重される(湯浅他一九九二、一〇二—一〇五頁)。

タイでは、仏教法支配のもとに山地諸民族の固有法もイスラーム法も健在(同書一〇八—一一九頁、一七九—一八五頁、千葉編一九九七、七章)。

ヒリピンでは、部族法も生きていて(湯浅他一九九二、一三五—一四二頁)時に殺人も正当化する(本書七章)、移植国家法の下にイスラーム法も公認された(千葉編一九九七、一〇四—一一八頁)。

インドネシアでも、不文の憲法の下にイスラーム法が公定されさらに拡充の運動中(千葉編一九九七、一二一—一四〇頁)、異人種間重婚に対しキリスト教国は非キリスト教徒に野蛮な態度(本書七章)。

南アジア

インド

結婚直前に病死したという娘が実は不貞が発覚ブラーマンの親が殺したのを周囲も警察も容認(本書七章)、禁止法を破ってサティが行われ神にも祭られる(湯浅他一九九二、一八七—一九四頁)、キリスト教的人権とは違う人権観念がある(千葉一九九一a、二四三—二四四頁)、時間を超越（私の経験）。

I原理は、ダルマによる身分と成長に応ずる社会的義務のダルマ性多元主義（千葉一九九八、一一二頁）。

スリランカ　仏教のシンハラ、ヒンドゥー教のタミル、イスラームのムスリム三民族のそれぞれ固有法で共存と対立、国家法はローマンダッチ法を残すコモンローだが、家族法は三民族別に法定（千葉編一九八八）。

ムスリム国　一九八九年『悪魔の詩』がイスラームの冒瀆だと著者サルマン・ルシュディにホメイニが死刑宣告。

一九九五年カイロ高裁が進歩的なナスル・アブゼイド教授を背教者と認めムスリムの妻と離婚を命令。

飲酒禁止のはずのムスリムからウヰスキーを貰った、人の運命はアラーの命（私の経験）。

I原理は、アラーは民族間の相違を超え国家法をも手段とするウンマ性多元主義（千葉一九九八、一一三頁）。

アフリカ　ジンバブエ女性が英法では犯罪の妖術を使ったと起訴されたが現地語では単なる悪口の意味と分かり無罪釈放（本書三八頁）。

ケニアの弁護士オティエノが開明派の妻により首府に埋葬されたが出身部族が埋葬権を争い敗訴しても部族で祭りを継続（本書一五一―一五二頁）。

ツワナのリステイトメントは質問に対する現地人の返答が事実を語らないから失敗（本書一四五頁）。

南アフリカのリステイトメントはバントゥー族の固有法を奪った（本書一四五—一四六頁）。

ナイジェリアで、英法により禁止された固有法廷でアナング族の下位部族の法諺が通用（本書一四六頁）。

ルワンダとブルンジでは、フツ族とツチ族が積年の闘争で殺し合い。

I原理は、（部族）固有法の相互および（移植）国家法間と対立・妥協する部族間多元主義。


オセアニア　PNGで、呪術使の老婆を部族固有法上の義務で排除した親族が国法で殺人罪（千葉一九九八、五四頁）。

フィージーでは、慣習法は海洋・土地・人間を一体とする技術と知識の体系（千葉一九九一、一九四頁）、原住民と移民とくにインド系との対立。

オーストラリアでは、完全に否定したアボリジニーズの権利を次第に復権（湯浅他一九九二、二二〇頁）。


中南米　メキシコでは、貧困農民とエリート層との間で農地改革が変質された（同、二二一頁）。

トリニダッドで、インドの移住労働者を支配層が法律を盾に慣行の口約束を無視（千葉一九九八、五五頁）。

ブラジルでは、ジェイト（巧みな脱法行為）が当たり前（佐藤一九九四、九五頁）。

インカやマヤの文化と原住民を白人キリスト教徒が黒人非人間観と異教徒撲滅論で抹殺。


ヨーロッパ　ギリシャに、屋敷の遺産を兄弟がくじびきで相続する慣行があった（本書一四七頁）。

バルカンには法的および宗教的シンボルが多く残る（本書一四七頁）。

ベドゥインでは、「ラクダの鞍を正しく置く」ことが加害救済の正義を意味する（本書一四七頁)。

ロシアで、農民の慣行中妻の殴打を夫の愛とする見方を裁判所も容認（本書一五〇頁)。

ドイツ語圏には、物品・民俗・サガ・絵画等に法的シンボルがある（本書一四六頁)。

ドイツでは、自己主張で議論好きがI原理のゲルマン性体系主義で纏まるが（千葉一九九八、一一五頁)、ナチズムの底流や近年流入の異民族労働者の慣行も働いている。

フランスでは、I原理のエスプリ性規範シンボリズムで伝統と改革の間を往来するが（千葉一九九八、一一五—一一六頁)、近年流入の異民族・異宗教の固有法も機能。

イタリアでは、国家法と教会法［カノン法］と慣習法［マフィア法もその一］の三法が併存(小谷一九九六)。

イギリスでは、I原理がコモンローとエクィティを実際的に運用するジェントルマン性条理(千葉一九九八、一一四頁)、在住少数民族の現地慣行を犯罪・宗教・家族問題で受け入れる（千葉一九九五、一一九頁)。

北米

カナダでは、ケベック州がフランス法系で半独立、イヌイト法も復権中（千葉一九九二、二〇三—二〇九頁)。

アメリカでは、インディアン法を一部復権したがなお残る土地問題で裁判も進行中、異人種とくに黒人の問題も根深い、I原理はルールオブローへの信だが、判決では子連れ心中した日本人妻の殺人罪や略奪婚を実行したモン族青年の略奪罪とレープ罪を寛大に処置（千葉一九九八、五三頁)。

世界

法伝統・法系それぞれの比較文化的特徴が問題。

法文化圏それぞれの比較文化的特徴も（千葉一九九八、一〇章、Capeller & Kitamura 1998; 木下一九九九）。

宗教法・部族法・親族法・地方法・階層法等非国家法それぞれの比較文化的特徴も（後に再言）。

四　法文化探究上の課題

以上が法文化として把握して探究すべき問題だとすると、それを科学的に実行するには大別二面の課題を解決しなければならない。一は対象についてで、対象とする現象がかくも多岐多様なので、それらの問題性のすべてを正確に把握できる対象概念を的確に構成することである。他は方法で、それをそれぞれの性質に応じて正確に観察分析するには、西欧文化の所産である現代法学上の諸概念および法学説では出来ないので、それにふさわしい新しい概念枠組を開発することである。この二課題に対する私の取組を述べることが本報告の本論である。

第二節　法文化の概念

一　学界の諸用語

法文化には、わが国でも欧米でも類語が多く、それぞれの意味には特有のものとともに共通のものもある。たとえば、法意識、法観念、法感覚、法知識、法への態度、法についての意見、等々は、多数を群としてとらえるが個人レベルの観察であり、対して法伝統や法文化などは、法の全体的特徴の体系レベルに注目する。

それら全部を包含する総合概念の用語を求めるならば法文化がふさわしいので、私はこれに適切な概念を与えたい。

二　法文化概念の条件

法文化の語が内包として意味すべき概念的要因は、上に列記した実例のすべてが表示するイメージに含まれているからきわめて多様である。その中には、学界で現在通用している諸用語のどれかで概念化することが可能なものもあるが、法意識・法観念等は個人レベルにとどまり、法伝統・法文化などは体系レベルを観てもいずれも一面性を免れない。その上、上述の実例を通観すると、それらの既成用語からは脱落している現象が少くないことに気づく。たとえば、国家法と慣習法との間または西欧法と現地法との間の衝突、実定法に対する共同体原理あるいは宗教的原理の影響、階層別の相違・対立の影響力、実効的な法が複数ある場合の競合・選択の問題、等々。法文化の概念が科学的に有意義であるならばそのすべてを包含するものでなければならない。

三　科学的概念の性質

まず、科学的概念の性質ないし用法には、特定的概念と操作的概念との区別があることを認識する必要がある。特定的概念は、ある個別問題に対して科学的アプローチを始めるにあたって対象を特定して観察するために構成される概念であるから、それが有意義に規定され使用されて初めて科学的作業は可能となる。だがこれを対象として科学的分析を進めるにはそれを構成するすべての要因を把握する操作的道具概念を、次にあるいは同時に用意しなければならない。科学的作業の本領は、道具概念を整備しこれを操作してはその不備を修正して最後にあらゆる対象に適用可能な普遍的な概念体系すなわち科学理論に仕上げるところにある（千葉一九九八、六三―六五頁）。

科学的概念のこの性質については、自然科学界では自明だが、法学では実定法を大前提とするために顧慮の必要がないどころかむしろ邪魔だとされる状態で、科学を目ざしたはずの法社会学等も現行法の幻影によりその採用に徹底できないでいる。国家法一元論はもとより西欧法普遍論（同、二三二頁）を前提とするならばこの科学的手法を有効に応用することができない。反対に、国家法も宗教法・慣習法その他とまた西欧法もすべての非西欧法と、同じレベルに並ぶ多数中の一と観察する観点を採るならば、この科学的手法は有効むしろ必須となる。

私の法文化および関係諸概念は、すべてこの観点から生まれたものである。

四　法の概念

法の特定的概念は、狭義では実定法をさす。実定法は、西欧的国家法では成文の法規とその法体系と主権との三要因に明快だが、宗教法・慣習法などの非国家法・非西欧法ではそれら三要因の概念上の規定と区別が明快でないからこれを正確に概念化できる術語の開発が要請される。法の特定的概念は広義では法文化と同義である。法文化は、国家法一元論では法と区別されるが、多元的法体制論では狭義の法との厳密な区別は無意味である。ただし多元的法体制・非西欧法にもその多様な実態を弁別して概念化することは課題として残される。

法の操作的概念は、研究目的の相違によっては他の規定も可能であることを認めるが、私は、端的に「権利義務の組織的体系」とする。その全体は五要因により構成されている。一は権利・義務・権利義務関係、二は特有の価値・理念、三はこれらを規準として実行されるサンクション、四はそれらを権力をもって形成・維持する正統権威、五がその全体を組織的に統合する法体系、である（千葉一九九八、七一―七二頁は同趣旨）[補4]。国家法や大宗教の宗教法など公式法ではこの五要因がほぼ明確に弁別されるが、非公式法では一般にそれが不明確だからその解明が課題となる。

法社会学ないし法人類学として観ると、法にはもう一つの要因がある。それは一体系を成す法を全体として保持している「社会文化的主体」、いわば法の持主である。現代法学は法を国家に限りそれとは別の社会的組織の法を無視するので国家以外に法の主体は存在しないが、宗教法・部族法・親族法・地方法・階層法・団体法その他各種の非国家法には、それぞれの社会文化的主体の存在が前提を成す。よってこれに法主体（個人的主体である権利主体と区別して正確に言う場合には社会的法主体）の用語を与える（同、七二―七三頁）。

五　法文化の概念

法文化の特定的概念は、法学としては、法意識・法観念その他現行のものが該当するのでその検討はそれぞれの主張者に任せる。人類学としては、私はルース・ベネディクトの文化統合概念を借りて「法として現われた一社会に特有な文化統合」と規定するが、これも詳論は文化論の専門家に委ねる。法人類学としては、法学と人類学とのどちらにも偏らず両者を総合するものが求められしかも観念の相違によって幾様も可能であるが、私は「一法主体の多元的法体制全体の比較的特徴」を採る（千葉一九九八、七〇―七一頁）。

法文化の操作的概念は、学界で私の知るものに安田のアジア法に関するもの（一九八七、二〇〇〇）Nelken の要望（一九九五）と Blankenburg の西欧法についての試論（一九九四）があるが、全世界を視野に入れるものは私の「アイデンティティ法原理（I原理）下の三ダイコトミー」しか見あたらない。三ダイコトミーは、各法主体ごとの法を、公式法（国家法その他）と非公式法、固有法と移植法、法規則と法前提の六種三組の法から成る複合体とし、同時にI原理が、それら諸法をまず各ダイコトミーごとに次いでその全体で、比重を異にして組み合わせ一つの秩序ある体系に統合する（同、七四―八〇頁）。

私の経験では、この概念枠組は日本・韓国・中国・スリランカ（千葉編一九八八）・インド（本書第八章）に応用できたと思うが補正の余地が多分に残されている。またI原理も日本のアメーバ性情況主義、韓国のハヌニム性正統主義、中国の天道性多元主義、インドのダルマ性多元主義、イスラームのウンマ性多元主義、イギリスのジェントルマン性条理、ドイツのゲルマン的体系主義、フランスのエスプリ性規範シンボリズム、アメリカのルールオブローへの信、などと表現してみたが、みな借物の観があり専門家の修正を待っている。

六　実在する法文化の諸形態

現代の人類社会に実在する法文化の存在形態は学界にまだ報告されていないものも多い。今これを網羅的に挙げるわけにはゆかないが知られた範囲では以下の法主体ごとに現象している。

国家法　法学説はその一元論だが、各国家法の文化的特徴もそれへの非国家法の影響もまだ研究が不十分。

広域法文化圏　始まったばかりの沃野（千葉一九九八、二四七―二六六頁、Capeller & Kitamura 1998; 木下一九九九）。

宗教法　キリスト教・イスラーム・仏教等と内部の諸教派ごとはもとより大本教・オーム等も精査が必要。

部族・民族法　主として人類学に任されていて法への特殊観点を欠く。
親族法　リネージ・宗教・同族等には法主体性が明らか。
階層法　インドのカースト以外は知られていないがアメリカ・イギリス・日本等でも潜在が問題。
団体法　近代的任意団体（企業体・大学・病院・組合・協会等々）の法も実は非公式法。
その他　時間制度・スポーツルール・国際協定・家元制度、等々（本章第六章参照）。
反社会集団法　クークラックスクラン・ヤクザから窃盗団・暴力団・密輸団等まで（角田一九九七、一四八―一六二頁）。
法のシンボル　言語・サイン・身体・物品・動作・特定様式（千葉一九七八、Ⅷ、本章第一〇章、森＝岩谷一九九七）。
法の象徴的機能　正統の建前で権力的権威・自由行為・違法脱法、等を正当化（千葉一九九一a、一章）。
以上の諸種の歴史的展開および相互の接触あるいは移植に伴う協調・同化または対立・コンフリクトの過程。
例　ユダヤ教徒とムスリム、北アイルランド、コソボ、チチェン、ジャフナ、インド、インドネシア、南アフリカ、ツチ族とフツ族、チベット中国、等々。

七　私の概念枠組の妥当性

私の案出した概念枠組については、ありがたいことに日本では角田（二〇〇〇）・安田（一九九七）の両君が是認する趣旨で紹介・解説してくれている。外国でも非西欧法研究としてはNorbert Rouland（1988,

1990), Gordon Woodman (1992), Peter Sack (1992), André-Jean Arnaud (1993), Capeller & Kitamura (1998) 等が注目してくれたが、これをとくに集中して注視して検証することはなかった。これは、かれらが依然西欧法学の前提から離れきれない部分があるために非西欧法を実感できないからだと私は理解するので、この概念枠組の意味を真剣に注視できるには非西欧人の心を持たなければならないのかと私は思う。事実、まだ数は少ないが、オーストラリアに在職するが中国系マレーシア人の Poh-Ling Tan が東アジア諸国法の観察に法系論だけでは不足としてこれを補う可能性を私案に認め（1997）、最近は未発表だがトルコ出身の Ihsan Yilmaz が祖国のイスラーム法による婚姻慣行と移植国家法とのコンフリクトを私案によって理論的に説明している（2000）。この概念枠組の検証・発展には非西欧の法理論研究者に期待するところ大と、私は信じている。(補5)

ただしこの概念枠組にはまだ欠陥があることを私自身痛感している。たとえば、公式法と非公式法とは、両概念を区別する基準に国家法を用いているが本来は国家法でなく客観的な基準によるべきであり、また両法の実態における交錯情況を整理できる下位概念を欲しい。固有法と移植法とにも、とくに相互のコンフリクトあるいは同化の諸過程を分別できる下位概念が要る。法規則と法前提とも、とくに非公式法における形態と相互関係を明確に分別できる下位概念を整備しないと応用しにくい。アイデンティティ法原理の概念はよしとしても、各法主体ごとの実体は私の表現だけでは不十分である。たとえば、アメーバ性情況主義は日本だけでなく東アジア諸国にも通ずるという批判（Tan 1997: 393）には私自身も賛成であり、とくに欧米諸国のアイデンティティ法原理に関する私見は既知の観念の言い換えにすぎず新発見はないと自己批判している。それらの補正はすべて若い皆さんに託するほかない。そのことを切望して私の報告を結びたい。

［追記］

本章の元の研究会報告が印刷がされるまで三年近くの間そしてその後本書に再録されるまでの間に、法文化関係の情報は数多く現れた。そのうち実体論に関しては、法文化のイメージの新しい実例が少なからず続いたが、私の得た情報は数が限られている上に本報告の枠組の修正を要求するほどのものはないと思われるので、その網羅的な追加は後続の有志に期待することにする。

概念論については、最後に述べた点に関して私にとって大事な言及が二あったので紹介しておく。一は、ロンドン大学アジア・アフリカ研究所でインド法を担当している Werner F. Menski が、近著の *Comparative Law in a Global Context: The Legal Systems of Asia and Africa*, London: Platinium, 2000 でも、*Hindu Law: Between Tradition and Modernity*, New Delhi: Oxford u.p., 2004 でも、私の枠組を非西欧法を正確に把握する理論と評価していること、二は、国際法社会学会会長の Johannes Feest がその最近の会報で私の近著 *Legal Cultures in Human Society*, Tokyo: Shinzansha International, 2002 を書評し、私のI原理をケルゼンの根本規範に比べて検討するよう訴えたこと、である。

（補1）原文は、「法観念の比較文化論」、研究代表者／上山安敏『法観念の比較文化論』高等研報告書0320, 財団法人国際高等研究所、二〇〇三で、この報告書発行の約三年前に同研究所で行われた研究会で発表したものの速記録である。ただし本章はその速記録ではなく手許の発表原稿を再録したから、趣旨はまったく同じだが文章は異なっている。この研究会を組織し同書に精細なコメント「千葉・操作的定義におけるアイデンティティ法原理——安田信之の評価を手がかりにして」を寄せた角田猛之教授に、長年法文化研究をリードして来た努力を合わせて感謝する。

（補2）「考えなおした」結果が第一部の諸章である。

（補3）以下の諸例の大部分は、私が注目してどこかで引用していたものだが、マスコミで知名の事実も私個人の体験も一部含まれている。

（補4）なお本書第四、一一章を参照。

（補5）　章末の「追記」を参照。

第一三章　人間の法文化（補1）

私は、本日沖縄国際大学で講演ができるということに大きな喜びをいくつか感じております。一つは、ご覧のとおり、私は普通の研究者なら研究生活から遠ざかる年齢ですのに、今も自分の研究成果を若い学生や市民の方々にご披露できることです。私の一生を賭けたテーマは国家の法ではなくて「非西欧社会に生きる人間にとっての法」で、大学院時代に着手した当初は法学界で異例でしたけれども、時代が変わった最近では世界的に注目されるようになり、おかげで私もまだ書いたり話したりする機会に恵まれていましたところ、それを今回沖縄で初めて与えられたことが嬉しい次第です。二つ目は、この機会が徳永賢治先生のお勧めによったことです。今述べた私の研究テーマに耳を傾ける若い研究者が、三〇年くらい前からポツポツ出てきて私には大きな励みとなりましたが、そのトップを切ったのが徳永先生でした。以来親しくしていただいていたご縁がこういう形になったことが、また嬉しい理由です。

これからお話しする内容は、私が『人間と法』（一九四九）で最初に発想した人間観を、最後に『アジア法の多元的構造』（一九九八）の法文化論で総括したもの、つまり半世紀余にわたって試行錯誤を繰り返してきた研究の跡を総括する意味のものですから、その点で、若い皆さんに趣旨のご検討を期待できることがまた嬉しいところです。その上、私がこのレジュメを作った直後に徳永先生から抜刷りを送っていただいてびっくりしたことには、その二論文が、お手許にさしあげたレジュメ中で、序論にあたる「1．国家法」と、結論にあたる「3．法の全体像」に、それぞれほぼそっくり該当しております。徳永先生の「転換期の国家法一元論」（二〇〇〇）と「多元的法体制」（二〇〇〇）とがそれです。それならば皆さんが私の講演に後で質問を持つようなことがあれば徳永先生に答えていただくことができると、私は安心いたしました。それでも、二人に共通する主題である「非西欧社会に生きる人間にとっての法」は、社会文化の特殊性に応じて世界の各地で違った現われ方をしているので、各研究者が選ぶ調査研究のフィールドによって異なった形で現われます。徳永先生のフィールドは沖縄とミクロネシアであるのに、私は日本とスリランカをフィールドとし、なお文献によって世界の状況を知ることにも心がけましたので、知見の内容は二人で違います。したがって私は、その違うところを主として以下にお話しすることにいたします。

第一節　国家法——法学の法

一　国家法無欠厥の前提

法を研究し教育する学問は言うまでもなく法学で、日本の大学も法学部を設けて学生の教育と教員の研究を国の学問の不可欠の柱としています。その法は、国の法令を基準としますが裁判の判例と学説の解釈とで補充され、その全体の量が膨大なことはだれもがよく知っているところです。人間が作り出しかつ利用する文化は無数の形態と種別に分かれていますが、各文化内部の構成因子の量が多くなればなるほどその相互間の不調和・対立も多くなり、はては一文化としての整合性も怪しくなるものです。そういう文化と比べて法には属性とする際立った特徴があり、国家法体系の内部構造は調整が行き届いていて規範論理の体系として完全すなわち無欠厥だと前提されているくらいです。

法体系は、たとえば契約法体系や殺人法体系や税法体系から、民法体系や刑法体系や行政法体系、そして国法体系の全体に至るまで、それぞれ内に抱えている数限りない種類の権利や義務ひいてその手続も制度も、すべてが大小の体系内で完全に調整されていて相互間には矛盾が全くないという前提が、それです。したがって、立法者は一つの法案を作るにもこの前提を要請としてこれに間違いなく応えるよう心を砕き、行政官・裁判官も個々の決定が法令の規定と先例に反しないよう細心の注意を払い、法学者は法令の規定と先例について相互の意味が絶対に矛盾しないような解釈論を作り出すことを本旨とします。そして法学生も規範論理の無欠厥な体系として法を学びます。これが法体系無欠厥の前提です。

二　法体系不完全の事実

だがしかし、法体系無欠厥は、法が主権国家を存立させるための不可欠として市民に課せられる社会行動の規範であるという理由で前提条件として要請されるものであって、事実ではありません。むしろ法の事実は無欠厥どころか、法に対する無知からはじめ、意識してもしなくてもやってしまう、脱法行為や違反行為そして犯罪行為まで、反対の事実が世の中には溢れていて、法の実効性したがって法体系は不完全で欠陥に満ちていると言うことの方がむしろ真実です。そこでこの事実をどう解すべきかが問題となりますが、法体系無欠厥を要請する立場からは、だからこそ、人は一層遵法精神を奮い立たせなければならないと教育しようとするか、法を一層完全になるよう作り直して違反を規制しきらねばならないと努力するか、ということになります。

それも理由ある態度で否定しきるわけには行きません。しかし、かと言って無欠厥の前提に反する事実を一方的に無視するだけでは、法の効果ひいて権威は落ちてゆくほかなく、それでは社会の秩序も混乱しますから、これに冷静かつ賢明に対処する必要があります。そのためには、まずその事実を正確に認識しなければなりません。さらに、その不完全さは、違法な行為が法体系のあちこちに偶然的に生じているというだけでなく、実は法則性をもって社会にはむしろ必然的に発生せざるをえない現象である面をも理解しなければなりません。その例を日本の法に見られる事実から拾ってみましょう。

＊法は決して万能ではなく、関与することを法自らが自制する領域いわば法の聖域がある。法は家庭にも、宗教にも、スポーツにも極力立ち入らないという法学伝統の原則がそれ。

＊また、法はりっぱにあっても実効がともなわないいわゆるザル法もあって、脱法行為が目に余る。酒とタバコの禁止法が最好例で、軽犯罪法、学区制度、税法その他例は多い。

＊法に違反することを使命とする確信的違法もあることは、日本にも確信犯がいることで知られているが、世界には革命運動ひいて革命政府さらには分裂国家などが少なくないことで明瞭。

＊一つの法体系の中では完全に見えても他の国の法との間にある国家法間の矛盾もある。ＷＴＯが諸国間の関税の違いを調整しようとしていること、独占禁止法が日本とアメリカとでは違うために日本の大企業が槍玉にあげられること、沖縄でもアメラジアンが二つの「法の間」で苦しんでいること、その他。

三　法体系無欠厥の意味

以上の事実に拠りますと、人は、社会生活で法を必要とする以上はこれを尊重しないわけには行かず、国家法体系無欠厥の要請も法学が必死に護っている事情を顧慮せねばならないとともに、これに反する事実を無視することなく正確に認識して、二つの相反する事象に賢明に対処することが求められます。

そう思うと、国家法体系無欠厥の意味が明らかになります。それは、基準的な法学が法理論として教えるところですが、事実に基づく客観的科学的な理論（theory）ではなく、国家法を完璧だと弁護し反対論を抑えこもうという一つの立場からする教説（doctrine）だということです。教説は、言葉にとどまっているならば理論との区別が付きにくいのですが、社会で実践活動を弁護したり指導したりすると、イデオロギーとなります。国家法体系無欠厥の要請は、法学を通じて国家のあらゆる実践活動を弁護・指導しますから、実はまぎれもないイデオロギーなのです。ただし社会的に意味あるイデオロギーとしては、それは別の表現で現わす方がよく分かります。私はそれを二つの言葉に表現します。一つは国家法一元論で、法と言うべきものを国家法だけに限り、他の一切の規範は当の人々が法と言って法として順守していても絶対に法とは認めない教説です。他は西欧法普遍論で、その国家法として真正なものは西欧社会が創り出した近代的国家法だけだと信じ、それが世界各国に移植されたのも当然だとする見解です。

この二つのイデオロギーは、一九世紀から二〇世紀にかけては理論として通用しましたが、マルクスにより社会主義が現われると、実は資本主義国家法のイデオロギーとして社会主義法の抑圧に躍起となり、第二次大戦後に植民地が相次いで独立すると、また別なイデオロギー性が明白になりました。それは、それらの新興国はみな非西欧国であり、しかも国内には国家法とは別にいわゆる慣習法すなわち非西欧固有法があって、それが法学からは法であるはずがないと決めつけられるのに実は国家法に勝ると劣らない力を発揮することが多いからです。その例を次に挙げてみましょう。

第二節　国家法以外の法――人間社会の法

一　国家法に抵抗する非国家法

非西欧社会も、現在は近代国家法を西欧先進国から移植してその限りでは西欧諸国と同じ近代国家法による形を取っていますが、それぞれの国には、事実として国家法とは別どころかこれと強硬に対立し時には優先してしまうほどの非国家法が色々とあります。学界に報告されたもののうち以下の例が鮮明な印象を与えます。

＊イラン出身でイギリスの一作家が一九八九年に書いた『悪魔の詩』はイスラームの教祖ムハンマドを冒涜するものだとして、イランの宗教指導者ホメイニ師がイスラーム法に拠って著者に死刑を宣告した。これは実行されてはいないが、宗教法が国家法より優先するとする例。

＊パプアニューギニアの山地に住むゲルボラ族の一村で一九八〇年に老婆が殺害されたが、これは老婆が村に害悪を招く妖術師だと認められたので、その息子と関係者が村の安全のためにこれを抹殺する義務を負うことになりこれを実行した結果。かれらはまた義務としてこのことを村に届けて正当行為として了承を得たが、聞きつけた警察がこれを刑法上の殺人罪として起訴、一審の裁判官は現地民出身だったので事情を理解して、息子を免訴、他の四名に豚を支払う損害賠償を命じて済ませた。検事はただちに最高裁に上告、結果は四名に刑法どおり六年の懲役が科された。これは固有の部族法が国家法と正面から衝突した例。

＊約二〇年前インドで結婚を目前に控えていた少女が突然コレラで死亡したが、噂を聞いたアメリカの

研究者が調べたところ、実は少女の不倫が発覚して婚約を解消されたので、ブラーフマンの父親がヒンドゥー法に従い自分の名誉と娘の生まれ変わりの幸福のために殺害したので、警察もこれを知りながら黙っていた。これは固有の民族法が国家法に優先した例。

＊南アフリカのジンバブエで一女性の口ばしった呪いの言葉がコモンロー上の妖術（witchcraft）罪にあたると起訴されたが、現地人のコミッショナーが調べたところ、現地語の muroy には一二の意味がありその大部分は単なる悪口にすぎず本事例もそれに当ると認定して無罪釈放にした。これは用語が同じでも意味が違う異文化法概念の好例。

＊ブラジルでは言葉の使い方や手続の取り方あるいは個人的コネの利用などによって国法を巧みに潜ることがジェイトの名でまかり通る。日本でも似るものがあり、国法も特有の法前提によって使い方が異なるということの例。

＊どこの国にも暴力団、ヤクザ、窃盗団、密輸団、革命集団等の反社会集団があり、国法からは敵視されるが、かれらとしては自分らの固有法で組織を維持管理している。正統性の所在が違うだけ。

二　国家法を補充する非公式法

現代の国家法は、私的自由を守ることを本旨としそれへの国家権力の干渉を最小限度必要なものに抑制する原則に立っています。では私人の社会生活は完全に個人の自由になるかと言うと、そうではなく事実は逆で社会からさまざまの規制を受けており、人は若干の不満があってもこの規制に従わなければならないことを知っています。その規制には個人が他人から不本意ながら示唆、要請、要求、強制、強行、実力行使などもありますが、本人自身も納得して従うものがむしろ多いのです。それが個別的には慣習、慣例、慣行、道徳、理念等と、そして一般的には社会規範と言われますが、強制されるものではなく大体は本人の意思により自発的むしろ積極的な順守で行われます。

だがそのような社会規範中に、社会人の要件として強制性を持つものがあります。とくに、本人が色々の社会集団に所属していてその集団のメンバーとして生きるかぎりそれが自分の権利あるいは義務だと自覚させる一定の行動様式、しかも、そういう一種の権利義務が本人一人だけでなくその社会の他のメンバーにも共通して通用する事実、そして、これを実行させる管理機構が確立しその役を担当する管理者もいて組織的であるものがあります。この場合は、当該社会が一個の社会組織として国家法とは別にそれ特有の法を持っていると解することができるだけではなく、本人が自分の行動の仕方をどう決めるかという見地から見ると社会生活のためには必要です。そこでこれを社会組織の固有法と言うことにします。

国家法の公式的態度はこれを法とは認めませんが、当の社会では国家法に先立って守られるから、法だとしても非国家法だということになるでしょう。しかし固有法の中でも、イスラーム法や教会法がイスラームやキリスト教を国教とする国ではそれぞれ国家法と並ぶ公式の法となったり、またたとえば部族法も国家法から承認されて公式化したりして、本来は非国家法であるものが公認された部分だけ国家法と並ぶ公式の法となることが多々あります。そこで私は、国家法と国家法に公認された非国家法とを合わせて公式法と一括し、そうでない固有法をすべて非公式法と分類するのが正確だと考えます。その非公式法の例を主として日本から列挙してみます。

＊親族組織は、世界の諸民族のどこにもありとくにアフリカの部族や中国の宗族などが有名だが、日本にもあってみなそれぞれに固有法で維持される。戦前からの「家族制度」や農村の「同族」は戦後の現在では変貌してしまったがその固有法はまだ完全には消滅してはいなくて、沖縄の「門中」を典型とする親

族関係の絆などに現存している。さらに擬制されて会社や同志的集団の「一家」の意識・慣行として働くこともある。

＊親族組織の擬制だが特有の発達をした家元組織も、固有法で組織を維持管理して各種の芸能や古武道の集団を成立させており、沖縄にも空手、伝統技芸などの組織に見られる。「オヤブンコブン関係」はそれがさらに擬制されたもので、ヤクザや暴力団などを典型とするが各種の団体や人間関係ひいては保守政党にまで働くことがある。

＊地域組織では、戦前は農村の「部落」や都市の「町内」に代表された共同体の固有法が戦後には解体したと言われるが、実は神社の維持と祭りをはじめ「ムラ」の慣行に残っており、それが都市的な諸種の小社会にも擬制されて仲間の「義理」や「ムラ八分」などに現れることがある。

＊宗教組織は、仏教寺院も神道神社はもとより各種の新宗教も、オーム真理教に見られたように宗派・教派に属してそれぞれ固有法で存立している。世界宗教のキリスト教もイスラーム法も各地の民族宗教もみなそうである。

＊社会階層については、戦前は国家法による「宮中席次」や官民差別に支えられて農村の「身分階層制」が強力な固有法だったのが現在公式にはなくなったが、「身分・家柄」を尊重する慣行は社会になお働いていて公職の選挙や経営者の選考あるいは外国人の差別などの根拠となっている。世界では、イギリスやアメリカになお根強く、かつての宗主国も一部だが当時抑圧した現地部族の復権を考慮しつつあり、アフリカでは他部族排斥が戦争にもなっている。

＊固有法は伝統社会に顕著だが近代社会の任意結社にも非公式法として不可欠である。会社、学校、病院、組合、協会、等々はいずれも自己の非公式法で維持・運営している。人々にとり身近な近隣の自治会、

趣味のクラブ、仕事の職場などもゆるやかだが組織と固有法があるからこそ運営される。集会や乗物あるいは街中の社会的エチケットは固有法とまでは言えないが不可欠なルールである。

＊国際社会でも、経済・文化・スポーツその他のための「民間協定」はもとより「人道」と言われる原則もそして民族や国家を超える「人情」も、正式の国際法と認められることは少ないが実は国際活動には守るべき非公式法で、これがなかったら国際社会は成立しない。

第三節　人間と法

一　法の全体像

伝統的な法学の教えを順守することは、国家の法秩序を守ることを任務とする役人およびそのために国家法を法学で擁護する法学者にとっては社会的任務ですから、社会人はこの事実を尊重し、法学生はこれを学習しなければなりません。けれども他方から見ると、かれら自身を含めて社会に生きる人間はすべて、国家法を最後の砦としてはるか遠方に望みながらも、日常生活では一々の行動を規律する身の回りの社会規範に気を配って行動するものです。その規範の大部分は一般人の理解では法学でも慣習とか道徳とかと言われるものですが、上に挙げた諸種の非公式法も、それらと並んであるいは重なりながら働いているわけです。このことを、法学は国家法だけを問題としてそれ以外の社会的事象には関わりませんから言及しませんけれども、そこに重大な問題があります。

国家法一元論ですべてが解決されるならば、それでも人間の社会生活の一つの説明にはなります。しかし実際には国家法とは違う法が社会には行われていて、その働きが、一面で国家法の不備不足を補って国家法の目的と権威を補っていることを知らないことはまだ許せるとしても、他面で国家法と違うことを命じ進んでは抵抗までして国家法を損なっていることを知らないのは、本当の法学としては許せません。ここに、国家法とは矛盾する社会規範の問題性があります。それが慣習ならば国家法は独自の対策を直接に採ることができ、道徳ならば広義の教育で間接に改善を図れます。対して非公式ならば、問題は実は切実です。両法間の矛盾を調整する方策を講ずるか、どちらかを改めるか、あるいはすぐには手着かずとして時機を待つ政策を取るか、とにかく事態を正確に認識し必要な改善を図らなければ社会全体の法秩序を円満に保つことができません。国家法はけっして一元ではなく、社会ではそういう非公式法との関係の中に立たされています。

したがって社会における法は多元的ですから、国家法一元論は間違ったイデオロギーで法は多元的法体制だと観ることが正確な認識になります。では多元的法体制の実際はどういう形態で存在しているか、主なものを確認しておきましょう。基本的な形は、国家法が地方自治体などの国内諸法と国際法などの超国家法と併存する基本的な三元構造で、現在の日本はその代表例と言っていいでしょう。しかし世界にはその変形の方がむしろ多くあります。連邦国家には国法と自治体法との間に構成共和国法があり、旧植民地から独立した新興国家は今も公式・非公式の植民地法や部族法を抱えています。ムスリム国はイスラーム法を国家法と並べて公式法としており、キリスト教国でも教会法について同様です。どの国にも非公式の固有法が幾種類もあって国家法とは直接の関係がないように見えますが、中には国家法に採用されて公式法になるものもあります。国家法は自国の固有法を基礎とはしても外国法を移植することがあり、とくに非西欧国は近代以降に西欧法をほぼ全面的に移植したので西欧法普遍論が信ぜられるほどです。しかし非公式の固有法をも法と認めるならば、西欧法普遍論が間違いなことが明瞭です。国家法は厳密に定まった法規が基準で法理念の働く余地は小さいのですが、宗教法・慣習法その他の伝統的な固有法では理念的な法前提が細かな法規則より強く作用するものです。そのような多元的法体制の世界における実状を確認することが、二一世紀の法学の課題です。

　それがどのように展開してゆくかは、もはや私のような二〇世紀の人間が予測できることではありませんが、従来の知見から間違いない事実を二点だけ新しい用語で述べて参考に供することにします。一つは法主体です。国家法一元論では、法という規範体系の持主は国家だけで他にはありませんから法の社会的主体を問う必要がありませんが、多元的法体制では、国家のほかに部族、地域組織、宗教組織等々の伝統的社会集団に加えて、会社、学校、組合、協会その他の近代的任意集団も、それぞれに固有の非公式法の持主ですから、これを総称する概念が必要となって作られたのが法主体です。もう一つはアイデンティティ法原理です。法主体は、国家法のほかにも抱えこんでいる公式・非公式の多くの法の相互間には矛盾が起こらないように予め調整し、法を新しく作ったり移植したりする時は既存のものと調和させ、これを囲んでいる他の法主体の異質な法と接触するさいには受容、妥協、拒否のどういう態度をとるかを選択する、などの必要があります。法主体の社会的アイデンティティを維持するためにこの必要に応えてそれらの方針を指示する原理がアイデンティティ法原理です。以上二つの新用語で表現されるものの実態を世界から探り出すことが、これからの法学の具体的な課題になります。

二　法への態度

　そこで、人は法に対してどういう態度を取るべきかが、最後の問題になります。国家法一元論に立てば答えは簡単です。人は国家法をすべて尊重すべきで、違反すれば損害賠償も刑罰も甘受する、もし法に不備があるなら所定の手続で改正を図るだけ、と言えばよいでしょう。しかし多元的法体制のもとではそう簡単ではありません。

まず、人は朝起きて一日の生活を始め仕事にかかり済んだら時間を楽しんで寝るまでの間に、各種各様の行動を取りますが、一々の行動の可能な様式は一つとは限らず、慣習、道徳、非公式法、それに国家法など多くの社会規範からいくつもの基準が示されます。人は、それら諸社会規範の与える諸行動基準を比較してどれかを選択します。多くの場合、その比較と選択のプロセスは慣習化あるいは内面化されていて本人は無意識なのですが、基準間に矛盾があって選択に迷う状況になると意識せざるをえないことになります。意識する場合、慣習か道徳の問題ならば本人の自由に任されますからどう決定してもよいのですが、その社会の在り方にかかわるならば国家法は勿論非公式法も競合することになり、学校や職場、教会や組合、親戚やクラブ、その他自分が所属する法主体の法の間の矛盾として問題になります。

実は、各法主体はそのような矛盾が起こらないように事前に調整した上でそれぞれの法を定めるものですから、個人がその矛盾に悩むことは普通ありません。したがって通常は、人は、各法主体の法を尊重し安心してそれらに遵っていればよいことになります。そうだとすると社会秩序とはまことに巧みに出来上がっているると言ってよいでしょう。

だが時には、矛盾が露呈することも避けられません。ある法主体が新しい法規則を作る、管理の仕方を間違える、ある法規則に無視できない重大な違反が生ずる、内外の事情で法主体の存在が危機にさらされる、等の事態が起こります。そういう場合、個々人に期待される態度があります。自分に直接の関係がなければ関与しないというのも一つの哲学でしょうが、およそ社会秩序を維持するのみならず発展させるには法が不可欠だと知るならば、これを放置することは、社会人としての責任を放棄することであるし事が重大ならば自殺行為とも言われかねません。国家法であれ非公式法であれ法の実態を正確に認識して、問題か矛盾に気づいたならば、これを積極的に受けとめて、適切に批判し、不当・不法には抵抗し、法の改善を主張し進んではそのための運動を展開する、など積極的な関心が社会に備わっていることが社会秩序存立の条件です。そしてその関心の持ち主が法治下の個々人にほかなりませんから、人にはそういう哲学を持つことが要請されることになります。そのことは、西欧人でも非西欧人でも同じで人類世界共通の法哲学にほかなりません。

（補1）原文は、「人間の法——個人から社会まで」、沖縄法政研究三号、沖縄国際大学沖縄法政研究所、二〇〇一で、その元は本文冒頭に記した講演であった。すべての手配について徳永賢治教授に感謝する。

第三部　法文化探求の主体と環境

現代法学にも私の夢に感応する実績が散発的ながらあることを第一部の諸章で知り、それに勇気づけられて第二部の諸章で夢の実態探究にあたった結果、だんだんと夢の確証に近づくと励まされる思いに駆られるようになった。ところが気がつくと、同時に難題が持ち上がっていた。方法の問題である。

法学の方法を国家法の解釈と限れば特別に苦労する必要はなかろうが、人間の法文化すなわち個々人の社会生活に働く多元的な法を探り出そうとすると、それにすぐ使える方法が手近に与えられてはいない。法社会学と法人類学はこの方法を潜在させている鉱山だから私も多年勉強してきたが、めざす宝石の隠れている具体的な鉱脈は自分で探りあてるほかない。あれやこれや試みてもピタリ適合する方法を発見した、まして方法論ができたなどと言うにはほど遠いが、求める方法の一端だと言えるものが概念枠組はじめいくらかは得られた。その一端が第三部の諸章である（なお千葉二〇〇四―が続く）。これだけでこのタイトルを掲げるのはおこがましいことを重々知っているが、若い研究者の後続を願う心から思いきって掲げた次第である。

第一四章は、法学者の中でも法理論研究者に要請される一条件として国際的通用性があることを自分の管見で整理したもので、このテーマすなわち国際的活動の条件とともにそれ以外の多くの諸条件と両面の研究進展を後続の研究者に切に期待するものである。第一五章は、先輩後輩、専門家しろうとの別にかかわらず自分の研究に協力してくれた学友をありがたく思って書いたもので、研究手法には個人研究と共同研究との二が主要とばかり思っていたところ、研究者個人に対する学友の研究協力の大事さひいてそういう学友をつくる大切さを、最晩年になって痛感して生まれた。第一六章は、私の最初の英文書（Chiba, ed. 1986）と私を紹介する仏文書（Capeller & Kitamura, eds. 1998）との出来方を記述したものと、外国の研究者に対する日本の所遇の一例を紹介したものと、小論三編だけだが国際的研究協力の重要さを語ったつもりである。

第一四章　法理論研究者の一条件（補1）

本章は、原文掲載書の主題「人間の尊厳」をその一特殊面「法理論研究者の尊厳」に絞りこれを「国際活動の意義」わけても日本人研究者の問題として考察し、識者に検討の一資料を提供したいと願うものである。

第一節　問　題

一　本テーマの理由

「人間の尊厳」は、法学界の常識では、近代憲法の大前提を成す専門用語で論議は憲法学者の専管事項に属し、門外漢の私がそこに参入しようとしても憲法学界が歓迎するとは思わない。だがこの問題に私が無縁かと問い直すと、否、私も法理論研究者である人間としてこれを考察する資格と責任(1)はあると答えざるをえない。

理由の一は、法理論研究の現代的意義ひいて法理論研究者の現代的使命にある。法理論は、確立した定義はないが用法は世界の理論法学界に定着していて、実定法およびその実用と歴史を直接の対象とはせずそれらに通ずる法の理論を指す。具体的に日本では、基礎法学または理論法学の根本問題とされる、法哲学・法思想史、法社会学・法人類学、比較法学・外国法学、法史学の、それぞれ及び全体に関わる理論的問題を総称する。法理論研究は、日本の法学界ではまだ単独の一領域とは見られていないが、ドイツではいわば広域領域として確立しており、フランス・イギリス・アメリカ等でも法哲学の伝統問題に加えてポストモダン法学が近代法学を超える新たな法理論を求めて実質的にこれを推進している。(2) それらの担い手が法理論研究者である。

二に、尊厳というイデアを人間類型ひいて法理論研究者について考究することに意義がある。法学界で尊厳が語られるのはもっぱら人間一般についてで、多種多様な人間類型の個々に各別に語られる例を私は寡聞にして知らないが、それは学界の慣例にすぎない。末期の病人や戦時中の捕虜等の尊厳が問われるのがその代表例であるが、それらは尊厳を個人に認めながら実は多様きわまる人間類型に共通して在ることを示している。各個人は意識・無意識を問わず尊厳の持主として生きることを自ら志向し周囲からの尊重を要請するが、それは現在する特定の社会＝文化的様式に対応する一定の生活様式においてであり、ゆえに尊厳は志向と生活様式を共通にする多数人の類型として実在するからである。(3)

三に、尊厳の概念を観察・分析の道具概念として考察することが可能である。私が見たところ、憲法学界は尊厳を自明の理念と前提してかその論議を「棚上げ」して「掘り下げ」ず（西野一九九三、五六頁、中村一九九八、二一七頁）、むしろ法哲学がこれに関心を示す（上記の西野、中村のほか恒藤一九六九も）。その中の二つに示唆がある。一は日本の憲法をとくにドイツと比較するホセ・ヨンパルトで、尊厳は「人間の人間（人格）としての価値」で、「その自由、生命、名誉等を不当に取り扱わない」こととする（一九九〇、六一、六六頁、括弧と傍点は原著者、以下同様。一九九五、一一〇―二六六頁も同趣旨）。ここの人格と自由・生命・名誉の四概念は尊厳概念の操作的変数として有用である。他は根元的な人間論から出発する小林直樹で、尊厳は人間の「凡そ尊厳には値しない醜悪・低劣な」「反尊厳の負の面」と「動的に拮抗」しており、「一種の人間的義務（である）精神的志向性」が理念を追ってこれを抑えるからこそ在ると主張する（一九九九、Ⅱ、四九—五三頁、傍点は原著者）。これは尊厳概念を、生きる人間全体の生命と活動の中で反尊厳とダイナミックに闘う動因として操作化すべきことを教える。

最後に四として、これを論ずる資格と責任が私にもある。まず、私も一人間で日本国憲法が宣言する尊厳の持主に違いない以上、尊厳は私の属性でありながら個人を超越する普遍的イデアとして、私の主観がこれを客観的に考察することが可能である。ただし私の属性と言っても多数ある中で、私が論じて意味があるのは、私の存在意義に関わるもの、その故に私という人間の個性に特有だが一個人だけに特異ではなく人間には自然であるゆえに他人にも同類があるものであろう。その意味で、本テーマを考究する資格が私にはある。同時に、異例にも非西欧法を特殊テーマとする私に研究者の生命を認めた学界にその報告をすることは、私の責任でもある。

二　本稿の課題と主要論点

以上の私見には不備・疑問も潜み異論もあるであろうが、本テーマを考察する試みには意義ありとして議論を先に進め、批判は後に全体として受けることにしたい。まず、主題の「法理論研究者の尊厳」を副題の「国際活動の意義」わけても日本人研究者の尊厳に絞った理由を、本論に入るに先立って明らかにしておく。

理由には幾つかがあるが、直接には、私が一九六〇年代の半ばより法理論を追って国際活動に従事した間に同行する日本人の友人は寥々という事実で[4]、個人的に淋しいと思う心情は別として、これは法理論研究の後進性にほかならず研究者としての尊厳が問われることではないかという疑念を私は払拭できないでいたことである。

この疑念は、研究者が研究者である真面目は何かを、まず問うている。私見を端的に言えば、それは、専門とする学問の水準を熟知した上さらに創造する知的能力の、人類が期待する担い手なことである。ただし学問の水準は一様ではなく多様で、一般論としては、研究対象に無限の大小・広狭があるからそれぞれごとに、また各研究者はさまざまの異文化社会に各別に生きるから国家や民族の内にも外にもまた言語圏・文化圏ごとにも成立し、かくて無数の学問領域に現出する。したがって、それらのどの領域の水準をも熟知・創造しようと目ざす者は、その社会の中で、研究者として自由を容され生命を認められ名誉を与えられるかぎり、人格の尊厳を少なくとも潜在させていることになる。本稿の問題は、法理論研究者にそれがどういう条件の下で顕在するか、である。

学問研究の水準を具体的に示す指標は事実を法則化する理論ないしそのための仮説であるから、学問にはまた無数の理論が成立する。理論は理論であるかぎりその学問的価値を失うことがないが、その無数の相互間には比較的な分類ないし性格づけが可能である。領域ないし分野の区別は代表的だが、大理論・中理論・小理論などと分けられる適用範囲と国内・国際の普及範囲との両区別がここにとくに関係する。比較的に言うかぎり、実定法研究者には国内に通ずる中小理論が必要かつ十分な水準であるのに対し、法理論研究者には、それは必要だが十分ではなく国際に通ずる大理論をも最終の水準として展望することが要求される。

日本人法理論研究者が通例として欧米の先進的業績を学んできた事実は、かれら自身が到達すべき最終の水準を展望していたこと、しかし一般論として言うかぎり実際には学ぶに終わり国際活動による創造はできなかったことを、明白に示している。この点で、研究者としては人格の尊厳を世界の水準から無言のうちに問われているのではないであろうか。

第二節　法理論研究者の尊厳と日本におけるその問題

一　尊厳の場面と概念

まず、尊厳概念の操作化を試みたい。そもそも「人間の尊厳」の概念は、ヨンパルトの歴史的検証によれば、人間だけの特徴を「神の似姿」を持つとした聖書に始まり教父哲学が「自己のための価値」の主体を人格とした後、この人格をカントが「客観的目的」としその「内的価値」を尊厳とした。ドイツ語のWürdeは「人間の特殊の、人間だけにある価値」を意味し、それがボン基本法で、直接の定義はないが「(人間の尊厳)を尊重し(=侵してはいけない)かつ(積極的に)保護することは、すべての国家権力の義務である」と規定された。ヨンパルトは、これをうけて人間の尊厳の法的概念を、人間の「精神的・倫理的存在として自己意識と自由において自己を決定し、自己を形成し、周囲の世界において自己を発揮する素質をもっていること」を定義する(一九九〇、五八—六三頁)。注意すべきは、この概念は自己発揮と周囲の世界と内外の二要因を重視することである。

それが顕在する社会=文化的場面の具体例が、人間類型ごとに見いだされる。私が見て疑いないのは、前記した末期の病人や戦時中の捕虜のほか、兵役や輸血を拒否する宗教信者、心身に障害を抱えた人々、虐待を受けたこどもや妻、災害や戦争の被害者・難民、切腹を賜わる武士、等々で、いずれも、人間としての人格すなわち自由・生命・名誉が危殆に瀕し、本人人格の自己発揮と外部諸力の処遇との真価を問うものである。対して、人の生活様式が多少の不満はあっても安定していて外部諸力の不当な圧迫がない場面では、尊厳の問題が起こらない。

そのいわば中間にあたる例もある。たとえば、国家的権威を伴う元首・外交官・裁判官等、人間を育成する教育者、人間の生命を預かる医者、独創性を理念とする芸術家や研究者、等々の人間類型である。これらを法学界が論じた例を私は知らないが、各人間類型の人格に潜在する特有の自由・生命・名誉を一種の社会＝文化的な責務ないし特権として本人が自ら志向し外部諸力がこれを尊重するという法文化が、世界のどこにもあることが知られる。

そこで、尊厳がある・ない・中間の三場面を対照すると、尊厳が社会＝文化的概念として顕在するためには、上記法的概念の四変数に伴う内外の二要因が実は決定的な変数を成すことが判明する。二のうち外部諸力の意味は改めて言う必要がない。他の自己発揮は、尊厳は「反尊厳」の醜悪な人間性と闘う「精神的志向性」によって在ると言う前記小林の人間論により、意味が明快となる。(5) よって両要因を、「当該人間類型に特有の人格的素質の自己発揮を志す本人の志向」、および、「それを不当な干渉・侵害から保障する周囲の尊重」と規定すると、この二概念も、潜在する法的概念の尊厳を顕在させる要因としてその変数を成すと言うことができる。

二　研究者の概念と要件

そこで、以後の考察に使用する研究者の概念を定めておく。学者は「学問を知りあるいは学ぶ者」の総称とし、四の下位概念を分ける。「学問の水準を熟知しさらに創造しようとする」研究者、「学問を伝達する」教育者、「学問的機構を管理する」管理者、「学問を解説する」解説者、である。各下位概念は、実際には他種の概念あるいは大学教授や研究所員・会社員等の職業と重なることが多いが、ここの語義としては上の意味の人間類型を指す。概して言えば、管理者と解説者とには、社会的地位としてはそれなりに尊重されてもその地位に就く者に特有の人格を前提するものではないから、特有の尊厳は認めにくい。教育者の尊厳は、責任とする教育の機能については認められるが、機能の目的である学問については創造でなく伝達なのでやはり認めにくい。では、研究者はどうか。

一般論として言えば、世界には、学問の自由を標榜しても実は政治的・宗教的・経済的等体制上の理由でこれを制約している国があって大問題を提供しているのだが、ここではそれに立ち入る余裕はない。焦点を本稿の目的内に絞ると、日本では憲法が人格の尊厳を前提して学問・思想・表現の自由を宣言しており、周囲も研究者本人を研究者として生命を認め名誉も相当に与えているから、尊厳が潜在するにとどまらず社会的に顕在していると一応は言うべきであろう。とはいえ、本人が自己のアイデンティティとして反尊厳の誘惑と闘いつつ真実に学問を志向しているかを問うと、本人と周囲双方に外からは窺い知れぬ事情も加わり、その真実性には疑いも残る。

これを法理論研究者について問うのが本稿の課題である。これに十分に答えるには、法理論研究者と尊厳と両概念の変数に適確な応用ができるよう十分な操作化が要るのにここにはそれを徹底する余裕がない。だが幸いただちに応用できる端的な指標が別にある。一般的には、日本人法理論研究者も国内水準を指標とすれば条件を満たして尊厳は顕在しているかと見えるが、国際活動による国際水準を指標とすれば尊厳は潜在しても顕在はないと言わねばならないことである。これは当面は私の作業仮説だが、これを支持する事実は明らかに在る。日本の法理論研究は、過去は前記のとおり明治開国後の歴史的後進を急進させるために欧米からの輸入紹介に忙しく、また戦後に障害であった国際交流のための言葉と旅費の障害が小さくなった最近でも、事態は次のとおりだからである。

三　日本の理論法学の閉鎖性

一九九八年、日本法哲学会は創立五十周年を記念して『法哲学会のあゆみ』を編集・刊行した。長老に近い一六名の執筆記事中、五〇年間の学会の傾向に肯定的なものが多いが、私は批判的なものに注目する。まず、学会創設時には、「法哲学の問題は〝深く人間生活の実際と結びついて〟（いるから……）法哲学会は、実定法学者のみならず〝心ある社会人のすべてにむかって〟開かれたものでなければならない」と目標が宣言されたにもかかわらず、その五〇年後には「専門化が進行し、法哲学会の専門集団化が強まった」と言われる（笹倉秀夫、一一―一二頁）。

専門集団化には勿論積極面もあるが、消極面も看過できない。ある者は、世界各国の法哲学は「法制史家、法社会学者を含めての実定法学の専門家」のもので「法哲学プロパーなど」はなく、「いわゆるプロパー中心の日本法哲学会の今日の存在は、全世界において奇異」だといい（水波朗、四九頁）、他の者は、「宗旨の違う神々が同じ土俵のなかで（学際的）論争を……やっていけるドイツ人……は、日本人の目から見てまことにうらやましい」と嘆く（青井秀夫、六―七頁）。その状況を私も「閉鎖性」と言ったが（三三―三四頁）、その後者はむしろ学風の特徴を指摘するもので、この点には別の指摘もある。欧米では師を批判して「多少とも独創的なことを言い出さねば、そもそも学会にデビューできない」のに、わが国では「これはタブーで」あるとし、また、「ことに海外の、生まれてははかなく消える（新カント派的な）法哲学的諸〝観念〟の断片的な輸入・紹介に奔命し」ている。その理由は、法哲学者の仕事は、権利も法規範も観念化し「そうした〝観念〟を対象化し客体化して、これにつき価値中立的な〝科学的〟記述することに尽きる」からである（いずれも水波朗、四九頁）。

日本法社会学会も、同年に同様創立五十周年を記念し会員三十名が各自の課題を『法社会学の新地平』に集めた。各テーマは現代日本の多様な諸問題をとらえ、その中に日本の理論法学を外から観るものも、少ないが在る。全体の五主題のうち一を占める「比較法社会学」については、諸法文化の比較的研究方法を追求するもの（角田猛之）と、アジア法の普遍性を遠望しつつ当面は多様性の分析方法を探るもの（安田信之）と、二名が客観的な比較研究を強調している。日本法学を率直に外から観察するのは、「研究成果の国際的発信」すなわち「理論に関連づけながら行われた信頼しうる経験的研究（をもって）、圧倒的に欧米産である法社会学理論に修正を迫り、新たな理論の誕生を促すこと」を、「研究・教育」の一課題とするもの（宮澤節生、二七二頁）だけである。

以上の発言は、各筆者の意を尽くした詳論でもなく数も多くはないが、日本の法理論研究の一問題点、国内では見なくとも済むので通常は見過ごされているが外からは一見して明白で実は重大な学問上の問題点を明快に衝くもので、私はこれを日本人法理論研究者の尊厳を問うものと受け取る。これを確証するには、日本人研究者の自己反省あるいは外国人学者の忠言を聴きたいのだが発見できなかった[6]。よって、国際活動の全面から研究者の尊厳が潜む場所を探りあてそこで日本人研究者の問題点を確認するための試金石として、私の知見は未熟で躊躇の心もあるが、経験した国際活動の実際を要約してここに提示してみたい[7]。

第三節　国際活動の方途

国際活動の語には他の用法も可能だが、ここでは「研究者が国籍・言語・宗教その他の社会＝文化的集団所属を超え人類的レベルで学問の水準をめぐって交流する活動」とする。したがって、外国の成果を広く消化し国内では国際的水準だと言われる業績も、一方的な輸入にとどまるならば国際水準にあるとも国際活動だとも言えない。[8] 逆に外国には行かなくとも業績が外国人研究者に知られて論議されるのは国際活動の一端である。[9] また双方的な交歓でも、目的と成果が学問の水準に関わるのでなければ国際交流ではあっても国際活動ではない。

国際活動の場面は、外国語で対話する語学力を必須条件とし、主要な形態は、研究内容を外国語の論稿に書く執筆活動、外国の諸機関でする講義・講演・研究等の参加活動、および多数国人による共同研究・会議・団体等の組織活動、と三に分けられ、さらにそのすべて通ずる基礎条件も別に挙げられる。

一　語学力

学問研究と語学と言えば論ずべきことが多いが、ここでは、日本語で育った研究者が直面する外国語能力の問題に絞る。[10] 外国語能力は、研究者が国際学界で自由を容され生命を認められるための必須条件である。だが、ネイティヴスピーカー並みの流暢さと能弁は望ましいのだが必ずしも必要ではなく、むしろ間違いや不適切のある訥弁でも役に立つ。真実のコミュニケイションでは、対象は言葉の言語的意味よりそれが象徴する文化的意味むしろそれを意味させる発言者の人間性が決定的であり、手段には言葉だけでなくサイレントランゲージも付き合い方もあって多様だからである。必要かつ十分な語学力は、多少不自由ではあっても意思を通じ合える基礎的な人間的信頼関係を作りあげる程度でも最低条件を満たす。それができた上に正確な外国語表現を身に付ければ、国際学界で名誉を与えられる条件が整う。

具体的には、まず、外国語で意思を率直に交換できる会話力である。必要な日常会話から時にユーモアや冗談を交える対談、研究に関わる学問的会話などが重なって、相手と長く交流を続ける信頼関係を醸成するほどの会話力があり、自分の外国語の不十分さに謙虚な自覚があれば、十分に有用である。

会話力は、学問では対話力である。対話の基礎条件は、話す時でも書く時でも、先方の発言の意味を正確に理解しそれにタイミングよく的確に応答することである。そのためには、先方の発言を問い直す質問もそれを気持よく受け入れさせる当方の配慮も必要である。対話には、理解力と表現力との二面がある。

理解力は、先方の言う意味を正確に理解することである。正確とは、会話でも通信でも、先方の言葉の意味はもとより、その言葉に託された意図、言外の意味、自分に対する評価または時に下心までを正確に看取する洞察力である。重要な論稿ならば筆者に替わって要旨とキーワードを作成できるほどの読み込みもせざるをえなくなる。ゆえに、それらの労を注ぐ必要の有無を鑑別する能力も理解力の一面を成す。

表現力は、自分の思うことを躊躇なく的確に表現することである。外国語で考え・話し・書くことが自然にできればよいが、できなければできるように努力するしかない。日本語の通訳か翻訳に頼るのは最後の手段で、外国語の少なくとも一つには上の努力を実行することが求められる。だが表現力は会話より執筆に致命的である。

二　論稿の執筆活動

論稿にも諸形態があるが、学会・研究会に報告するペーパー、雑誌・図書類に寄稿する論文、単行の編書、の三を主とする。執筆の手順には以下の九段階が含まれ、その可能性が研究者の国際学界における自由の証であり、その結果が研究者としての生命を認められ名誉も与えられる主要な理由と契機を成すこと、言うまでもない。

最初はテーマの選択、すなわち当初思いつく多数の論点を一つに整理して適切なタイトルに表現することである。論点・タイトルが編集者から指示されている場合も選択が任されている場合も、自分の具体的成案を編集者に十分了解させておくことが必要である。その他いずれの場合にせよ、執筆要領の厳守、したがって締切や分量その他で例外を望む場合は小事でも事前の了解が要る。それらは研究者の生命を認めさせる前提条件である。

次の論述の企画は、テーマに従って大小の諸事実・諸論点を事の性質と叙述の便宜に従って論理の通った体系に組み立てる執筆計画である。繰り返し書き直す必要があり、新資料を得るたびにも執筆が進む中途でも修正することがあるから、その完成は草稿全体とほぼ同時で、また要約とキーワードの原稿ともなる。筋が明快に組み立てられ草稿完成後の校閲と修正に時間を十分取っておく企画は、良い論稿執筆の条件である。

資料の収集は、時間的にはテーマの選択から草稿の完成まで執筆の全段階に随伴し論稿の出来を左右する決定的な要件である。勤務先や書店が供給する情報と文献が主であるが、個人で収集する文献と情報も不可欠なので、国際学会・国際会議・国際雑誌等による情報集めと外国の友人との論稿交換等の通信も欠くことができない。

そのあと草稿の叙述は、研究者が外国語に熟達ならばただちに完成稿となるが、私の程度では草稿で、日本語とは思考様式も表現形式も違う外国語で限られた語彙を動員して暗中を模索する思いの作業となる。具体的な留意点は、形式面に、前記の執筆要領順守のほか、参照文献の表示と引用が国際慣行に従って正確で信頼できる、(11) 要約・キーワードおよび索引(12)が要領よく有用、等があり、内容面では、問題提起と総括結論が明快、諸論点に関係する他の文献の参照・対照・批判・反論が周到、(13) 論述は必要を満たし無用な言葉と事項がない、等である。これらの配慮により論理が快く展開することが、良い論稿の条件である。(14)

最後が草稿の校閲である。通常の校閲は使った外国語の過誤や不適切などを訂正することで、必要のないほど外国法に練達の人も居るが私の程度では謝金を出しても省くことができない。校閲者は経験のあるネイティヴスピーカーの法学者か専門の近い者であれば申し分ないが、語学教師か留学生でもよい。校閲の一種で知人に内容の予読[補2]を求める欧米の慣例は、論稿の事前通知でもあるが同学の賛否を知り草稿を修正する契機ともなる[15]。原稿はそれを経て完成する。

以上は依頼されて発表手段が特定している場合の手順だが、それが未定で自分の自発的企画で執筆を始める場合は、手順の最初から時には最後の段階まで、会議や研究会、雑誌や図書、出版社等々数ある発表手段の選定が問題となる。幾多の候補を検討し一つを選んで交渉し・投稿し・審査を受け不成功ならまた試みを繰り返す心労はあるが、この場合には没《ボツ》となる不成功もあることが当然で、成功すれば心労を償って余りある安堵感を与えてくれて効は大きいから、是非試みるべきである。

編集者またはレフェリーによる原稿の審査ないし査読が、日本の法学界でもやっと真剣に顧慮されるようになったが、欧米では当然の関門で投稿の場合は勿論依頼の場合も時に行なわれる。拒否されれば不快だが、採否いずれでも原稿について修正点や欠陥の指摘を受けて有益だから、出直しを覚悟して進んで受けたいものである。

費用の問題もある。印税・原稿料は、もらえるのは特別な企画の場合に限り通例は無いから、期待すべきでない。反対に掲載料を要求するあるいは過度の校正に過料を請求する雑誌もむしろ普通だが、法理論関係ではその実行例を私は聞いたことがない。ただし図書の出版には、欧米でも大勢は日本と同様で、出版社が出版費の全額を負担する企画は幸運と言うべきだから、自分の本を出したければ、財団や大学からの補助金か自費を用意して出版社と交渉することになる。それでも試みる志が要る。

かくて原稿が完成し印刷・刊行されれば、日本ではそのまま業績となるつまり研究者の生命は認められるが、国際活動では学界の評価がなければ業績にならない。評価の形式には、私的な通信から公式の受賞まで多々あるが、一般的には、国際的な雑誌・図書類において、新刊が報道される、新著として紹介・批評される、賛否どちらにせよ引用される、論争を惹き起こす、外国語に翻訳される、等である。勿論、それが研究者の生命と名誉の程度を測る第一の尺度である。欧米に比べれば日本では紹介・批評と論争が軽視されているが、これは研究者が自由であることで満足し真面目である生命と名誉の程度を測る努力をしていないと見られても反論できない(16)。

三　参加活動

参加活動には、A、外国の大学・研究所・国際学会等の諸機関で教授・講師・役員など正規メンバーとしてする勤務、B、それらが主催する会議・研究会等諸行事に責任者・報告者としての個別的参加、C、派遣・招聘・自発等のどれにせよ外国の諸機関への留学・滞在、の三形態が主である。私の経験はCが一回のほかはすべてBでAはないので、そのノウハウは、アメリカや中国あるいはヨーロッパの諸大学で講義したりしてAの経験ある友人方の報告に譲りたい。ただ、その諸例も日本法の講義が大部分で法理論研究を目的とする例を私はほとんど聞いたことがない点だけ付言しておく。

三形態とも、参加先に貢献し自分でも情報・資料を入手するのが表の目的だが、滞在中に外国の言葉と生活に慣れ友人と交流を深めるむしろ友人をつくる等裏の効果が、研究者本人が活用するならば自由の上に生命を認め名誉をも与えさせる基礎条件を用意することになる。ゆえに単なる見学でなく実質的な参加の回を重ねることが大事である。

四　組織活動

組織活動の一は、常設の学会・研究所等国際組織の役職就任で、会長・所長・理事長や事務局長・理事等の役員に就任し、あるいは機関誌編集の主任・委員・顧問、その他諸種の分科会・委員会等の責任ある役職を担当し、またはそれらの事務を補助するなど、組織運営の責任を執行する一般目的の活動である。日本人法理論研究者にも、最少数の副会長や相当数の理事と編集顧問などの例は聞かれるが、会長と事務局長はまだ聞いていない。いずれも研究者としての生命を高く認め進んで名誉を与える意味のあることは、言うまでもない。

二は、複数年の継続的共同研究計画を組織・運営し研究会議を開催し成果を公刊する等の責任をとる活動である。これには、国際学会あるいは大学・研究所等が主催し企画大綱・財源措置・会議開催・議事録発行などの諸段階の全部あるいは一部を負担するものが多く、大きな国際学会では通常組織委員会が事に当る。研究者が依頼されてその業に当る場合は活動が受動で始まるが能動の要素も勿論必要で、始めから終りまで全過程を個人が果たす全能動型も、その中間諸変型もある(17)。いずれにせよこれら諸活動が研究者に齎す渦中の心労と事後の充実感は、受動型にも伴うが能動型では一層大きく、それだけ研究者の生命を輝かせ名誉を高めるものである。

三は、国際組織あるいは大学・研究所の企画または委託により単行の研究会議を組織したり、大きな会議で一分科会の運営を託されるなどで、通常コーディネーターと呼ばれる場合が多い。この活動は研究者としては当然の生命発揮で、学界で名誉になるのは参加者の顔触れないし成果とくに議事録の出来が出色の場合である。

五　基礎条件

その他いろいろのうち、私が有志の補正を待ちつつ現在強調したいものに、以下の諸条件がある。

まず鑑別力が要る。文献については、著名な研究者と著書を重視するのは当然だが評判に盲従ではなく自分自身の批判を持つ、軽視か看過されているものを再考あるいは発掘する、外国書にも有用と無用を区別する、等の鑑別が不可欠である。人についても、既知と未知を問わず各研究者の、実績・経歴・性格その他の背景をできるだけ知ってその人間の理解に努め信頼性を鑑別しておくこと、同様である。これは当人を差別するためではなく、自分が当人の学問をどう理解・評価し個人的交流をどう進めるかを内心で決めるためである。

すべての場合に不可欠なのが明快な意思表示である。学問的な対話中の発言、会議における質疑応答、論稿における自分の見解・主張、他文献の評価と引用の理由、編著の場合の方針、[18]等々について、自分の意思を先方や読者に誤解なく正確に通じさせるのに、日本語にはない表現が要る。その表現は先方の意見か時には反論を呼びおこす可能性が大きいから、それに対しては責任ある態度つまり説明あるいは議論する誠意もなければならない。

そして慎重な配慮の要るのがテーマの適切な選択である。上述のとおり国際活動では執筆・参加・組織のどれの場合でも学界の積極的評価を引き出すテーマを選択するには、「世界の情況が見える」ことが前提である。すなわち、自分の思う論点・テーマが世界の研究状況中に占める位置を知ることと、世界の誰が同じ論点・テーマを追い何を言うかを推測できることである。日本人研究者が日本法をテーマに選ぶのは自然だが、国際水準の比較理論を踏まえなければ法理論にはならない。[19]もっともこのことは、どの国の研究者にも妥当するはずである。

機会の活用を努力する必要もある。研究者が国際活動をする機会は、論稿の公刊、外国の機関への留学・勤務、国際学会での報告や組織の役割遂行、等々多様であるから、できれば自分の論稿ができていなくとも自らの問題をあらかじめ用意して機会を探し摑むのが王道である。それには、国内学会の通知や推薦に待つより、自ら情報を集め候補を調査し先方に問い合わせる等の努力と、チャンスとあれば見逃さぬ決断とが、要る。企画自体を提案して機会を作りだす積極性も望ましい。積極性はどの場合にも必要で、謙譲の美徳は絶無にしてはならぬがこれを破る勇気の方を私は望む。

そのような国際活動の間に生まれるのが外国の友人との信頼関係である。訥弁でも人間的な心使いを忘れなければ信頼できる友人を得ることができる。そうなれば、ファーストネームで呼びかけすぐに本題に入る通信を何時でも授受し、その間に、自分の企画にアドヴァイスひいて応援を受け、学界の自分に対する評価を教えられ、(20)別の良き友人と活動する機会を紹介され、等々の契機が生まれ、かくてその深さと広さが国際活動を保障する。

第四節　結論に代えて

紙面が尽きる。十全を尽くす余裕はないが結論の要点だけは稿を閉じる前に記しておかねばならない。

国際学界は法理論研究者に対して、活動の自由を勿論容れているが、その上で研究者としての生命を認め進んで名誉を与えるには、本人の論稿・組織・参加の諸活動における実績の評価による。ただし評価を表現する形は、学会のフォーマルな表彰・記録・活動などにおいてのほか、研究者間のインフォーマルな発言・通信・批評などによっても可能であり、また研究者側の受け取り方にも差があるから、研究者個々の人格に尊厳が顕在するか否かをそれらによって判定する指標は、一律ではありえない。学問の水準が多様であることからしても、それが当然である。

しかしそこに明らかな事実がある。尊厳は、原則としては、その社会＝文化的変数である周囲の尊重を他の変数である本人の志向が受け入れて顕在する。だが例外的には、本人がこれを拒否し時には学会を離脱して尊厳を維持しえたとすることもある。この事実は、本人の志向と周囲の尊重とが矛盾すればその判定は歴史に待つほかないこと、しかしそれでも自己発揮を目ざす本人の志向こそ尊厳の有無の決定因だと言える可能性を、示している。

したがって法理論研究者の尊厳は、自己発揮を目ざす本人の志向が客観的に認められるところに顕在する。これを認めさせる客観的指標は上記の事情で確証できないが、主観的指標はある。志向を実現するために学界の水準を目ざし誘惑や妥協と闘う本人の努力、および、個人の特異性も文化の相違も超え一つの人間類型として意思を通じ合える研究者間の人間的信頼関係である。この二面の主観的指標は、判定に見解の差はあってもその有無を具体的に確証することが可能であり、在ることが證明されるならばそれが客観的指標としても働く。[21]

それが結論ならば、「人事を尽くして天命を待つ」とか「自覚と努力」とかいう周知の生き方にほかならないように響きこれまでの考察は無用だったことになる。果たしてそうか。その判定は、有志に委ねるほかない。

（1）　ここに言う資格と責任は社会学的概念で、社会を構成する基礎要因である役割すなわち「人が他人と相補的に持ち合う行為期待」の、期待する資格と期待される責任との相関する二地位のことである。この社会的な資格・責任は、法的に特殊化されて権利と義務になるから、社会的権利・義務と言いかえることができる（千葉一九八〇、九章とくに一三九、一四五頁参照）。

（2）ドイツ語の Rechtstheorie は、その名の雑誌が確固たる権威を持つことに明かなように法理論は法学の一つの特殊な分野として確立しているのに対し、英語の legal theory は、まだその段階に至らず一般用語の意味のまま用いられている。

（3）近代西欧の法観念と法制度はすべてが普遍的であるかのように扱われることが多いが特殊性をも多分に蔵していて、人類の歴史と世界の中では多数中の一である（千葉一九八六、一三五、二九七頁）。尊厳もそうで、その通念はキリスト教的文化に由来する（小林一九七二、四頁）。とすれば、イスラーム的や仏教的な尊厳もあり、同様に人間性の相違による尊厳の特殊型もあるはずである。

（4）法社会学会では、「研究成果の国際的発信（を）コンスタントに……行っているのは千葉正士会員ぐらい」で、外国で引用されることのあるのが六本佳平と棚瀬孝雄と言われる（宮澤一九九八、二七一頁）。私は、後者に川島武宜と宮澤自身とを加えまた及川伸と石村善助も考慮したく、法哲学からは野田良之・小林直樹・碧海純一・矢崎光圀・佐藤節子・吉野一等に国際的活動があり、それら以外にもアメリカ・中国その他諸外国で日本法を講義しあるいは概説書を出版した友人たちが居ることを、承知している。問題は、それらの活動が国際学界からどう評価・尊重されるかである。

（5）この点は、詳論の余裕がないが、私が主張する法の主体的観点（千葉一九九八、二章参照）を応用する試みである。

（6）日本法学の「内向き」な傾向を反省し日本法を「外から見た」例に、石井＝樋口一九九五がある（とくに四六三―四六四頁）。だがその収める一七編の言う「外」とは、意味が不明な一編とヨーロッパ中世法・社会進化論・オーストラリア・ＥＣ各一編を除く十二編がすべてアメリカだから、それら以外の「外」を無視している。もっとも編者は、そのタイトルの英訳を Japanese Law in *an* International Context と表現しアメリカ法専門の藤倉皓一郎の退官記念に編集したと言うからその真意は察せられるが、それを明示せずに日本法学界の不正確な表現慣行に追随しているのはやはり「内向き」の姿勢を残すものである。最近の阿部＝畑一九九八が、収めた一八国の憲法中にラテンアメリカからは一国を採るがアフリカ・オセアニア・ムスリム・政教合一制の諸国をすべて無視するのに何の説明もせず世界を称するのも、同様である（この点、先行の樋口＝吉田一九九一も一〇国だけで世界と称しているが、この編者はそれで世界を代表させる理由を「おわりに」で記している）。この世界観念は、事実に反する上、存在を無視された国の人々が無視した法学を信頼するだろうかを思うと、私は寒心にたえない。

（7）私の国際学界経験は、四十代半ばの一九六五年より一年余の外国生活と五の国際会議参加から始まり、帰国後はさらに他の諸国際学会に加入し諸会議に参加してからであった。この経験を記録するには、できれば同じ志向の日本の友人と共同研究を経てからしたかったが、私が知るその友人とは、スペインに生まれカトリック教会とドイツで勉学したホセ・ヨンパルト、アメリカから出発して眼を広げつつある宮澤節生、コンピューターによる論理法学を進めている吉野一で、私を含めたこの四名の間には年代と経歴にも具体的関心にも相違があるので、とりあえず私見を提示して他の三氏には志があるならばこれに対応するのを待つことにする。三氏とそのほかにも私が不用意で見過ごしたであろう友人方それに読者方に了承を願ってやまない。

　もう一点、国際活動については日本の同学者の間にノウハウが公開されていないため、とくに研究を始める若手にはそのマニュアルを用意することが望ましいと私は思うので、以下の記述が後日その完成に役立つことを、私は願っている。

（8）たとえばマルクスとウェーバーの研究は、大部分がこの種のものだろうと私は推測する。

（9）たとえば丸山真男はその一例であろう。この場合でも本人の外国人研究者との接触は相当なされていたに違いない。

（10）外国語に堪能でこれに問題が全然ない研究者も近来増加していることは心強いが、ここでは私自身の程度を念頭において考察を進める。私は、戦前に英語と独語の学校教育を受け仏語を独習し外国語社会の生活は戦後四十代の半ばに一年間アメリカに滞在しただけである。少なからぬ友人が外国人なみの外国語を習得するために大きな努力を払ったのに比べると、私は努力が足りなかったと批判されてもやむをえないが、それが日本人研究者の通例であるのでここに恥をさらす次第である。

(11) 文献の表記と引用には、統一方式こそないが国際的に通用するおおよその共通ルールがある（千葉一九七二参照）。これを法学者はごく一部のほかは無視しているが、法理論研究者はこれに習熟するため日本語論稿でも倣うよう、私は勧めたい。

(12) 索引は、編書の場合など困難なこともあるが、単著の図書には必須で、良い索引ができることは良い本の一条件である。

(13) 論稿は、諸論点につき他の関係文献との対照も問題点の論議も十分になされてその所説が証明されていることが基本的要件である。だから、自分の意見を一方的に述べるだけでは、そのことが目的である特殊な場合のほかは、論稿に値しない。

(14) 勿論例外はあるが概して言えば、日本語による論述には学問的な成熟度と明快度に反する奇異な慣行が少なくない。たとえば、長々の序論、用語と事項の無駄や重複、意味の曖昧な文章、要約もキーワードも看取できにくい叙述、自説の主張か弁護が主で異説との対照・議論が不十分、敬語の重用、等々である。良い論稿は、論理の展開がテンポよく、読後には分量の長短にかかわらず快い充実感むしろ知的衝撃を残すものである。

(15) 本稿も、引用した数人の友人に予読を乞い基本的な賛意と有益な示唆を得、安心して完成させたものである。

(16) ヨンパルトが討論・論争の場として叢書『法の理論』を創刊したのは（ヨンパルト＝他一九八一参照）、日本の法学界では前例のない壮挙だったが、欧米の目から見ればまったく自然でこれを壮挙と言うことが不思議議であろう。

(17) たとえば、私の非西欧の法社会学研究（Chiba 1993）は受動型、アジア固有法研究（Chiba 1986）は全能動型である。

(18) 日本語の編書には、編者の責任ある編集方針と成果の自己評価が明示されていないために書物の趣旨を理解するのに戸惑うものが少なくない。注(6)で引用した三編書がすべてその点で国際的基準に適うか、疑問が残る。

(19)　ここで日本法研究の意味に一言したい。その実定法および歴史については多くの分野とその学問的水準が成立していて、外国でも近年はそれを紹介あるいは比較する企画が会議・講義・図書等の形で頻繁に行われていることを、これを担当した日本人研究者のために私は祝福する。しかしこれを法理論研究として観ると問題点が三つある。一は外国の日本法への関心はその個有文化からする一方的なものが多いからそれをそのまま受容するのでなくこれを客観視して批判する理論的基準を用意すること、二は日本法の事実もまた同じ客観的基準により世界の他と比較できるよう理論的に再構成すること、三は外国法をもその基準をもって観察し直接の対象はどこであれ国籍に拘わらぬ人類的規模の研究を展望することである。

(20)　これは私自身の実感である。中でも、一〇年続けたアジア固有法共同研究（Chiba 1986, 千葉一九九八、九章、本書第一五章第一節を参照）と、私の非西欧法の構想を中心にする編書（Capeller & Kitamura 1998, 千葉同上書三一七頁補注（2）、本書第一五章第二節を参照）は、このような友人関係の重要さと有難さをつくづく感じさせる。

(21)　これは一つの基準であって、私はこれだけを盾にして内外の同行する友人にレッテルを貼るようなつもりは毛頭なく、法理論研究者と言っても他の類型ひいて他の尊厳形態があるはずと思うので、それが対論として提出されるのを願っている。

(補1)　原文は、「法理論研究者の尊厳――国際活動の意義」、ホセ・ヨンパルト教授古稀記念祝賀『人間の尊厳と現代法理論』成文堂、二〇〇〇。

(補2)　予読とは私の造語で、後記の査読が完成論文のいわば公的な審査を目的とするのと違い、完成以前の論文（むしろ草稿）につき友人に私的な閲読と教示を請うものである。

第一五章　研究手法の一側面（補1）

第一節　本稿の意図

一　主題の意味と動機

本稿は、研究者の研究作業が成果を挙げるために不可欠な研究上の共同および協力の手法を考察することを、主目的とする。ただし、以下の論述は自然科学にも相当部分が妥当すると思うが、私が当面脳中に置くのは社会科学における学際研究である。

私は、一七年前の本誌に共同研究論を寄稿した（**表3**―9番の千葉一九八四、以後前稿と言う）。その趣旨は、共同研究が学問的研究の実行に不可欠な手法であるにもかかわらず、これを科学方法論として体系化・理論化することについては研究者の関心がほとんどなく、従って拠るべき成果も当時は皆無なので（1）、私はこれを遺憾とし学界はその手法をルール化して体系的なマニュアルを用意すべきだと考えて作った最初の試論であった。私が東京都立大学を定年退職するにあたり、その勤務三四年の間に自分で主宰した一八と先輩友人の主宰に参加した一一の共同研究で得た恩恵を思い、経験を整理したものであった。

私の当初の専攻課目は、戦時中に東北大学大学院で選んだ法哲学であったが、具体的には日本社会の慣行法をテーマとしこれを戦後となっても法社会学として続けた。それが一応の成果を挙げたころ、日本を比較して理解するために他の非西欧諸国の伝統法を知る必要を思い、法人類学にも踏みこんだ。その間に私は、機会を掴まえては先輩や友人の主宰する共同研究に参加するとともに、自分でも小規模から始めて主宰を試みることにもなった。一九六六年アメリカ留学から帰った時、都立大で始まった都市研究が諸社会科学を学習し科学の学際的方法を試験する絶好の場と見てこれに参加し、以後都市研究とともに共同研究の実行に努めて、都立大退職の一九八三年までの経験を蓄積して前稿を得た（その経過は前稿一一二―一一五頁）。

私の共同研究は、移った東海大学でも続いた。それまで主テーマであった非西欧伝統法が前稿執筆時にも未完成であった上に人類社会の固有法に拡がり、その視野に新たなテーマとしてスポーツ法学と時間論等が加わったからである。しかしそれらも二〇〇〇年前後には一応の結末に達したので加齢をも考慮して、新たな研究は打止めにし、後進の検証を仰ぐために研究生活を回顧反省することにした。そこで、共同研究論の前稿も再検討した上で補正して完成させる必要を感じたのが、本稿の動機である。

二　本稿の内容

前稿の主旨は基本的には現在も妥当すると思う。日本の社会科学界では、以来二〇年近くの間にも本稿の主題に関係する論稿は依然として稀で、私が知ったのは、『共同研究論』一九九二の一冊に掲載された三論文だけである（赤木一九九二、武者小路一九九二、多田一九九二）。いずれも、共同研究の効果と注意点や形態等を述べ貴重な資料には違いないが、それぞれの専門領域だけの論議に限られていて一般性を欠いている。よって、前稿は今日でもその一般論の出発点として意味があると考え、今回も自分の経験を基礎に提案を完成させることにした。

再検討を始めると私自身が修正補充したい点にも気づくので、本稿はその補正を一方の意図とする。だがやがて別の意図も加わった。前稿を生み出した私の経験は都立大に在職した期間自分の研究を遂行するために夢中であった時期にあたり、夢中であったからこそ出来たことがあったのだが、夢中のあまり他を顧みる余裕がなかった。しかし今になって気づくことは、共同研究の重要さは間違いないがこれを特記するならば、それと並ぶ他の手法をも指摘した上で関連する手法の全体像の中に位置づける必要があり、同時に他を含めた全体像をも概観しておくべきことである。これを果たさなければ私の共同研究論は未完のままになるので、これを完結させることが本稿の他方の意図となった。それも不十分に終わらざるをえないであろうが、後事は若い有志に期待してともかくも私の記録を残そうとするものである。

共同研究と並ぶ他の手法とは、それと対照される個人研究、およびこの両者のいわば中間にある形の研究協力である。よってまず以上の三手法を論ずることが研究手法を総合的に考察する出発点になるであろう。そのうち共同研究は前稿の基本を維持してよいと思うのでそれを簡潔に要約した後に補正点をも次項で述べることとし、次いで今回新たに留意して検討すべく提案する研究協力の意義を論じ、終わりに個人研究にも一言しておくことにする。

第二節　共同研究——研究作業の共同

一　前稿の要旨(2)

共同研究の基本的性質は、「共同作業・共同成果・共同報告書公刊の三を主要要素とする研究作業であり、報告書の図書刊行がその望ましい結果である」とされた。発表形態は、図書刊行を最善とするが、刊行には困難な場合も不適な場合も当初から望まぬ場合もある。図書に替わる次善が、専門誌への特集としての掲載または連載、各共同者の諸誌書への分載、部内資料の形での印刷・頒布、さらに学会または研究会での共同報告、等々である。それらの完成報告だけでなく、共同作業によって蒐集された資料が貴重で資料集が有用なこともある。

共同研究の性質上の機能としては、共同者にもたらす順機能が以下のように挙げられる。個人では得られない知識・資料および方法の交換による入手、人間的交流を通ずる知己・学友の獲得、比較的多額の研究費の調達、目的達成による学界への貢献、各人の研究能力の向上すなわち有為な研究者の育成、等々で、かならずしも定型があるわけではなくむしろ目に見えない成果が重要である。ただし、それらの機能が十分に発揮されない例も少なくなく、時には逆機能もありうることに留意が肝要である。

上記した有形無形の成果を効果的に挙げるには、いくつかの条件ないし要因がある。基礎的要因としては、学界の動向や施設・経費等の外在的要因に、共同者の能力・意欲・倫理観などの内在的要因もあるが、共同研究を組織運営するためのプラス要因にしぼると以下のものが挙げられる。まず研究計画の内容は共同のテーマと方法を柱とするが、共同者に魅力を与え意欲と責任感を当初かきたてる上に、それも長くなるとかく冷えてくるので中途でこれらを更新し継続させる工夫が要る。その基礎条件は、各共同者が役割を確認していて合同研究会を有効に重ねることだが、それを推進する誘因としては、最終目標は成果公刊の場合だとしても、中途では合宿、学会報告、資料集あるいは翻訳の作成、など中間目標を置くことが有効である。

共同者については、テーマに専門的知見のあるベテランとともにこれと共同し自己改造までする意欲のある若手も加わるのが望ましい。各共同者は、自己の役割を自覚し共同作業に参加するために時間を十分に調整し、進んで個性ゆたかな各人と作業でも人間性でも相互に同調できることが条件である。また共同の効果を挙げるためには、外国語や古文書、コンピューター・自動車等の機器、等々特殊技能の持主も、また共同者間に円滑な人間関係を促進する外向的個性も、有用である。

共同研究は一つの研究組織を運営することで、その作業は共同目的を遂行するための本来的業務と付随的業務とに大別される。付随的業務としては、研究計画の草案造りが初めにあり何回か書き直すとともに費用の調達に腐心しなければならない。計画が実施されることになると、研究会の長期と短期の予定を立てて実行することが多くの事務を必要とするので、あわせて事務とくに会計の担当者と方式を整える。これらは普通「雑用」と呼ばれるが、その功は研究作業の進行を左右する重要な業務であるからこれを一つの学問的貢献と評価すべきだと、私は考えている。それらのいわば直接的な業務のほかにも、関係ある団体や機関への情報の提供と交換、財源や発表機会の模索など、間接的な業務もある。

本来的業務は目的を果たすための研究活動なので、各共同者の任務とその遂行が前提となるが、責任はその総括に任ずる主宰者に集中する。主宰者は一共同研究を実際に組織・運営する責任者で、発想の当初から他の機関や団体が関わり時には名義上の主宰者が別にあることもあり、また実際には事務局を担当する幹事役の補助を受けなければならないけれども、一般には共同研究の運命と成果を左右する。その任務は、幹事役と一体となって付随的業務を遺漏なく実行することもあるが、研究計画を操作しつつ実施する本来的業務にその本領がある。それには、一方では各共同者が役割を完遂できるように、共同研究の意図・方針と進行予定を熟知させ役割理解を促進するとともに、共同者一人々の個性と生活環境をも把握してチームワークの高揚に努め、他方では研究の進行状況について、各共同者の進捗状況を把握しておきそれにより当初の作業仮説を書き直すなど常に目標を示すこと、がある。主宰者が個性によってそれらの任務に不適な点があっても共同者とくに幹事役の理解と協力があれば乗りきれるので、その主宰も結局メンバーの共同作業に依存する。

二　前稿の補正

以上に要約された前稿の主旨につきその大綱を維持したまま、**表1、2**に記載した実例を資料として以下の諸点に補正を加えたい。

第一に、共同研究の概念が明確に規定されていなかったので、これを「複数の研究者が一つのチームを組織して特定テーマを研究する共同の活動」と明定する。この修正の意味は三点にある。一は、共同研究がそれを特定の目的とする組織によることを前稿では諸処で言及しながら明示しなかったので、組織性こそ、本稿が新たに述べる個人研究および研究協力との相違点だとして共同研究を特徴づけたいことである。二は、共同者は研究者（その意味は第三節二で述べる）に限られ、次に述べる研究協力の場合に協力者に含まれる非研究者を除くことである。三は、前稿が共同研究の結果を図書で刊行することを最善としたことを今回否定するのではないが、共同者が共同作業の間に果たす自己錬磨という潜在的な効果の意義を一層重視し、それが効果的ならば発表形態は次善の形であっても共同研究の実は大きいと認めたいことである。

第二に、共同研究には順機能が多いけれども実は逆機能の可能性も大であるから、これを適切に防止すべきことに前稿では言及したが散発的だったので、その重要性にかんがみて纏めて警告を発しておきたい。たとえば、若干の共同研究とくに研究機関の内部組織が担当するあるいは諸団体から委託されるものには、実は無用な図書・資料等の購入、研究会と称する物見遊山的旅行、責任遂行を見せかける無内容の報告書の形式的作成、等々がとかくあって、有効な学問研究ではないのに研究エネルギーと研究費の無駄遣いであるものも、ある。また、長期にわたるあるいはメンバー数の多いものには、研究上の困難に逢着する、メンバー

表１　共同研究＝主宰分

（°は主宰者＜黒字＞を助けて主宰を実質的に共同したもの、*は国際学界の企画を担当したもの。財源に記載のないものは自費による。下線以上は前掲で表示したもの）

No.	実施年：企画名＜財源	テーマ名	参　加　者	成　　果
1.	51-52：ゼミ自主調査＜大学費	都民法意識の調査	都立大ゼミ学生	千葉1954[1]
2.	°53：委託調査＜労働省費	赤線区域実態調査	**泉靖一**、平野竜一他	泉＝千葉編1955[2]
3.	53：委託調査＜東京都費	新島村自治慣行	江守五夫、学生	千葉1956[3]
4.	56：委託調査＜同上	桧原村自治慣行	柴田徳衛、北島正元他	千葉編1957[4]
5.	57：委託調査＜同上	青梅市成木自治慣行	同上、石村善助他	千葉編1958[5]
6.	°56-61：論文集編集＜寄付金	広浜嘉雄追悼記念	**中川善之助、他**	中川他編1962[6]
7.	°58-60：区史編集＜区費	目黒区史作成	**旗田巍**、石塚裕道他	千葉編1961[7]、他
8.	60：委託調査＜東京都費	小平町自治慣行	都立大学生	千葉1961[8]
9.	62-63：ゼミ自主調査＜大学費	郵便事故、越境入学他	都立大ゼミ学生	千葉1963a[9]、b[10]、1965[11]
10.	°62-63：論文集編集	石崎政一郎古稀記念	**野田良之**、沢木敬郎他	野田他編1968[12]
11.	68-69：マクニール研究会	紛争理論の再検討	石村善助、袖井孝子他	千葉編訳1970[13]
12.	71-72：都市研究＜都費	都市の総合的概念	太田秀通、中村孚美他	千葉編1973-75[14]
13.	72-73：古典論文選翻訳	法人類学の14論文	中村孚美、小池正行他	千葉編1974[15]
14.	*°75：国際会議組織＜諸費	国際法社会学会＝東京	**川島武宜**、石村善助他	Chiba 1976[16]
15.	*78：国際会議部会組織	同上＝ウプサラ	欧米豪印八名と共同	独比の２誌に分載
16.	71-83：法人類学古典翻訳	ホーベル『未開人の法』	中村孚美と共訳	千葉＝中村訳1984[17]
17.	77-86：国際共同研究組織＜諸費	アジア固有法の比較	Baxi 他アジア文化６国	Chiba, ed., 1986[18]
18.	79-87：外国法共同調査＜諸費	スリランカ固有法の実態	中村尚司、安田信之他	千葉編1988[19]、他
19.	80-81：法人類学書翻訳	ロバーツ『秩序と紛争』	湯浅道男、鈴木輝二他	千葉監訳1982[20]
20.	*83-84：法学研究＜東海大学費	法学座談会12回	東海大教員	『法学研究資料』[21]
21.	83-93：共同研究＜同上	スポーツ法の可能性	法学体育両学部有志	千葉1990[22]、他
22.	°85-86：紀要編集＜同上	東海大法学研究所年報	**佐藤功**、他	『同研究所年報』[23]
23.	*87：国際学会部会組織	国際法哲学会＝神戸	14報告者を組織	千葉1989[24]
24.	88：法の象徴性研究＜学振費	Gusfield 招待	村山真維、神長百合子	千葉＝北村1988[25]
25.	°*89-92：Arnaud 事典編集	非西欧法部会分担	15論文を集めて掲載	Arnaud 1993[26]、他
26.	*91：国際会議組織＜主催者費	非西欧諸国の法社会学	オニャテイ研究所主催	Chiba, ed. 1991[27]、他
27.	93-94：入門書編集＜出版社	『スポーツ法学入門』	学会員と共同	千葉＝濱野編1995[28]
28.	*95：国際会議部会組織	国際法社会学会＝東京	**Arnaud**, Sack 他	Arnaud＝Chiba 1998[29]
29.	95-96：論文集編集	湯浅道男還暦記念	鈴木賢、小林三衛他	千葉編1997[30]

付表：成果の文献名（[#]の文献は表3中に、[+]の文献は参照文献一覧中に記載）

１－「標本観察方法による法意識調査の問題点」都立大『人文学報』(11)。 ２－『赤線区域調査報告書』労働省婦人少年局。３－『新島自治慣行調査報告書』東京都企画室。 ４－『都下山村自治の実態調査報告書』同上。 ５－『都下村落行政の成立と展開』同上。 ６－『法と法学教育』勁草書房。 ７－「六現代：戦前」他、都立大学術研究会編『目黒区史』目黒区。 ８－『都市化と地方行政の関係』東京都企画室。 ９－「立法過程における法的理念と社会的利益」都立大『法学会雑誌』３（１＝２）。 10－「通学区域と越境入学」法政大学『法学志林』61 (1)。 11－「わが国郵便及び鉄道荷物運送における損害賠償責任の変遷」都立大『法学会雑誌』５ (2)。 12－『現代ヨーロッパ法の動向』勁草書房。 13－マクニール編『紛争の社会科学』東京創元社。 14－『都市の概念』８分冊、都立大都市研究委員会。 15－ラドクリフ＝ブラウン他『法人類学入門』弘文堂。16－“The Search for the Theory of Law, Hakone, 1975,” *Sociologia del diritto*, 1976 (1)。 17－ホーベル『法人類学の基礎理論』成文堂。 18－*Asian Indigenous Law*, London: KPI。 19－『スリランカの多元的法体制』成文堂。 20－ロバーツ『秩序と紛争』西田書店。 21－東海大法学研究所1884－87。 22－「提唱・スポーツ法学」『東海法学』(5)→千葉2001[#]。 23－東海大法学研究所1885－86。 24－「個別法文化を尊重して世界法文化へ」矢崎光圀他編『転換期世界の法』国際書院。 25－「法の象徴的機能研究とガスフィールドの意義」『法律時報』60 (10)。 26－*Dictionnaire encyclopédique de théorie et de sociologie du droit*, 2me éd., Praris: L. G. D. J.。 27－*Sociology of Law in Non-Western Countries*, Oñati: IISL→千葉編1994[#]。 28－『スポーツ法学入門』体育施設出版。 29－*Legal Concepts in Cross-Cultural Perspecives*, Jour. of Leg. Plur. (41)。 30－『アジアにおけるイスラーム法の移植』成文堂。

表２　共同研究＝参加分

（黒字は主宰者、下線以上は前稿表示分）

No.	実施年：企画名＜財源	テーマ名	主宰者／参加者	成　　果
1.	49-56：都立大ヘーゲル研究会	ヘーゲル法哲学購読	**高峯一愚**／坂野正高他	
2.	50：漁村調査＜科研費	伊東の旧慣調査	**辻清明**／潮見俊隆他	
3.	51-52：村落構造調査＜東大費	徳島県木屋平村調査	**磯田進**／石田雄他	千葉1955[1]
4.	53-55：同上	鹿児島県蒲生町調査	同上／大石慎三郎他	千葉1962[2]
5.	53-55：農村調査＜科研費	長野県蓼科村の近代化	**松田智雄**／住谷一彦他	千葉1959a[3]
6.	57-58：牧野調査＜農林省費	全国牧野調査	**近藤康男**／古島敏男他	千葉1959b[4]
7.	54-56：林野入会調査＜同上	入会権解体の実態	**川島武宜**／渡辺洋三他	千葉1959c[5] 他
8.	56：自治実態調査＜都費	大島の地方自治	**小倉庫次**／松平斉光他	千葉1960[6]
9.	58-64：委託調査＜厚生省費	医療事故救済制度	**唄孝一**／都立大卒業生	千葉1968[7]
10.	60-62：中国農村研究＜科研費	戦前末弘調査の再検討	**仁井田陞**／生方直吉他	
11.	61-62：温泉研究＜温泉協会費	温泉権の全国調査	**川島武宜**／渡辺洋三他	千葉1964[8]
12.	68-69：エチオーニ研究会	エチオーニ本購読	**石村善助**／栗原彬他	
13.	76：アスワン会議＜主催者費	会議＝法と社会変化	**Yassin**／アフリカ専門家	
14.	76-78：民博研究会＜同館費	東南アジアの慣習法	**石井米雄**／石澤良昭他	千葉1983[9]
15.	92：デンマーク会議＜主催者費	Polycentricity 提唱	**Petersen**／Arnaud 他	Chiba 1995[10]
16.	92-97：法文化比較＜科研費	日韓法文化比較研究	**今井弘通**／五十嵐清他	千葉1993c[11] 他
17.	93：国際会議＜東海大費	国家形成と下位文化	**白鳥令**／他	Chiba 1994[12]
18.	94-96：英書編集に協力、執筆	東南アジア諸国法	**Tan**	Chiba 1997a[13]
19.	96：オニャテイ会議＜主催者費	変化渦中の法文化	**Feest, Blankenburg** 他	Chiba 1997b[14]
20.	95-98：フランス語書編集	非西欧法文化入門	**Capeller、北村隆憲**	W. C=T. K. 1998[15]
21.	97：日本比較法学会部会	比較法文化の試み	**木下毅**／真田芳憲他	千葉1998b[16]

付表：成果の文献名（[#]の文献は表3中に、[+]の文献は参照文献一覧中に記載）

１－「村落共同生活秩序の類型」磯田進編『村落構造の研究』東京大学出版会。 ２－「地域組織：鹿児島農村調査覚書」（五）、東大『社会科学研究』13（6）。 ３－「村落における家と同族的構成および身分階層制」勝本記念『現代私法の諸問題』有斐閣。 ４－「入会権解体の社会的要因」近藤康雄編『牧野研究』東京大学出版会。 ５－「岩手県岩手郡葛巻町江刈の事例」他、川島他編『入会権の解体』Ｉ岩波書店。 ６－「大島の社会」小倉庫次編『合併と大島の自治』東京都。 ７－「紛争および紛争処理研究上の問題点」都立大『法学会雑誌』8（2）→千葉1980[#]。 ８－「伊香保」川島武宜他編『温泉権の研究』勁草書房。 ９－「法学における慣習法の概念」『国立民族学博物館研究報告』8（1）。 10－“Legal Plluralism in Mind,” in Petersen & Zahle 1995[+]。 11－「非西欧法理論研究の現在的意義」『法大法学論集』（44）他→千葉1998a[#]。 12－“Sports Law as a Sub-Culture and Supra-Culture,” 東海大『行動科学研究』1994（3）→千葉2001[#]。 13－“Japan,” in Tan 1997[+]。 14－“An Operational Definition of Legal Culture.” in Feest & Blankenburg 1997[+]。 15－W. Capeller & T. Kitamura, eds., *Introduction aux cultures juridiques non occidentales: autour de Masaji Chiba*, Paris: L. G. D. J.。 16－「インド法文化圏」『比較法研究』（60）。

が意欲を失いひいて脱落する、発表・報告・印刷等の目標がなくなる、等々研究作業の停滞が起こりやすく、時には作業を中途で打ちきらねばならないことも起る。そのような逆機能を防止し順機能を促進するために、メンバーとくに主宰者と幹事役は自己の個人研究を一時は停止せねばならないこともある。それが自己犠牲に終わることなく反対に長期的には本人の個人研究の前進に役立つのでなければ共同研究の意味は半減するので、この点の顧慮が最初の組織形成から以後の運営万般に要請される。

第三に、研究費の獲得と利用にある不便むしろ障害である。機関の内部や団体の委託による場合には予算消化のために潤沢に使用できることもあるようであるが、多くは反対に十分な研究費の獲得が困難で、苦心して得られても不足なことはまだしも、利用の不便さは研究の遂行を妨害さえする。とくに科学研究費にいちじるしいように、手続の煩瑣、会計年度の限界、しかも実際の給付の遅れ、等々は補助金制度は真に研究補助をする気があるのかと疑いたくなるほどである。日本は、目的に即して手続・時期・期間等に寛容な補助金制度を原則としなければ国際社会に伍する研究活動は遅れるばかりである(3)。公私の研究補助金が全体として欧米と比べて少ない上に、科学研究費等公費はその条件と慣例の厳しさにより受給者に偏りが生じており、民間の財団などによる補助金は一部を除き審査が的確になされているか信頼感に欠けることもある。

最後に、組織性がなくとも可能な共同研究がありうると思うが、例外的なので有志将来の検討に委ねざるをえない。

第三節　研究協力——研究作業における協力

一　着想の経緯

共同研究は、方法論としての学問的検討まして整備はなされていないとしても、実際には当然の手法として頻繁に実行され、その観念は疑われることなくその語も術語として定着している。これに対し本項が主題とする研究協力は、日常用語の意味の協力が学問研究において種々の形で行われているにもかかわらず、学界はこれを研究手法の一特殊形態と認識することはなく、したがって術語として使用することもない。ここ

表 3　研究協力の成果

No.	成　　果	協　力　者
1.	1949：『人間と法』丁子屋書店	出版社とそれに推薦した一先輩哲学者
2.	1950：『法学の対象』文京書院	出版社とそれに推薦した一同僚
3.	1957：『法社会学と村落構造論』日本評論社	表 1 -No. 3、4、5、表 2 -No. 2-5 の知友、出版社
4.	1962：『学区制度の研究：国家権力と村落共同体』勁草書房	調査地住民、出版社
5.	1964：『法思想史要説』日本評論社	出版社
6.	1969：『現代・法人類学』北望社	国際学界の知友、出版社
7.	1970：『祭りの法社会学』弘文堂	調査地住民、出版社
8.	1980：『法と紛争』三省堂	表 1 -No. 11、表 2 -No. 9 の知友、出版社
9.	1984：「共同研究の効果をあげるために」『総合都市研究』(21)	表 1 -No. 12 の知友と編集者
10.	1986：『要説・世界の法思想』日本評論社	国際学界の知友、出版社
11.	1988：『法社会学：課題を追う』成文堂	国際学界の知友、出版社
12.	1989：*Legal Pluralism*, Tokyo: Tokai U. P.	表 1 No. 17、18 の知友、科研費、出版社
13.	1991：『法文化のフロンティア』成文堂	国際とくに非西欧学界の知友、出版社
14.	1992-2001：「法と時間」1-5、『東海法学』(8、9、22、24、26)	日米の少数の知友、編集者
15.	1994：編『アジア法の環境』成文堂	表 1 -No. 26 の 9 共同者と 8 訳者、出版社
16.	1998 a ：『アジア法の多元的構造』成文堂	日本と国際学界の知友、出版社
17.	2000：「法理論研究者の尊厳」ヨンパルト古稀記念論集、成文堂	国際学界の知友、出版社
18.	2001 a ：『スポーツ法学序説』信山社	表 1 -No. 21、27 の知友、出版社
19.	2001 b ：「研究の共同と協力」『総合都市研究』(75)	日本と国際学界の知友、編集者

ではこれを研究手法として共同研究と並べようとするのであるから、上記の共同研究と対照できるようにその概念および意義内容を整理して特定することが求められるであろう。しかし私自身もこのテーマは着想してまもなくであるからそれを十分に果たす自信はない。こういう場合はむしろ、私が着想した事実の経緯を正直に告白して提示することが、読者に事の共感を理解ひいて賛同・協力を期待できると考える。

私は前稿の再検討を始めた時、まず共同研究に対照される個人研究の性質を自分の経験から反省してみた。そしてただちに気づいたのは、自分の個人研究と言ってよいものは確かに少なからずあったが、その大部分は全くの自分個人だけの力によったのではなく、その作業のプロセスでは同じ研究者である学界の友人はもとより、研究作業に種々の形で関係するその他の非研究者からも、さまざまの恩恵を受けたからこその成果であった、ゆえに私の研究環境からうけた協力の賜物なことである。よって、研究手法には共同研究と個人研究のほかに研究協力と言ってよい形態も類型化できる、むしろそれを試みるべきではないかと考え、それに該当する事例を表記したのが表3である。

私が恩恵を受けたと最初に感じたのは、神社慣行や都市研究や非西欧法など法学界では異例のテーマを追い続けていた前期にも、まず実態調査に協力を惜しまなかった現地住民がいたこと、ついで法学外で語りあえる友人が少数でもいたこと、および国内でごく少数だったがこれに賛成し激励してくれた法学界の先輩もまた少数ながらいたこと、である。その後世界の多元的法体制ないし法文化を追った後期には、とくに知りあった外国の友人方から種々の好意と教示に恵まれ国際学界で活動する便宜をも与えられた。そして晩年には国の内外に若く積極的な理解者が出てきて、とくにスポーツ法学では学会を結成した友人方、時間論では文献について便宜を提供してくれた若手諸君数名の応援を得たことである。他方、研究計画の企画と実施に不可欠な資金については、多くの場合は落選の不運か受けられる補助金の少なさに嘆じつつも、自分が大事とした企画には幸いにも科研費その他から必要な補助金を獲得でき、家計からの捻出もできたことである。また成果については、論文は所属の大学と学会と出版社の雑誌が掲載を、図書はいくつかの出版社が刊行を、受け入れてくれる好意を得た。それらが可能であった背景を思った時、勤務先の大学と所属した内外の学会等の環境が、私には十分に活用可能で有用であったこともある。

二　研究協力の諸形態

協力の用語は含意が広いからここで研究協力を術語とするには、その意味を限定する必要がある。広義に解すると、一研究者個人が、他の研究者の多くの文献を探索し参照すること、そのために図書館等その所蔵先を利用すること、そしてこれを読解・利用して成果を何らかの機関に発表することにも、その過程で関係する相手方すべての協力があったと言える。しかし研究者がその研究を本人の意図で開始し自己の責任で遂行し、また相手方もそれらに対応するかぎりは、研究作業と同義に等しいから、これをここに特記する必要はなく個人研究の範疇に属すと理解してよいであろう。協力を特記する必要のあるのは、特定の研究者に対して相手方が特別の好意をもってする場合である。よって研究協力は、[4] 個人研究の遂行に関して他の研究者・研究機関その他関係者から享ける特別の協力に限定することとし、私にとってそれが顕著であった例を表記すると**表3**が得られる。

　用語の概念規定も必要である。研究者は、経歴や職業の如何を問わず「科学研究を実行する者」を広く含む[5]。研究協力は、「一研究者の個人の能力では及ばない援助を特別にすること」を言い、援助の目的物は、研究内容に関する教示・示唆や資料・文献等、研究実施に有用な資金・施設等、研究成果を掲載・刊行する雑誌・図書類が主だが、本人が特別な援助と受け取るかぎりほかにも多様な形態がある。私の経験では、共同研究に参加して研究費の利用に浴し個人ではできない調査研究を実行でき成果公表の機会を与えられる等は、共同研究の組織と共同者の協力のおかげであった。国内では、個人研究と思っていたものにも上記の協力をさまざまに享け、とくに実態調査ではこれを好意的に受け入れた地元住民と関係者の協力があった。国際学界でも協力を得た。私の非西欧法論に注目する知友がとくに非西欧の研究者に数は多くないが居たし、外国の研究者との共同研究および外国での学会への参加に補助金を出した欧米の財団もあり、私の欧文論文を掲載する外国の誌書とくに英文著書を発行した出版社もあった。

　研究協力者は、最広義で「研究者の研究上の外部諸条件の総体」を意味させることにするから、また広義で研究環境と言いかえてもよい。具体的には三種に大別される。一は研究協力をする個人で最狭義の研究者が主である。研究内容の協力については同じ研究者であることが原則であろうが、その条件とくに資料や機会・費用などを提供することでは非研究者も可能である。二は研究協力を主な目的とする組織で、研究のための施設・便宜等を用意している大学・研究所・図書館その他の研究機関、研究を共同・協力するために組織される学会・研究会等の研究組織、研究資金を提供する国・財団・協会・会社その他の助成団体、等々であるから、狭義の研究環境と言ってよいものである。三はそれ以外の社会集団から不定型の社会関係までを含むもので、各研究者が国の内外に持つ個人的な友人関係と研究活動はもとより、生活の場である家庭と職場その他一般の社会交渉と社会活動ひいてマスコミも、研究者自身が積極的に利用するならば、すなわち研究者本人がその中から何らかの資料を引き出すならば、協力者の役を果たす場合がある。

三　研究協力を得る方途

問題はそのような研究協力者から協力を引き出す方途である。私の知った限りを一般論として言えば、西欧のいわゆる先進国とくにアメリカでは研究環境が整っていて、研究機関に在職していれば研究協力について情報を入手することも選択して利用することも居ながらにしてできるから、そのために特別の努力をしなくともよいように見える。これに対して非西欧諸国では研究環境の整備が遅れていてその情報も利用も一部の特権的階層に限られる傾向があるから、意図する研究を遂行しようと願う研究者は先進国に頼るほかなく、それが先進国の研究者とは比較にならないハンディキャップとなっている。日本は大雑把に言うと先進国に近い方だとしてもまだそれには及ばないどころか、不便の点では両極端の中間にある。

そこに日本の現実問題がある。まず研究環境に関する情報を坐して待つだけでは不足するから、研究知友・研究機関・研究組織・助成団体等の内外の協力者から、受動的ではなくこれを自分で開拓する努力が要る。そして多数ある候補の内から狙いを定めてアプローチする積極的な能動性が欲しい。ただし当然ながら、アプローチは無駄に終わることも避けがたいので単なる機会漁りに堕さないよう慎重にしなければならない。実際に研究環境のどれかに応募するさいには、形式上の手続だけでなく協力者本人または担当者と個人的に接触して真意を伝えることが有効あるいは必要なこともある。また然るべき学界の知友の紹介が概して有効だからそのような知友を平素から作っておく心構えも役立つ。そのことは内外を問わないが、私の経験では外国関係で知友のありがたさを感ずることが多い(6)。そのように知友を作っておくためには、何よりも自分が常に真実の心で先方に対応せねばならない。たとえば、業績を献呈されたり問い合わせを受けたりしたらなるべく時をおかずに正直な所見を添えて応ずることで、先方が当方の正直な直言に反発ばかりするならば、それは縁なき衆生である。

その意味で研究上の知友を増やして大事にせねばならないが、一般に研究環境とくに研究機関・研究組織・助成団体等の担当職員に対しても、研究者は研究内容には無縁の事務員と扱う傾向があり事実無理解な職員もいるけれども、かれらも職務に忠実そして利用者の意に適うようにと意図しているはずであるから、その意図を励まし研究協力の実効を挙げさせ働く喜びに当方が手伝うことになれば、当方自身の得でもあり回り道ながら日本の研究環境の改善にも繋がる。

要するに、研究作業は、本来は個人研究を基礎とするが、これを効果的に遂行するには、研究環境を熟知・整備・活用すること、そのために研究環境の担当者と信頼関係を築いて特別の協力を引き出すことが要諦である。結局結論は、研究も人なり、である。

第四節　むすび

当初は結びに入る前に個人研究を共同研究と協力研究と並べて論ずる予定であったが、表1、2、3を作成して共同研究と協力研究を考察してみると、私の編著書で個人研究にあたるものはすべてそのいずれかに含まれて、残るものは個々の論文だけになってしまった。それを表示して個人研究を論ずることもできないのではないが、そもそも個人研究は学問研究の基礎手法であるから簡単にすませることもできず、ここで中途半端なことを言うよりもすべてを有志読者の考察に譲る方が賢明であろう。

よって、本項は簡単ながらこれで結ぶことにする。結論として言えば、およそ科学研究を志す者は、その個人研究を進めるためにも、共同研究の組織的手法を一層整備して応用し、同時に研究協力の方途を確保して実効を挙げるために、これらの科学方法論として精確に考察し直し、私が個人の経験に頼って整理してみた上述の提案を原型がなくなるまで修正して完成することを念願してやまない。両手法とも、研究作業の関係者をいかに活用するかで決定されると言うことができるから、「研究も人なり」は本稿の全体に通じて妥当する。

(1)　欧米では、戦後に社会科学方法論の反省が真剣に行われた。中でもバートランド・ラッセルとウィーン学団の名で知られる記号論理学ないし論理実証主義、トーマス・クーンのパラダイム概念、トールコット・パーソンズとロバート・マートンの社会学理論などが、模索の方向を示した。それとは別に、アメリカでは、実態調査者の被調査者に対する態度が professional ethics あるいは ethical dilemma として問題となり、人類学会と社会学会は特別委員会を設けて長い間検討を続けた。

(2)　前稿が使用した素材はそこに表記した（一二六―一二七頁）とおりで本稿でも変わることはないが、当時は未完であったものでまもなく完了したものがあり、今回全体を通観するにあたっては体裁を若干変更したい点もあるので、本稿でもそれを含めて全体をまとめて掲げることにした（**表1、2**）。

（3）私の経験では、アジア六カ国の友人との国際共同研究（**表1**中の17番）を組織して研究費の調達を図った時、当初日本の三菱財団に相談したが躊躇したので、フォード財団の当時東京にあった事務所を訪ねたところ、英文がまだ不完全だった企画書を担当者がただちにニューヨークの本部に送り、早くも約二カ月後に希望した予算に補助を得たので、再び三菱財団に交渉しその補助も認められた。日米の差を痛感させられた次第であった。

（4）研究協力は共同研究の対語であるから、用語としては協力研究の方がふさわしい。しかし、共同研究は研究内容の共同であるのに対し、ここでの協力は研究内容だけに限らず機会や費用その他外部環境に関するものをも含むので、用語法を変えて研究協力とした。

（5）私は、研究者の概念を別に規定したことがある。「学問の水準を熟知しさらに創造しようとする」真の学者で、他の教育者・管理者・解説者等のいわゆる学者と区別したものである（本書第一三章）。しかしここではそれよりも広く、非研究者でも科学研究の一端にあたる業をする者をも顧慮する。

（6）私がこのことを最も痛感したのは、前掲注（3）で言及した国際共同研究の成果を刊行する出版社を探した時である。私はアジア諸国法の比較研究に関心ある三出版社を候補に選び、一九七八年ウプサラで開かれた国際法社会学会年次会議に参加したさい、ハーグのMartinus Nijhoff社から図書を出版したことのある同学会会長の紹介で、またロンドンのRoutledge & Kegan Paul社から出版経験ある副会長の紹介で、二社を訪ねて企画を説明し関心を要請した。返事は、前者は月並みだったが後者が強い希望を示したので以後はこれに絞って英文編書の刊行が出来た。紹介者は二人とも以前から友人となっていた上に一九七五年われわれが主催した日本の年次会議にも参加して日本と私をよく知ってくれていたからであった。

（補1）原文は、「共同研究と研究協力」、総合都市研究七五号、東京都立大学都市研究センター、二〇〇一。学問研究の実行には方法論上のノウハウがあるのに研究者のそれへの関心はいたって少なく、ましてその体系化は少なくとも日本の社会科学ではまったく欠けている。これに警鐘を発したい一念で書いたもので、有志の後続を願ってやまないところである。

第一六章　法学の国際舞台（補1）

第一節　小さな輸出（補2）

一

一九八六年一二月、*Asian Indigenous Law: In Interaction with Received Law*, ed. by Masaji Chiba, London: KPI（Kegan Paul International）が発行された。たった一冊の本だが、私はこれを、輸入大超過のわが国の社会科学とくに法学としては小さくとも一つの輸出だと思っている。こういう輸出をした人は、私が知り尊敬する先輩友人にも数人おられるから、本書は、その点では後続の一例にすぎないが、少なくとも二つの特色を持つと、私は考えている。一はアジア文化圏六カ国の学者の共同研究の成果なこと、二は、研究の企画と推進、原稿の収集と編集、出版社の選択と交渉、諸費用の調達等の全プロセスを、応援してくれた人達があったからこそできたのだが、すべて私の責任で進行させたことである。

もともとこの企画を思いついた当初は、ゴールに達することは目標ではあったが実は夢におわるほかあるまいとひそかに覚悟していた。始めてみると果たして労苦――というよりは絶望寸前の連続だった。だめでもやむなしと観念しながら我慢してやったことが辛うじて生きて、むしろ予想外のゴールに達した。その間には参考になるかもしれぬと思われることもある。その要点をとりまとめここに記しておきたい。

二

企画の発端は、一九七五年夏はじめて西欧外で開かれた箱根の国際法社会学会にあった（参照、千葉他一九七五—七六）。われわれは、この機会に学会本部に提案しテーマに採択されたＡＡ法のために、四名の学者をユネスコの補助を得て招待した。その四名と実際に会ったとき、選考が間違っていなかったという安心感とともに、インドのU. Baxi教授、スリランカのN. Tiruchelvam博士、エジプトのE.S. Yassin博士とは（他はオランダ出身のアフリカ専門家）不思議に心の通ずるのを感じ、以後も親しい交流を望み学問上の協力ができればと思った。その年のうちにＴ君から、日本で研究費を出す財団がないかと問合わせが来た。そこで私の方から共同研究を具体的に考え始めた。

第一の要件は、自分を含め四人に共通する適切なテーマを立てることである。しばらく模索して一案を得て三名に問合わせると、警戒気味ながら検討したいという趣旨の答えが返ってきた。この案は、やがて論文に仕立てられ七七年オーストラリアの国際法哲学会に報告され、さらに*ARSP Beiheft*, 11に掲載された（補3）、この趣旨が共同の目標になった。幸いに七六年の夏にシンガポールとクアラルンプールで東南アジア諸国の専門家による法学会議があり（参照、「世界の法社会学」法律時報七七年一、二月号）、Ｂ君もＴ君も出席することを知ったので、私も願って参加し両氏とロビイングを重ね完全な合意に達した。

そこで共同者として三人がまずきまったが、さらに適任者を探して加えることとし、早速、会議の参加者約四〇名の中からタイのP. Kasemsup教授に白羽の矢を立て、私が二度食事をしながら話しこんで同意を得た。私は、帰国後Y君に手紙で承諾してもらってから、B君が推薦してくれたイランのM. A. Nezami教授を、七七年一二月に会議でエジプトに行った帰途テヘランに訪ねて全面賛成をとりつけた。そのほかにも、できればインドネシアと中国から協力者を欲しかったが、そのころはその意思と能力を持つ候補者を探しかねたことと、一人ふえれば計画遂行の困難が倍加することとの理由で、この五人とともに共同研究のプロジェクトを作り実施することにした。

私としては、それ以後の長い年月多くの困難に耐えねばならぬことを予想したが、中でも賛成してくれた五人の期待と意欲を持続させる誘因に腐心した。そのために、可能性ある目標として、一度東京で研究集会を開くこと、そして成果はできれば一書に纏めそれができなくとも国際雑誌に発表することを掲げた。相互の連絡のためにMemorandomを出すことにした（一〇年後の三一号が完成通知となった）のも、実はその一手段だった。そして何よりも費用の調達が最初の必要誘因だった。

それも難題だった。まずいくつかの財団中三菱財団から補助の意向をききだし、他方で国際文化会館の紹介によりフォード財団東京事務所と折衝したところ、同財団本部はまだ不完全な私の英語の企画書案でただちに補助を決定してくれた。こうして、七七―七九の二年間六名各自の研究と全員一度の集会の費用を、両財団が折半して補助することになった。

三

二年間各自が自分の研究に没頭していたはずの期間には特別に心配することもなく、その中間七八年一〇月東京に五人のほか日本人の有志数名を招いて研究集会を開催した（参照、「世界の法社会学」法律時報七九年二月号）時は、事務の遺漏ない遂行には気を使ったがむしろ楽しい仕事だった。だが集会で原稿提出期限とした七九年末が過ぎてからが、大変になった。

まず、補助金による研究の終了にともないその旨と会計を各財団に報告する義務が当然生じた。フォード財団からドルで補助をうけた外国の五人は、予告にもかかわらずT君以外はだれも締切期間内に出さなかった。私は、同財団の依頼をうけて各自に連絡し三人には何とか出してもらったが、一人は連絡さえとれなかったので、その旨事情を説明したところ、財団はさすがにアジア的行動様式を知っていて、すべてを善処してくれた。

その人はN君だった。実はかれは近代化論者のために、イスラーム政権となったホメイニ支配下のイランにとどまることができず国を出ていた。その行先を探していた私は、やっと通じたテヘランへの電話からアメリカ・サンディエゴの仮住所を知り、一年以上もたって連絡が回復した状況だった。連絡の悪さはかれだけではなかった。Y君は、夫人を重い心臓病からパリかロンドンの病院で助けたいと努力したのも空しく亡くしてしまった。K君は、タマサート大学の法学部長から学長に就任せざるをえなかった。B君も、デリー大学から南グジャラート大学学長への転出を断りきれなかった。残るT君は、中立のタミル出身知識人の有力者であるので、シンハラ人とのいわゆる人種対立事件がおこるたびに大統領によびだされた。こうして、私からの通信には答えのないことが多くなってしまった。

そのことは、みなが報告書を書けないことを意味する。七九年にできた私の分、八〇年に出されたB君とT君との分のあとは、いつ出てくるか見当もつけられなくなり、私は、その二つの原稿の校訂に時間を使ったのちに、他の三人を巡礼してみるほかなさそうだった。そう腹をきめたころ、Y君が悲しみをこえて書いた原稿を送ってくれた。約一年後、サウジアラビアのリヤド大学にようやくおちついたN君からも届いた。結局、K君が、一番早くから出すと言い学長を二年そこそこでやめたあとも書く書くと言いながら、最後になった。本人の性格・習性と環境からすればその完成には助手が必要だった。まことに幸いなことに、日本に留学してタイに帰るその教え子があった(「世界の法社会学」法律時報八一年七月号の筆者)。かれは、忙しい弁護士業務と大学の講義の間をぬって、私と打合わせたとおりに使命を果たしK君に草稿を書かせた。八三年七月、私はその草稿を受けとって自分で仕あげようとバンコクに飛んだ。

こうして五年がかりで原稿は集まったが、それからがまた大変だった。フォームを指定したはずなのに、体裁はもとより注のつけ方も文献記載方式もてんでんばらばら、明らかな過ちも私には分りようのない疑問もそのどちらかも分らない不審点も、一編一編に山ほどあった。その一つ一つの解決を、自分の頭と英語力でできるところまで読み、あとは各本人に問合わせ、場合によっては膝詰談判するほかない。そう観念して作業にかかった。この作業の内容は論文作成方法と図書編集手続の問題になるからここでは省略するが、要するに各編について統一的に編成しなおし部分的に修正加除しリタイプすることである。

そのコピーを各本人に送り私の質問を列記した。のちにB君はこの質問をプロの編集者なみと言ってくれたのにはホッとした。だが、それにキチンと応答があったのは、こちらが閉口するほどたびたび再修正を要求してきたN君だけだった。Y君は、やむなく受取りに行こうと私が飛行機とホテルの予約をしたら、送ってきた。他の三人は、直接会う機会を作ってやっとすませた。それでも文献記載の不備はごく少数残ったが諦めた。これに私の序論と結論をつけて原稿を完成、R社に郵送したのは八三年一一月だった。

四

夢の中であるにせよ原稿完成の場合にこれを引受けてくれる出版社を予定しておくことは、七八年の研究集会を開催する私の一つの条件だった。というのは、協力者に意欲を保ってもらう誘因の最初は国際集会出席でよかったが、それが済めばつぎの誘因が要るからである。それは何と言っても出版の見込みである。私はそう思ってその選考にかかり、この種の出版に世界的な実績と名声そしてその関係者に私の友人のいるところとして、三社を選び、七八年夏ウプサラの国際法社会学会で一部会を組織したさい二社にまず接触した。ロンドンのR社には A. Podgorecki 同会副会長の、そしてハーグの Martinus Neihoff には G. van Loon 同会長の紹介でであった（他の候補 Academic Press はR社の返事を得てから不必要と判断した）。いずれも interested で further information の要請があったが、帰国後私が出した挨拶状にR社のよこした返事が、very interested に変わり自社がMN社より優れていることの宣伝をしていた。同社は、私の条件リライティングをうけいれてもいたので、以後第一候補となっていた。

その後その編集長とは国際会議の機会に八一年と八三年の二回会うなど連絡を保ち、引受けの意図をきいていた。ところが原稿送付以後は、それまでは応答のよかった同社の返事がわるくなったように私には感ぜられた。原稿落手も通知がないので、こちらから電話で問いあわせたくらいだった。

八四年五月その後最初の来信が引受の通知だったことは嬉しかったが、同時に出版補助三千ポンドを要請してきたのには驚いた。二、三日考えたのち、事情と理由の説明を求める手紙を先方に出して時間をかせいでおいて、カナダに移っていたP教授にアドバイスを請い、自分でも外国出版社の慣例と助けてくれそうな国内財団の有無を急遽調べた。結論は、それが必ずしも無理な要求でもなく、ここで出版社を他に求めるのも煩わしく、要求額の半ばは翌年ならば私の知人が主宰する日本の(財)イースト・ウェスト・セミナーが補助してくれるというので、要請に応ずることとした。その他の条件についても交渉して契約を結び、自費を立替えて払いこんだ。

その受取通知もなかったが、翌八五年になって編集部でなく宣伝部からこの図書の宣伝と販売に必要な資料について詳細な問合わせがきて、順調な進行を知った。その夏ギリシアの国際法哲学会とフランスの国際法社会学会に出席した帰途にロンドンに立ちより同社を訪ねたところ、原稿は校訂整理の最中でいつ終わるか分らぬということだった。

だが帰国ののちまもなく、原稿についての質問の書類がドサリと届いた。それは、R社ではなく造本の受注者からで、原稿に関する質問と修正意見はみごとなほどち密だった。その自分の分はすぐ回答ができた。しかし他の協力者の分については、早速各筆者に問合わせを出したが二カ月の期限内に返ってくることを期待しないで、全部を自分で調べて回答することとした。大変な仕事だったがやっとのことで返事を出したあとで、遅れてきたN君の回答や自分で気付いたことを追加するために長文の電報を打ったりのこともあった。そして、そのあとまもなく送られたR社の八六―八七年発行予定図書カタログに本書も載せられているのを見て、夢が現実となる道が峠を越したと思えるようになった。

初校のゲラが八六年の四月末に届いた。勿論R社から各筆者にそれぞれのゲラを直送してもらうとともに、そのすべてを私のもとに集め、全体の統一をとってから返送するように手配をしておいた。しかしここでも二カ月の間に五人の諸君がそのとおりにしてくれるとは考えられないので、全部を私一人で校正し各本人分が来なくともよいというつもりで、大車輪でこれに取組んだ。本人から返ってきたのは、ずっと遅れて夏のはじめにN君が、そしておわりにB君がよこしただけだった。その校正箇所中我慢できるものには目をつぶり、大事な数点だけについて急便を発したのがまにあい、やっと私の作業が終わった。

五

この十年余の間に不慣れの私が投入したエネルギーと時間は多く、旅行通信や英文校閲などの出費は一部の補助を加えても大きく、その分で日本語の本が何冊か書けたという気もする。だがそれで得たものは日本語に集中した場合には得られないものがあった。

まず、協力の五君は、それぞれの個性とお国がらを通して、私のアジア文化理論に大きな無言の教えを与えてくれた。わけでも、文化の差なかんづく時間観念の相違と、それにもかかわらず共通するルールと信頼感は、法文化論のテーマだと思われる。かれらが一日本人の呼びかけを評価して最後までつきあってくれたことには、日本人がアジア諸国の友人との関係で何をなさねばならぬか示唆してくれているように、私は受けとっている。

R社からも、当初の接触から以後の連絡、出版の交渉と契約、原稿の校訂整理等の過程で、造本の手順を含め出版慣行を知ることができた。著作権について契約ではきびしかったが、早く原稿を書いた二人がその主要部分を地元で発表し、私がこれを知って驚いた時に意外なほど柔軟に処理してくれたことは、西欧人の法意識の常識を破る教えだった。

外国の友人で私の企画を知り、強く激励してくれる人が少なくなかった。それがなかったならば、ここまでやり通すことはできなかった。学問は国際的でなければならないとかねてから思っていたことがこういうことでもあったとは、知らなかったところだった。(補4)

学問とくに法学の輸出をしたいという思いも、たったこれだけでは何にもならないし、それが酷評をうけるようなことがあれば、これから出そうとしている若い人達にかえって迷惑をかけてしまうことを、私はおそれる。しかし、それならばそれこそ前者の轍、後続の研究者に越えるべき先例として役だつことを願うほかないというのが、私の心境である。

第二節　日本法学の現地生産（補5）

一

一九九八年末に、W. Capeller & T. Kitamura, éds., *Une introduction aux cultures juridiques non occidentales: autour de Masaji Chiba*, Bruxelles: Bruylant が出版された。

これは特異な本である。ヨーロッパの眼から外の非西欧法文化を鳥瞰しようとするのが企図だが、それ自体が世界では初めてな上に、実際には私の業績を叩き台にする点、日本人法学者の研究成果が輸出されたというより、それを材料にしていわば現地生産されたという意味で、稀少な例である。私の知る例に團藤重光先輩と北川善太郎君とのがあるが、両書とも記念論文集だから、学界の一問題をテーマとする本書とは性質が少々違う。日本法学の国際的発信を切望する私には、後続の研究者がこれを追い越す一道標として欲しいと願う心が、私事だから控えるべきだと躊躇する心に勝り、ここにその経過を紹介することにした次第である。

本書は紙装二九〇頁でさほど厚くはないが、特徴は明瞭である。企画がブラッセルに本拠をおく「ヨーロッパ法理論研究会議」、編集がフランスの女性と日本の男性、執筆は西欧人四名と非西欧人九名、全体の推進がフランスのアンドレ-ジャン・アルノオ君（フランス科学院）だから、西欧と非西欧の有志協働の産である。このような書物は思いついてもすぐに造れるものではなく、出来たのは日頃その夢を持つ者が偶然の機会を的確に捉えて具体化に努力したからである。その過程からは、国際的な学界活動のノウハウが読みとれる。それが本稿の主テーマである。

二

最初の偶然は、一九八七年神戸で開催された日本で初の国際法哲学会大会で数人の全体会議報告者中に、アルノオ君と私が同席したことだった（矢崎他編一九八九を参照）。私は、勿論彼の名はよく承知していたが会うのは初めてだったので、声をかけて一夜懇談し志向が通じあうのを感じた。

彼も同様だったらしく、翌年、彼が多年苦心編集した仏文の『法理論・法社会学百科事典』を送ってくれた。礼儀として、私は早速一読し、それが世界の学界に従来なかった壮挙であると称えるとともに、非西欧法の存在すらも顧慮しないその西欧的偏向を厳しく批判する手紙を送った。これが第二の偶然で、彼は、寛容に私見を聞き容れ、改訂版を計画するから「非西欧法文化」の項目と筆者を私が選んで集めるよう要請してきた。私は世界から友人を動員すれば出来ると考えてこれを引き受け、彼と相談しつつ一七人の専門家に英仏両語の一九項目執筆を依頼した。結果は、原稿の未着があって一四筆者の一五項目になったが、一九九三年に完成した（A.-J. Arnaud, éd., *Dictionnaire encyclopédique de théorie et de sociologie du droit*, 2me éd., Paris: L.G.D.J.）。

その完成前に第三の偶然があった。国際法社会学会が、常設の法社会学国際研究所をスペイン・バスク政府の寄付によりオニャティに一九八九年設けることになり、その初代所長にアルノオ君が招ばれたことである。彼はその開所式の記念講演をするよう私に電話で依頼してきた。私は、この大役に堪えられるか不安もあったが、国際活動では謙譲は美徳よりも阻害因でありチャンスはその場で摑めとかねて覚らされていたので、思いきって承諾した。ただし私が外国の研究仲間に話せるテーマは非西欧法に限られるので、それに決めてもらった（千葉一九九八終章がその邦訳）。彼は開所式のすぐ後に、このテーマで研究所主催の研究集会を組織するよう慫慂してきたので、これには私も喜んで応じ、翌々年に実行した（千葉編一九九四がその議事録の邦訳）。

　第四の偶然も続いた。一九九二年三月コペンハーゲン大学のH・ピーターセン教授に招かれて参加した研究集会に、アルノオ君も一緒だった。彼は雑談の折に、私に対談録ができないかと訊ねてきた。彼はそのころ法社会学の長老との対談集を企画し、イタリアの国際法社会学会初代会長R・トレベスとフランス法社会学の最長老J・カルボニエとの対談をすでに済ませていて（後にS. Andrini & Arnaud, éds., *Jean Carbonnier, Renato Treves et la sociologie du droit*, Paris: L. G. D. J., 1995）、次に私を選んだのである。私は帰国後、北村隆憲君に相談したところ同君が積極的に賛成したので実行し、約二年後に彼との対談をフランス語の原稿でアルノオ君に送った。

　これを生かす方途として、彼はまもなく新書を企画した。先の事典中から非西欧法を直接記述する九編を抜き出し、私の非西欧法研究を紹介・論評する北村君と内外二学者の新稿を加え、私が全体の結論をまとめる、ただし編集実務はブラジル法／ラテンアメリカ法専門のカペレ夫人と北村君に頼む計画はどうか、よければその内外二学者を推薦してくれ、というのであった。北村君も私もフランス語の新論文を書くのは大仕事だが承諾し、二名にはG・ウッドマン（バーミンガム大学、国際法人類学会二代会長）と宮澤節生（神戸大学、国際法社会学会現副会長）の両君を推薦した。一九九五年夏の東京における国際法社会学会年次会議の機にアルノオ夫妻と北村君と私が会談して手筈を詰めて実行にかかり、三年余の一昨年末に完成したのが最初に掲げた本書である。

三

こう言えば順調と見えるこの本の成立にも、実は色々と困難むしろ教訓があった。一に、本書の企画は一挙にできたのでなく、初めは目前の仕事を果たす内に、それが次の新しい企画を生み、やがて最後の新目標が立てられた。研究には、夢は漠然とでも持たなければならぬがそれを結実させるには実効的な準備作業が大切、というのが全体を通ずる教訓となる。

最初の準備作業は、私のアルノオ事典の分担編集であった。依頼を受けた最初から私には、アフリカ法にはアメリカで活動するガーナ出身のA・K・クルヅエとイギリス人だがアフリカ法専門のS・ロバーツ、インド法には抜群の法理論家U・バクシ、上座部仏教法には日本の専門家石井米雄、中国法にはオーストラリアで活動する中国系のE・S・テイ、オセアニア法には同じオーストラリアの専門家P・サックと、旧知の諸君の名が浮かんでおり、いずれも執筆要請を快諾してくれた。平素から世界に友人を作っておくことが、ここからの教訓である。

ただイスラーム法には、アルノオ君の推薦したヨルダンのB・ボティヴォ君のほかに、交際はなかったアメリカで活動するイラン出身のM・カドゥーリ君を欲しかった。彼への私の手紙は突然だったから彼のような著名な学者には無視されても文句を言えないところ、幸いに快諾を得た。初めてでも率直に相手の心に訴えて当ってみようというのが、その教訓である。

実は、以前のアルノオ事典のために私が編集した非西欧法文化には、ほかに、イギリスのG・ウッドマン「フォークロー」、アメリカのH・バーマン「西欧法伝統」その他計八名にも依頼していた。こういう合計一七名の執筆者から英仏両語の原稿を締切までに集めることは難事で、結局計三名の四編が締切に遅れた。その中で遅筆で有名なバクシ君があり事典にインド法を欠くことになった。私は残念だったので後に本書の企画が出た時は好機と思って再度依頼しようとしたが、彼がデリー大学からウォーウィック大学に移っていて連絡できたのは締切直前でやはり間にあわなかった。私は私の新稿「結論」中で私の知るかぎりのインド法文化（本書第八章参照）に言及しておいたが、友人の動静を平素知りおくべきことが教訓となった。

もう一つの教訓は仏文原稿にあった。私の「結論」と北村君の新稿は英文原稿を専門業者に依頼して仏訳してもらったのだが、アルノオ夫妻は駄目を出し全部をリライトしてくれた。業者でも信用ならずとは、私個人よりも日本文化にとり痛い教訓である。

四

実は、もう二つ伏線があった。非西欧法を正面から取り扱う本書の中心は、私の二編を別にすると、やはりアルノオ事典から転載されたサック君の方法論とウッドマン君の新稿とであるが、両人がこの寄稿を快諾してくれたのには、以前からの因縁があった。

一九七七年夏オーストラリアの国際法哲学会に、私は非西欧法研究を訴えたくて参加し、同志がいないか探そうと丸一日かけて百近くの提出ペーパーに目を通し、探りあてた数人の候補者に私の部会に出席するよう要請したところ、サック君だけが顔を見せ以後の親交の端緒となった。私は一九七八年国際法社会学会ウプサラ年次会議の私の部会に彼を招待し、彼は一九八四年キャンベラで組織した多元的法体制会議に私を招待してくれた。彼の本領はオセアニア固有法を根拠に西欧法をラディカルに批判することなので、私はアルノオ事典の企画にあたり彼に寄稿を依頼し最初は断わられたが、非西欧法研究推進の絶好のチャンスと説得し結局は承諾を得、相互の理解と信頼も増した。

ウッドマン君とは、一九八四年バンクーバーの国際法人類学会議のさい私が提出した彼への質問が、以後手紙の往復による論争に発展、そのナイジェリア調査中を含め一年近く続き、互いの学問上のプラスとなりその後の協働にもなった。彼は、一九九一年私が組織した前記のオニャティ研究集会に参加してくれ、一九九五年東京の国際法社会学会会議で私が組織を手伝った部会のペーパーを、その編集する *Journal of Legal Pluralism*, No. 41, 1998 に特集してくれた。

そういう前史があったればこそ、本書のテーマに不可欠の両学者がアルノオ君の誘いに応じて参加してくれた。研究の長い過程には、ひたすら夢を求めてやったことが種子となって意外な実を結ぶことがあるので、研究者はそのような種子を常に蒔いておくことだと、つくづく覚らされた次第である。

第三節　シュテルンベルクの日本（補6）

一

一九一三年から五年間、東京大学法学部で講師を勤め、のち慶大その他の大学でも教えた外国人法学者に、ドイツ国籍のテオドル・シュテルンベルクがある。明治期以来の外国人法学者としては、初期のボアソナードとレースレルが有名だが、ほかにも知られることの少ない多数の人々があり、彼はその中の一人である。助教授時代にそのプライヴェート・ゼミで一年ほど学んだ川島武宜の記事（一九七八、九八―一〇三頁）が、彼にアクセスしやすい唯一の記録である。私はかねがねどういう学者かと不審に思っていたところ、彼を直接知る友人から意外な機会に貴重な情報を得た。

友人とは高瀬笑子（現姓松本）で、ミネソタ大学で日本語・日本文学と書道を長く教えた同大学の名誉教授、私が一九六五—六六年に同大学に留学した際に知り合い、以後家族ぐるみで交際しているよき友人である。彼女は日本でも歌集を何冊も出した歌人であり、その余滴を私家版の随筆集『鵠沼断想』（一九九四）に昨年まとめた。彼女が懐かしむ多数の思い出の人の中にシュテルンベルクがあり、少女時代に叔母に連れられて彼を訪ねてから、病院に見舞いに行く途中で彼の死を知るまで交流のあったことを記している（七—九頁）。私は、二人の意外な縁に驚き早速ミネソタに問い合わせを重ね、右の随筆集には書かれていない彼の挿話を数々手紙で聞き、彼女が本人から直接もらった貴重な写真まで頂いた。

そこでシュテルンベルクに関する文献を調べてみると、その写真に署名した田中耕太郎の随想二つ（一九五〇a、八—一三頁、Aと略す。一九五〇b、三〇七—三〇九頁、Bと略す）と、他の三学者の言及しか発見できなかった（うち松尾一九七五、四八—五三頁は右のAと同内容で、他の二つは後に引用する）。しかしそれらと高瀬の私信とによる情報（以下で出所の特記されていない事実はこれによる）だけでも、シュテルンベルクの人間性・法理論とそれに対する日本法学の対応がよく解るので、日本法学史の一端としてそれをここに記録しておく。

二

東大法学部は成立後長らく、外国法（英法・独法・仏法）の講義を外国人講師によることとしていた。独法は、明治末年にレンホルムが辞めた後は鳩山和夫・穂積陳重・三潴信三等が代講していたが、他の二法との均衡上やはりドイツ人を欲しいと、当時ベルリン大学に留学中の穂積重遠の仲介で、まだ三〇代前半のシュテルンベルクを招き、ドイツ法のほか手形法や法律学史の講義も依嘱した。田中耕太郎は、東大卒業前の二年間その講義を聴いたことと、三豬の推薦で彼の牛込（後に上野桜木町）の自宅に書生兼通訳として卒業前後の二年間住みこんだこと（星島二郎も同様だったが後の一年については不詳）が、田中の彼に対する以後の関係を決定した（以上、主としてAによる）。

当初シュテルンベルクの給与は月に千円位で余裕があり、法科の金井延、理科の長岡半太郎、医科の三浦謹之助などを晩餐に招いて「アカデミックな雰囲気を満喫し……生涯一番楽しい時期」だった（A）。しかし彼は人選びをし子供嫌いだったので、最も長く住んだ後の辻堂・浜見山の住居を訪ねたことのあるのは、田中と星島に高瀬一家など関係が特別な人たちだけだったが、子供の笑子には「十数種類位のジャムだのジェリーだの……きれいなチョコレート」などを並べ、連れていったその叔母とはピアノを連弾して歓迎した。

かれの学識は広かった。菊井維大によると彼は民事訴訟法と商法から出発し（「田中耕太郎先生の憶出」、鈴木武雄編『田中耕太郎――人と業績』有斐閣一九七七）、團藤重光によれば法の美学と性格学を論じた（『法学の基礎』有斐閣一九九六、一八三、二五六頁）。川島は、多くの「種本」と質素な「生活態度」を教えられ、また「分析の深さ」と「該博な知識」に讃嘆している。田中は、彼の講義を「哲学的、歴史的、社会学的で……法典の注釈（を事とする東大）諸教授の学風とは全然違って……本当の学問らしい」と受け取り、卒業後もその著書の「我々法律学徒に与えてくれたものが実に豊富にあることを感じ」、「こういう日本の学界の恩人を国家社会が放っておく法はない」とまで書いた（A）。

だが東大の処遇は違った。外国人教師は、講義は難しすぎるし一人に高給を払うより日本人二人を養成せよなどの理由で、やがて全部「お払い箱」となった。とくにシュテルンベルクの「法律哲学的文化科学的な自分流儀の講義」に、同じ独法だが「注釈法学の塊りのような」三豬は、ドイツの法律を教えてもらいたいと注文をつけたところ、自分の使命は「法条でなく法」を教えることだと拒否されたので、土方寧学長や上杉慎吉を誘って当時の「排斥組」となった（以上、A）。

かくて彼は東大を辞めさせられた後、田中の手配により慶大（川島は教授だったと書くが確認を要する）で長く、また中大と法大では一時講義をして生計をたてた。戦争直前の時期に家計が不如意になっても個人的な補助や語学教師を「学者の品位にかかわる」と断ったので、田中は学士会館で定例の会合（川島の言うプライヴェート・ゼミ）を企画し、勉強好きの旧学生を集めて薄謝を呈することとした。しかしそれも戦争で立ち消えとなり、彼は毎年夏は軽井沢に行ったが平素は辻堂に引っ込みきりになり、生活は苦しかった（以上、A）。田中は終始これを助けた。藤沢市に生活保護と医療保護を受ける手配をし、彼の病気が進行すると費用を負担して目白の聖母病院に入院させた（付添婦の費用も同様と高瀬は推測する）。そして約一カ月後の一九五〇年四月一七日に死去した。

シュテルンベルクのドイツ語の著述には、ゲッシェン双書中に『一般法学』と『法学入門』があり、論文では法学無価値論で有名なキルヒマンの評伝がある（A）が、いずれも田中が推奨するだけで日本でこれを特に学んだ者はいない。日本でも田中の推薦で一冊の本を書いたが、わが国の学界にはその記録が残らず、高瀬も一部を貰ったがその後のアメリカ生活で手許にはない。

高瀬笑子は鵠沼で育ち、こどもの頃から辻堂の浜見山にはもとより軽井沢の山荘にもそして最後の病院にも、彼を訪ねた。彼女は、辻堂駅から畑道二五分の松林中の彼の家で遊んだりドイツ語を習ったりし、買い物に行く彼に帰途の半分を送られて帰った。そのような接触の間に見聞した彼の言動をよく記憶している。たとえば、死んだ飼い猫の皮や肉の利用方法を考えたり、バケツ一杯の水を軍艦の乗組員のように大切に使ったりの、特異な合理主義と節約主義があった。「受けた生活保護費はとっておいて死んだら皆返す」と語った自立精神も、「田中さんにこんなところ（教会のようなカトリック系の病院の意味）に入れられて辻堂に帰りたい」という無神論からする嘆きも、聞いている。彼の死の直後には、外国人教師の待遇改善を訴える新聞投書もした（一九五〇年四月二五日付、朝日新聞「声」）。

それらはシュテルンベルクの奇人とも言える特異な性格による。容貌は、目は輝いて来客を「慈愛とユーモア」で迎えたが、晩年には髪は「自然状態」のままだし、慢性の胃潰瘍のため食事はパンとミルクに野菜少々とチョコレートなどの菓子という「極端な偏食」で肉体は衰弱し、「偉大な鼻」が「鋭い鷲のくちばし」のようだった。辻堂の家も裸電球一つの暗い部屋と粗末な寝台と椅子のほかは何もない部屋との二つだけだったし（T）、軽井沢の山荘も人里離れた山上の粗末な小屋で、買い物に出る時は「異様な風体」で「街の子供達は西洋貧乏か気違い」かと周囲にたかったという。思想としては、婚姻をはじめ「あらゆる人間的制度を否定し」葬儀を拒否する遺言書を残したし、「徹底的な無神論、無政府主義ないし共産主義的傾向」を「学問の奥に潜」ませていた（以上、主としてB）。

三

シュテルンベルクとその日本の環境を以上のように再現してみると、彼の人と学問の特徴とともに、これを迎えた東大法学部の態度ひいて日本法学の伝統が鮮明に浮かびあがる。

田中や川島の評価にもかかわらず彼が法学界に名を残していないことは、その概説と入門書に別の本論による裏打ちがない以上はやむをえないであろう。だが一法学者の運命としては、同情と共感を禁じえない。家庭環境では、在独中に離婚した夫人の死後に一人息子が滞日中の父を頼って来たのを可愛がっていたのに、彼より先に死んでしまった（聖母病院でと、Bは記す）。

学界の環境については、ドイツの状況が田中は「優遇」されなかったと言うだけだが（A）、川島は彼の「民主主義的思想」と「法学教育の非科学性」批判がプロイセン政府から反対されたと書いている。これは日本の法学者ならわが事として共感できるはずである。

彼の運命に銘記すべきはユダヤ人なるが故の得失である。一方では法律学の常識からは並み外れた学識の広さを持ちながら、それに他方では、独行の奇人ぶりと、若い時にはドイツ社会から、また東大退職後はナチスと協力した日本政府から受けた圧迫（日本で本を一冊書いたのも圧迫を避ける田中の配慮だと高瀬は言う）が、それを証明している。

私は、一九三八年旧制二高でドイツ語を習ったクルト・ジンガーが、東大経済学部に招かれながら日本政府から解雇されたウェーバー最後の弟子だったということをずっと後に知り、歴史学者の友人がその追跡調査をすることを手伝ったことがある（太田秀通一九八六）。ユダヤ人が法学ほか科学と芸術で成し遂げた文化的偉業と、ディアスポラ以後法律的でもあった社会的差別とを対照すると、法思想史も法理論もこれに無関心ではいられない。

シュテルンベルクは、「法律学は勿論のこと、哲学、文学等あらゆる文化の範域にわたって」「押入れに一杯」の遺構を残した（B）。彼の描いた法律論は体系的著述を欠いていたが、その方向は世紀末のわれわれには理解できる。早く言えば、法を注釈法学の狭い視点からでなく社会文化の総体における人間の規範として把握することで、今日ならば国家法一元論を批判し多元的法体制や法文化等の問題をとらえるポストモダン法学として、脚光を浴びている方向である。

私は、彼が体系化しなかった理由を本人の能力不足に帰するより、この方向性を示唆として感知できないで捨てさった当時の法学界の大勢を反省し、これを鑑として将来の方向を誤らぬように戒心する課題を想う。

四

そこで疑問が生ずる。田中耕太郎がそれほどシュテルンベルクを評価し終生を世話しきったほどであるのに、私が見たところ田中の学術上の著作に彼の説を参照した例がない(補7)。その理由は、表面的には、田中特有のテーマを扱う学術書には直接参照するにたりる彼の業績がなかったということであろう。しかし実は、トミズム自然法論から実定世界法を支持する田中は、彼に対する人間的不信感を拭えず、「一種の気味の悪い、底のわからぬ偉大な暗黒」の感じからそれに触れたくなかったのではないだろうか。「徹底的な無神論的、無政府主義的ないし共産主義的傾向が先生の学問の奥に潜んでいるように思われる」と書いているからである（B）。

ここに、理論上の学問・学説と実際上の人間観・人間関係との微妙な関係が示唆され、学問という営為を正確に理解するための教訓が与えられていると、私は受け取る。

同時に学問の社会的背景を覚らされる。高瀬の随筆によれば、笑子の祖父三郎は、ドイツ貿易から始めた事業で明治三〇年代に産を成し、藤沢に「鵠沼御殿」と言われた大邸宅を建てて内外の客を歓迎し、離れを若い青年学徒の宿に提供した。青年の中には後の阿部次郎・和辻哲郎・茅野蕭々等々があり、和辻ら五人は、その娘たちと結婚するまでになった。父彌一は、東大でシュテルンベルクの講義を聴き多くの知識人と親交を結ぶ一方で、今の江の島電鉄石上駅近くの自宅周辺を広く造成して整備し二七丁の道路のそれぞれに協力者の名を付け（うち「高瀬通り」だけが今日バス通り名として残っている）、また江の島に水道を通し、後の県営水道の基を築くのに私財を投げうち借金を重ねた。この親子は、全国各地で日本近代化を推進した殖産興業家と地方名望家の好例であったが、同時に知の探究者でもあった。

笑子は少女期にそうした環境の中で育ち、長じては藤田たき・坂西志保その他のよき師たちから人間と知を学び、退職後には思い出の人として多数の知識人を胸中に暖めている。彼女にそのような家庭的・知的環境があったればこそ、日本近代法学史におけるユダヤ系ドイツ人法学者シュテルンベルクの情報が残ったのである。法学にも個人の知的環境が有意義なことを思ってやまない。

〔付記〕

私は法社会学を主として専攻していたので、日本法史学について書くことは少なかったが、本文でもふれたように『鵠沼断想』という一書に出会って、本稿を思いついた。

その著者は、特異な経歴の主で、私がミネソタ留学時に知り合い、以後親しく交遊していたところ、昨年七月に寄贈をうけたこの随想集の中に、意外にも、著者が少女期によく知りあったシュテルンベルクの思い出が記されていた。私はこの人物に関心を持っていたので、その後私信を交してさらにいくつかの思い出をきき、田中耕太郎のサイン付きのものを含めて三枚の写真（前号および今号に掲載したもの）まで「私が死蔵するより彼に関心を持つ法学者に残したい」という趣旨で頂載した。

私も調べたところ、彼を最も要領よく紹介するのは本文中の川島武宜の一文で、それ以外は彼に師事し最後を看取った田中の随想だけであった。しかしそれらを見て彼の日本生活を知ると、本人の法哲学者としての構想と気概、東大法学部の受け入れ方、ユダヤ人故の晩年の窮迫、田中の性格の相違を超える個人的配慮、そして日本の法学と法学部がかかえる学風と問題などが浮かんできた。

私は、日本法史学とくにそれへの外国の影響を正確に検討することを法学界がなすべき課題と思っているので、偶然入手したものではあるが、貴重なこの資料と写真（原文には添えたが本書では省略）をぜひ学界の一隅にでも残し、専門家の考慮をわずらわす契機にしたいと願っている。

（補1）　本章は論文ではなく『書斎の窓』に寄稿した小さなエッセイ三編から成るので、それを「法学の国際舞台」と名づけるのは大仰だと実は我ながら思う。だが他方では、今でも稀だと言いたいくらいに少ない日本人法学者の国際活動とその関心（宮澤節生君のほかは吉野一、安田信之、加藤雅信の三君くらいか）を、後続の研究者にもっともっと高めて欲しいと願う心を抑えきれない。ならばその参考になりそうな自分の経験を披露してこれを乗り越えてもらう一道標にしていただくのもいいのではないか、そう思い直しておこがましいことを断行した。大方の検討と批判を期待するものである。

三節の全体を通ずる私の感ずるところを記しておくと、国内活動にもあてはまるのだがとくに国際活動には決定的に大事な教訓が、さまざまの過程の至る所に沢山潜んでいるあることである。とりわけ不馴れな欧文の本を出版することであるから、私は第一節と第二節で述べた2冊の図書から非常に多くの教訓を受けた。と同時に、外国の学友と親しい交流関係の中にあることが如何に大事かも痛感した。そいう交流が自他双方の欠陥によって出来なかった好例が、偶然の機会から知るに至った第三節シュテルンベルクの運命であった。

（補2）　原文は、同じ「小さな輸出」、書斎の窓四八三号、一九九九。

（補3）　"Three-Level Structure of Law in a World Cultures," *ARSP* Beifeft 11, 1979.

（補4）　発行後の反響は私の期待をはるかに上回るものだった。しかもアジアから未知だったシンガポール国立大学の Andrew Phang Boon Leong 君が精細な Review article "Constructng Theoretical Frameworks" を書いた（*Malaya Law Review* 30, 1988）、他の書評もその趣旨を敷衍するもので私にはありがたいものが幾つもあった。とくに、ロンドン大学アジアアフリカ研究所の Werner F. Menski 君は私の概念枠組を高く評価し（*International and Comparative Law Quarterly* 37, 1988）、*Revue internationale de droit comparé* の主筆 Xavier Blanc-Jouvan 君は比較法学に未知の新問題と新観点を開いたと評し（id. (3), 1987）、テンプル大学の Robert Kidder 君は世界中の法の多様さを正確に示唆したと言い（*The Journal of Asian Studies*

47 (1), 1988)、ブダペスト大学の Kalman Kulcsar 君は他の二書との合評の中で法継受の理論と実例に新観点と注目し (*Journal of Asian Studies* XXIV, 1990)、エクス-マルセーユ大学の Norbert Rouland 君は理論をともなう法人類学に賛成してくれた (Rouland 1988: 93-95)。

それは嬉しい評価であっただけでなく、そもそも業績の評価という学問研究上の大事なことについて教えるものが大きかったが、私の学んだことはもっとあった。その後本書に次いだ *Legal Pluralism* (Chiba 1989) をもそれらの雑誌社あるいは評者が注目して書評してくれたこと、中でもその主題を学会の目的とする国際法人類学会が、Gordon R. Woodman 君が Review Article を会報に (*Journal of Legal Pluralism* (32) 1992)、ナイジェリア出身でラトガース大学の A. K. P. Kludze 君が正確な紹介をニューズレターに (*IUAES CFLLP Newsletter* XVII, 1989)、それぞれ掲載した。私の教訓は、研究上の学友のありがたさをまた感じ、このような学友との交流を大事にすべきことを一層思った次第である。


（補5） 原文は、同じ「日本法学の現地生産」、書斎の窓四九三号、二〇〇〇。

（補6） 原文は、「シュテルンベルクと日本近代法学」、書斎の窓四八三―四号、一九九九。

（補7） ただし今回私が調べた限りのことで、田中に詳しい人はその例を知っているかもしれない。なおシュテルンベルクは戦後もなく日本学士院の外国人会員に推挙されたが、これは田中が文部大臣の時の計らいだろうと私は推測している。

終章　法の精神——人間のスジと社会のキマリ（補1）

一

本日皆さんのご配慮によりこの機会が与えられましたことに、私は、恐縮とともに感謝の念を、まず申しあげます。

そこで何をお話ししようかということになりますと、私は、今までのことをふり返るよりもこれからのことをあれこれ考えあわせることの方が好きな性格で、本学を退職したあと四月以降の計画をすでにいくつかたてております。けれども本日のこの機会には、まずは一〇年間の東海大学生活を含めて私の四四年間の大学生活、それに一九四三年学部学生最後の年に大学院に入ろうと思い定めて以来としますと、丁度半世紀になる研究人生をまとめてふり返ることの方が適当と思うことにいたしました。

ではふり返ってどういう話題があるかと探してみますと、多くの中でも早速第一番に浮かんでくることがあります。それは、研究者としては基本的な問題でとくに東海大学に就任してからあとの時期につねづね気になっていたことですが、要するに自分の研究人生はこれでよかったのかという、自分への問いです。と申しますわけは、皆さんご承知のとおり、一般に学者人生のモデルとしては、一つのテーマを一生ひたすらに追いかけ人生の終わりのころにそれを完成させるというのがあります。私もそれを理想にしていたと言いきれるほど明確に意識していたとも言えません。しかし、そうであるといいなというようには受けとってきましたし、事実その手本のような人物は実際に少なからずおられましてそのような学界の先輩を私は尊敬いたします。したがいまして、私の実績がそのモデルに照らしてどうであったかと、この時期に自分に問うてみる気がするのであります。

そのようなことがなぜ気になるかという理由は、体裁よく言えばこの理想を強く追いかけていたからだということになるかも知れませんが、私の場合はそんなに格好のいいものではなく、理想というよりむしろアヤフヤな願望があっただけにすぎません。いやそれよりも本当は、実際の自分がこのモデルとむしろ反対の行き方をしてきたのではないかという、一種の不安感にとかく付きまとわれていたからと言う方が正確です。ほかの方から私の研究の実績をみますと、テーマは一つに集中していたどころか反対にいくつにもに分散しており、関連性があるとも見えないものを手当たり次第に手がけてきただけとしか映じないように推察いたします。事実そうなのだと批判をいただくならば、それには反論しないで受け容れる方が安全だと自分では覚悟しているつもりであります。しかしそこは私も人間ですから、このモデルを理想としていた気持ちもあったということを、どこかではこっそりとでも言っておきたい気もいたします。すくなくとも東海大学でご交誼をいただいた皆さん方には知っていただきたいという願いも持ちますし、また皆さん方であるならば、このように告白めいた個人的な話題でも寛容にお聞きくださるかと甘えたい気持ちもありまして、しばらくこのことで時間を拝借したいと存ずる次第であります。

二

まず、私の研究テーマがいかに手当り次第に移り変ったかを正直に申しあげておきます。

私が一九四三年一〇月東北大学大学院に入学したのは法哲学専攻ということでしたが、実際に選んだ研究テーマは「大東亜共栄圏の慣習法」でした。これは、法哲学の正統的なテーマからはまったく外れていました。それにもかかわらず採用された理由には、当時の時代背景もありましたが、最も力のあったのは、国家法でなく慣習法を追求したいという私の希望に対して、当時他の法哲学者からは得られるはずのなかった廣濱嘉雄教授の理解があったことでした。廣濱先生は、若い方々はご存じないでしょうが、日本社会に伝統的に伝わってきた結納・印鑑・神社などを日本的私法制度と名づけて先駆的な研究をなさった方でしたので、私の破天荒なテーマを受けいれてくださいました。とにかく私はこの目標のもとに、一方では、そのころ戦時中で印刷が一般的には制限されていたにもかかわらず印刷用紙の特配を受けて出版されていた、中国大陸および南方地帯の社会＝民俗的資料を集めるとともに、他方では、神社と祭に関する村落慣行法の実態調査と称して東北地方の村落を歩き始めました。

しかし二年後の終戦とともに、このようなテーマを実際に追いかける客観的条件はなくなりました。そこでそれを棚上げにして法哲学の原点に戻ることとし、近代哲学の出発点としてまずカントを、そしてその現代的応用として新カント派の勉強に引っ込みました。しかし他方では最初の志向を抑えることができず、法哲学とは無関係のように慣習法の実態調査を継続して村落を歩き、いつか、村の神社とその祭り、それに小学校の学区とその運営を通じて、日本の村落慣行法を集中的テーマときめておりました。

そして大学院五年をおわり、半年後の四九年四月に東京都立大学に就任、法哲学と教養の法学を担当することになりました。当然に正統的な法哲学の勉強をまず深めなければなりませんでしたので、たとえば同学の若い有志とヘーゲルの共同研究を少々力を入れて推進したりしましたがドイツ観念論におさまってしまうことはできませんでした。法哲学を理論としてよりも法思想史として扱うようになったのは、この理由からでした。ただしこの点は、戦後輩出した今は長老の法哲学者達にほぼ共通しておりました。

しかし実際のところは、村落慣行法をひき続き追いかけたいので法社会学の方が専門の観を呈しました。もっとも法社会学といっても、学界の他の先輩友人方の関心は、当初の花形テーマであった封建遺制として、家族制度や地主制度などの村落構造、あるいは警察官とか教師または工場などの人権侵害にもっぱら集中されていましたから、学区と神社という私のテーマは異例どころかむしろ不可解だったかもしれません。このテーマは二つとも、その後十余年たってから成果をそれぞれ一冊にまとめることができました（千葉一九六四、一九七〇）が、まともな法社会学でも法学でもない、その上同一人の作品とも思われないほど違ったテーマだと受け取った方が大部分だったろうと、私は想像しております。

それでも一応のまとめが出来たころ、願っていたよりもおくれましたが留学の機会にめぐまれました。これは最大限に活かさなければならない一生一度の機会ですから、私は思いきった転進をすることにしました。もちろんアメリカの先進的な法社会学を学ぶことがまず表の目標でしたが、実はむしろ人類学を本格的に勉強したいと思いたちましたわけです。そこで一九六五年ミネソタ大学に行き、当時アメリカでカリフォルニア大学のセルズニックと並んで指導者であったアーノルド・M・ローズに法社会学を、そして世界の学界で指導的な役割を果していたE・アダムソン・ホーベルに法人類学を、それぞれ学ぶことにしました。留学は一年だけでしたが、成果は期待以上だったと私は満足しています。帰国以後は思いたった方向で法人類学を進める事ができたからであります。

ところが私自身はそれでよかったのだと思っていたとしても、これを外から見ますと、実は自己分裂なのに平気でいる、むしろ軽薄な自己満足だときびしく批判されてもやむをえなかったかとも考えております。この批判点は、私が学問についてどういう責任を担いかつ果していたかと問うてみますと、はっきりいたします。すなわち、大学の講義では法哲学を担当し、学界では主として日本法社会学会に奉仕し、そして自分の責任ある関心としては法人類学を進めていたわけでしたから、もしそのすべてを一人で果せると本気で思いこんでいるとしたならば、むしろ狂気の沙汰と言われるかも知れない情況でした。

その上、法人類学が中心だとしても妙な法人類学でした。この学問は、マリノフスキーの名で知られる未開法の研究から出発しましたから、私も最初はそれを追いかけましたし、最近まで学者の中にはその延長が法人類学なのだとばかり理解している人がいるほどです。それに、今日の法人類学の国際的テーマとなっている多元的法体制と法文化も、未開法研究の発展には違いありません。したがって、この発展に即してテーマを選ぶことが法人類学の本道ということになりましょう。私も、この本道を追っているつもりですけれども、またほかのいく方向かの脇道にも手を出しております。まず最初は、紛争処理制度ないし紛争理論でした。これをどうやら一冊にまとめた（千葉一九八〇）と思いましたら、つぎに力を注いだのはアジア法といわばその延長としての非西欧法でした（千葉一九九八、ほか）。無謀にもアジア文化五カ国の友人と共同研究を始めたり、日本でもしなければと思って一〇人の若い友人とスリランカの共同調査にかかったりしました（それぞれ Chiba, ed. 1986: 千葉編一九八八）。

一〇年前に東海大学にまいりましてからもその延長を続け、四年前に発足したスペインの法社会学国際研究所の活動には、非西欧法研究の担当であるかのように参加しております。他方アジア法と言いながらつい着手の機会をのがしていた隣国には、このままでは手つかずになると思い、昨年からは韓国に手をつけ今年は中国をせめて訪ねたいと願っているところです。他方、東海大学にまいりましたときこの大学に特色ある法学は何かと探して見ましたらスポーツ法学に思いつき、さいわい法学部からも体育学部からもご協力をいただき何とかやっている内に、外で昨年末に日本スポーツ法学会の設立に至りましたが、内でも来る新年度から法学部と体育学部でスポーツ法の講義が始まることになり、東海大学のこの環境に私は感謝いたす次第です（千葉二〇〇一a）。そして個人的には、もう二〇年位も前から頭を離れなかった時間の問題に最近やっと着手したという次第でございます（後の千葉二〇〇三）。

こうして並べてみますと、手がけたテーマの乱雑さにわれながら呆れるくらいであります。このように転々と移り変る癖はこの年齢になっても一向におさまらないわけですから、死ななければ治らないものと観念するほかはありません。

三

それも自分の運命とは思いますけれども、同時に、なぜそうであったのかを確かめておかないと、死にきれないというと大袈裟ですが、少なくとも人生の晩年に入った今は心がおちつきませんので、この点をふり返って確認したいと自分自身のために思います。ただしそのことは、当時しかと考えこんだことでもなく証拠があるわけでもない心の軌跡を後からたどることですから、本当のことは掴みきれないと言う方が正確でしょう。またそれ以上に危険さえあります。と申しますのは、こういう回顧はえてして意識的・無意識的に事をきれいに整理しすぎる、つまり創作してしまうこと、そればかりでなく美化して自分で陶酔してしまう可能性も大だからであります。私は極力そうならないように注意するつもりですが、そこは人間のこと、無意識の整理や美化が入りこむかもしれません。したがいまして、これからお話しすることについては皆さんどうか適当に歩どまりを見はからい割り引きしてお聴きくださいますようお願いいたします。

自分に対するはじめの問いは、言いかえれば、なぜ法学部に入ることにしたか、そしてそこでなぜ法哲学の研究をしようと思い立ったか、しかしなぜ法社会学ひいて法人類学に移ってしまったか、です。これについては、敗戦を契機としてひきおこされた心の大転換を除きますと、はっきり決意したきっかけがあったとか、何かにあるいは誰かに決定的に影響されたとかいう記憶はありません。ただ、思いあたるとすれば、関係のありそうなことが三つほどあげられるかと思われます。いずれも成長期の少年期から青年期にかけてのものですから、日本社会での、というよりは日本文化の体験でありました。

一つは、小学生から中学生のころにかけて一種の正義感といったものを意識していたことです。どういうわけでそうだったのかわかりませんが、友達づきあいの中で、それはよくないとか、こうしたらいいとか、などと生意気な意見を出したりしたことがあり、時には問題の本人に直接忠告したこともありました。それは、正義感などとことごとしく言えるほど明確なものではなかったでしょうが、その言葉をはっきり口にしたのは、当時の欧米先進諸国に対する小学生なりの批判としてでした。ちょうど満州事変のおこる前から国際連盟総会で日本の主張が四二対一で破れるまで数年間のことで、日本の軍部と政府の無茶には思いも及ばず、欧米諸国の高飛車な圧迫がけしからんと、教えられるまま正直に思いこんで正義感を燃やしておりました。

つぎははっきりしていることで、幼少年期に体験した村の生活です。私が兎を追ったかの山と言えば小学校の三年までを送った神奈川県津久井郡の今の城山町でしたが、この山あいの村における生活の中で、どういうわけかお祭りの記憶が鮮明に残っていました。その後中学校に入るとき親許を離れ郷里の仙台に近い佐沼という農村地帯の町に移りましたところ、ここでもお祭りを見て、村の人達がなぜこんなにお祭りを毎年々々間違いなくチャンとするのだろうか、その理由は何かと、まだ何となくでしたが不思議に感じておりました。

もう一つは、弓道から与えられました道（ドウ）の精神でした。私は、弱かった身体をきたえたいと思いまして、旧制中学で受験勉強とほぼ同時に弓の練習を始め仙台の旧制二高に入学したとき早速弓道部に入りました。というよりも、浪人中練習に行っていた阿波研造範士の道場で当時病気静養中の同範士から、偶然ながら好運にも一度だけ稽古を見ていただいたとき、その堂々とした威厳と同時に限りない温容に打たれて、その人間の弓道に一ぺんに傾倒してしまいました。阿波範士と言えば、ご存じない方が多いでしょうが、本学の松前重義前総長も『武道思想の探求』（東海大学出版会一九八七）で、ご自分がいわばご本尊とする柔道の嘉納治五郎をさしおいて日本で第一の代表的武道家として紹介しており、また岩波文庫で訳されているドイツの哲学者オイゲン・ヘリゲルの『日本の弓術』（一九八二）により日本文化の体現者として世界にも知られております。その実力と名声により東北大学と二高の師範に招かれておりました。だからこそ、阿波範士の弓を学びたくて二高弓道部に入り、しかも高校生活の最重要テーマとして学校の勉強よりも弓に打ちこみました。したがって弓道生活には思い出もいろいろありますが、一つだけご紹介しますと、翌年二高の一選手として出場した全国高校弓道大会で個人賞を貰いましたので、その会場であった東京大学の弓道場をみかける機会がありますと今でも若かった自分自身のひたむきさに励まされる思いがいたします。

阿波弓道といいますと常識の弓とは全く違います。それは、矢を的に的中させることを狙ってはならず、自己がそなえている全能力を一本の射に傾倒する修練が目的で、そこには、道具および技術と一体となって人間存在の自然的かつ精神的意義を発揮する、別に言えば自然と宇宙の法則に合一するという哲学がありまず。阿波範士はこれを「射裡顕現」と言っており、その心は禅と同じだとして「弓は立禅なり」とも言います。さらにその精神が道場にいるときだけでは付け焼き刃にすぎませんから、二四時間の生活全部ひいて一生を通じて一貫していかなければなりませんので、「常住射裡」が弓道人の心構えになります。この弓道が、私の人世観・世界観を決定させました。阿波範士は私が二高に入学した直後に亡くなりましたが、私は二高のあと東北大学でも弓を引き続け、卒業後は戦後武道の禁止が解除されたあと東京都立大学の道場で引くことを一人で楽しんでいました。東海大学に移りましてからはこれにもっと時間をさきたいと思っていたのでしたが、意外にも世界の武道大学であるこの大学に弓道場がありません。やむなく稽古を中断してしまったので、退職後は健康維持をかねて海老名の町道場に通い一〇年ぶりに稽古を再開するのを楽しみにしております。

四

弓のこととなるとつい脱線して道草をくってしまいましたが、あとは結論に移ることにいたします。が、結論の前に念のため申しあげておきたいことがあります。それは、以上の体験は、さきほど一言申しておきましたように自分が育った日本社会における日本文化のそれにほかならなかったことです。当時そうとは自覚していませんでしたが、そのことがハッキリしましたのは二高に入学してからでした。

戦前の旧制高校生がまず学ぶものは、外国語と西欧文化でした。私も他の友人たちとともに、こういった新しい知の世界に憧れをもってわけ入りました。ギリシア哲学を読んではソクラテスに感動し、キリスト教会にとびこんでは信者の気持ちがわかったような気になったり、映画では「舞踏会の手帳」や「会議は踊る」あるいは「オーケストラの少女」などに、日本のものでは得られない青春の感激を味わいました。なかんずくドイツのロマンティシズムと科学的論理には惹きこまれ、この理性的理念の世界に浸りたいとも強く誘われました。そのころがちょうど大学の志望先を決める時期にあたっていましたので、この西欧文化の誘惑に従うか、それとも以前の日本文化の体験を選ぶか、迷いがあってもよかったと今は思うのですが、実際には少しの躊躇も疑問もなく、法を学びたいと思って法学部を選び、そして東北大学に入るとまもなく法哲学を勉強したいと希望するようになりました。

そこに迷いがなかったのは、それによって二つの契機をともに活かそうとした、いわば欲張りな思いこみがあったからかもしれませんけれども、その決定的な動因は、やはり少年時代に始まる日本文化の体験の方にありました。最初に大学院で選んだ研究テーマが別な形ですが結局現在までも続いていることからすれば、それは明瞭であります。そのように続いたあとからふり返ってみますと、さきに申しあげました三つの体験が一つの力にまとまっていきいきと蘇って来るのを感じます。

要するにそれは、人間の生き方にはスジがあり、社会の動き方にはキマリがあるということの、確信というよりは不思議な魅力であります。スジもキマリも、生きている人間と社会に現実に働いている法則であるとともに、現在の状態からつぎにどう行動するか展開するかを指示する規範でもあります。いずれにしても、広く言えば法にほかなりません。それがあるからこそ、社会は秩序をもって動くことができ、人間はその社会の中で自分を生きることができます。そう思いますと、その正体は何かを突きとめたくなります。だとすると、その学問は、法学が一番近いはずです。そして法学と言っても実務ではなく研究であり、研究ならば歴史や比較などの事実学でもまして解釈学でもなく法哲学の分野となることが、自然でありました。

したがいまして、法哲学研究の道を選んだことはまちがっていなかったと、今ふり返ってみても安堵する気持ちになります。ところが、はじめから予想していたことでしたが、法学として教えられる法哲学は、私が求めようとした人間の生き方のスジも社会の動き方のキマリも、全然顧慮してくれません。スジもキマリも人間社会における日常生活の中で働いているままのものですから、それらを学問とくにドイツ的理性の学であった法哲学が扱うことはできるはずがありません。正統の法哲学は、それ自体は完成された体系を持ちまことにりっぱで権威があります。その高尚な理論は確かに魅力がありそれに身を埋めてしまいたいほど魅惑的でした。しかしその魅力に浸りきってしまいますと、スジとキマリという私の本来の目標が当然のこととしてすっぽり抜けてしまうことになります。そこで、正統の法哲学がすっぽかしたものを求めること、そしてそれを法哲学の欠を補うものとして学界に提示することが、私の法哲学のひそかな課題とならざるをえませんでした。

その欠とは、近代西欧法とその理論およびその母体である西欧の思想・哲学とが見落したものですから、端的に申しますと、一方では、ケルゼン的な法理論が法としては不純だという理由で法から排除した、民衆の生ける法および日常的価値観念ですし、他方では、西欧法が一顧もしなかった、非西欧の社会に固有の法とこれを支える思想・文化です。それらは、人間のこの世界には現実にしかも豊富に存在しているはずですが、正統の法哲学はもとより既成の法学の体系の中ではどこにも見あたりません。法学の中には比較法学もあり非西欧諸国の法学もあるのですが、それらに捉えられた非西欧諸法は結局欧米の法学観を借りたマージナルな観点から奉られていて、そこに主体として生きている人間のスジと社会のキマリは無惨にも放置されています。それを確実につかまえたいというのが私の法学の目標でしたから、それは未知の世界を夢見ていたにほかなりません。思えば、先の見えない無謀な夢でした。

したがってその夢には、大きな不安がともないます。正直に申しますと、こんな事をしていてはたして学問になるのか、本当に一場の夢に終わるのではないかという不安にいつも駆られておりました。しかし始めた以上は、駄目だということが証明されないかぎりやり続けるよりほかない。そう思って未知の世界で手に触れたものをはしから確かめて行く作業をくり返してまいりました。国家法から冷たく見離された慣習法ないし固有法ならば、学区や神社のものであろうがスポーツや時間のものであろうが、また日本のでもスリランカ・韓国その他アジアのどの国また世界のどこのものでも、一つ一つが見すごせない大事な大事な素材です。あるいはまた、一個人の生き方を動かす内面的要因ならば、世界のだれもが賛嘆する高尚な理念は当然のこととして、まったく個人的にすぎない感情でも、さらには理念や規範からすると下劣としか言えない根性も、人間の生き方のスジと社会の動き方のキマリにかかわっていると思えば捨て去って平気でいるわけにはゆきません。それらの現れ方に文化の差が反映しているとしたら、その文化をスジとキマリの母体としてこれを大事に扱い、正確に理解して公平に待遇しなければなりません。そしてそれらに対する世の中の扱い方に不当な偏見や政治的な圧迫があれば、これを批判し是正を求めざるをえません。

　言ってみれば西欧法の落し物を探してきた研究人生でした。この落し物は、落穂と言ってすまされるようなどうでもいいものではなく、反対に近代西欧法の意義を半減させるほどの大物であり、したがってこれはむしろ近代西欧法学の欠落と言うべきです。ゆえにこれを探そうとする法学は、今欧米の学者たちが近代法学を批判しポストモダニズム法学と名づけて求めている、まさにその探しものにほかならないと、私は確信しております。ただし、そうだと言いきるには今後論証すべきことが山ほどあることも、しかもそれをすることが私の年齢ではもう不可能であることも知っているつもりです。まして、そう思う私が外からはどう見えるかとなると、多くが好意的であると言える自信が私にあるわけではありません。私は、その客観的な評価は批評者にお任せし、その結果をそのまますなおにお受けするつもりですが、自分ではこれからも一生の夢を追い続けてゆくしかないと諦めております。

　それだけに、本日この場所で、ほかでは申すことがはばかられるようなわたくしごとを皆さんがお聴きくださいましたことに、あらためてお礼を申しあげますとともに、お耳を煩わしましたことにお詫びをそえまして終わることにいたします。ありがとうございました。

（補1）　原文は、「人間のスジと社会のキマリ」、東海法学一一号。一九九三年三月に東海大学を退職する前に行われた学部の送別会における講演である。

　本書に再録するにあたって原題を副題とし主題として新たな「法の精神」を加えたのは、言うまでもなくモンテスキューにあやかってである。かれは近代法開拓者の一人とされているが、その法学理論は、後にホッブズやケルゼンに代表されれような精選された近代法学ではなく、後者から見ればむしろ雑学と言われてもいいほど人類社会に生きている法の多様な態様を視野に入れており、その中には私が多方面から探究した非西欧法もあった。その意味では、かれは近代法を超える人類法の開拓者だと見ることもできる。だが近代法の核心である個人とその権利およびそれを根拠とする国家主権は、理論上の必然として法の基礎である人間と社会を法理論の外に追放してしまった。今二一世紀になってブッシュ政権が強行しているアメリカの国際政策が人間と社会を破壊して平然としているところに、近代初頭にはあれほど輝かしかった近代法理論の功が無惨な罪を露呈している。この点は、いわば脱近代の理論として精密な検討を要するのに今の私はその用意をする余裕がないのは残念が、その趣旨だけは述べて有志の積極的な関心を訴えたいと願って、一見僭越な言葉で記した次第である。

参照文献一覧

（＊年報は『日本スポーツ法学会年報』の略
＊日本語表記のものも含めて、アルファベット順）

阿部照哉＝畑博行編　一九九八。『世界の憲法集』有信堂

African Charter=African Charter on Human and People's Rights, 1981, in Crawford 1988

赤木須留喜　一九九二。「共同研究について――政治研究の経験から」、『共同研究論』一九九二

Akbar, Na'im 1992. "Africentric Social Science for Human Liberation," in Sack & Aleck 1992

Allott, A.N., & G.R. Woodman, eds. 1985. *People's Law and State Law: The Bellagio Papers*. Dordrecht: Foris Pub.

Antons, Christoph 1991. "Intelectual Property Law in ASEAN Countries: A Survey," *EIPR* 3

———; ed. 2003. *Law and Development in East and Southeast Asia*, London: Routlege Curzon

青木人志　一九九六。「穂積陳重とサー・ジェームス・フレーザー」、一橋論叢一一五巻1号、Nobushige Hozumi: A Skillful Transplanter of Western Legal Thought into Japanese Soil," in Annelise Riles, ed., *Rethinking the Masters of Comparative Law*, Portland, Ore.: Hart Publishing, 2001は改定版

———　一九九七。「比較法学の素材としての国歌」、一橋論叢一一八巻7号

———　二〇〇二。『動物の比較法文化』有斐閣

青山道夫　一九五五。『民族法学序説』酒井書店

Arnaud, André-Jean, ed. 1988. *Dictionnaire encyclopédique de théorie et de sociologie du droit*, Paris: L. G. D. J.; 2nd ed. 1993

浅野宣之　一九九七。「インド第七三次憲法改正と地方自治制度」、名古屋大学『国際開発研究フォーラム』7

Bailey, Clinton　1994.　"A Note on the Bedouin Image of 'Adl as Justice,' in Renteln & Dundes 1994, orig. 1976

Bambridge, Tamatoa　2000.　"Revendications fonciére: les temporalités constitutives et leurs dynamiques dans le champ social semi-autonome dela région des Australes (Polynésie française)," Ph. D. thesis to Univ. of Paris-IX-dauphine

Bartl, Hermann　1994.　"Folklore Research and Legal History in the German Languge Area," in Renteln & Dundes 1994, orig. 1968

Baxi, Upendra　1982.　*The Crisis of the Indian Legal System*, Delhi: Vikas

———　1986a.　"Discipline, Repression and Legal Pluralism," in Sack & Minchin 1986

———　1986b.　"People's Law in India," in Chiba 1986

Benedict, Ruth　1934.　*Patterns of Culture*, Mentor Books, orig. 1934; 邦訳：『文化の型』（米山俊直訳）社会思想社　一九四六

Berman, Harold　1983.　*Law and Revolution: The Formation of the Western Legal Tradition*, Cambridge, Mass.: Harvard U. P.

Bock, Carl　1994.　"The 'Ordeal Water' in Nineteenth-Century Thailand," in Renteln & Dundes 1994, orig. 1884

Brewster, Paul G.　1994.　"Traces of Ancient Germanic Law in a German Game Song," in Renteln & Dundes 1994

Burman, Sandra, & Barbara E. Harrell-Bond, eds.　1979.　*The Imposition of Law*, London: Academic Press

Capeller, Wanda　1998.　"Introduction. Droits infligé et《chantiers de survivances》:" de quel lieu parle-t-on?, in Capeller & Kitamura 1998

――& Takanori Kitamura, eds. 1998. *Une introduction aux cultures juridiques non occidentales: autour de Masaji Chiba*, Bruxelles: Bruylant; 本書第一六章第二節参照

Chassen, M. 1847. *Essai sur la symbolique du droit, précéde d'une introduction sur la poesie du droit primitif*, Paris

千葉正士 一九四九。『人間と法』丁子屋書店

――一九五二。「法学と民俗学とに架橋する二書――和歌森太郎『中世共同体の研究』・堀一郎『民俗信仰』」、法律時報二四巻3号

――一九五六。『法社会学と村落構造論』日本評論新社

――一九六四。『学区制度の研究――国家権力と村落共同体』勁草書房

――一九六九。『現代・法人類学』北望社

――一九七〇。『祭りの法社会学』弘文堂

――一九七二。「文献の表示と引用の方式」、法律時報四四巻6号「世界の法社会学」

――一九七七―七八。「法と文化」Ⅰ―Ⅻ、法律時報四九巻6、8、9、11―13号、五〇巻1―6号

――一九七九。「法における伝統と近代」、法律時報五一巻1号「世界の法社会学」

――一九八〇。『法と紛争』三省堂

――一九八一。「ヴィラ・セルベローニ」、ジュリスト七五三号「随想」

――一九八六。『要説・世界の法思想』日本評論社

――一九八七。「法人類学の発展」、大森元吉編『法と政治の人類学』朝倉書店

――一九八八。『法社会学――課題を追う』成文堂

――― 一九九一a。『法文化のフロンティア』成文堂
――― 一九九一b。「フランス法人類学の近況」、東海法学6号
――― 一九九八。『アジア法の多元的構造』成文堂
――― 二〇〇一a。『スポーツ法学序説』信山社
――― 二〇〇一b。「自著を語る――スポーツ法学序説」、年報8号
――― 二〇〇三。『法と時間』信山社
――― 二〇〇四―。「研究作業の難所―夢の旅路の拾い物3」、東海法学32号―
――― 編 一九七四。『法人類学入門』弘文堂
――― 編 一九八八。『スリランカの多元的法体制――西欧法の移植と固有法の対応』成文堂
――― 編 一九九四。『アジア法の環境』成文堂
――― 編 一九九七。『アジアにおけるイスラーム法の移植』湯浅道男教授還暦記念、成文堂
―――＝山田卓生＝鈴木輝二＝森島昭夫＝堀部政男 一九七五―七六。「法社会学理論国際シンポジウム」1―6、法律時報四七巻9、10、13、14号、四八巻3、6号
―――＝島村博 一九八三。「ハンガリーの法社会学における法慣習研究の意義」法律時報五五巻10号
―――＝濱野吉生編 二〇〇〇。『スポーツ法学入門』体育施設出版
――― 1989. *Legal Pluralism: Toward a General Theory through Japanese Legal Culture*, Tokyo: Tokai U.P.
――― 1993a.. "Droit non-occidental," in Arnaud 1993, Capeller & Kitamura 1998, & Chiba 2002
――― 1993b. "Conclusion," in Arnad 1993, Cappeler & Kitamuta 1988 & Chiba 2002
――― 1998. "Other Phases of Legal Pluralism in the Contemporary World," *Ratio Juris* 11(3) & Chiba 2002

——— 2002. *Legal Cultures in Human Society*, Tokyo: Shinzansha International

———, ed. 1986. *Asian Indigenous Law: In Interaction with Received Law*, London: KPI; 千葉「アジアにおける固有法と移植法」(東海法学2号、一九八八)、本書第一六章第一節を参照

———, ed. 1993 *Sociology of Law in Non-Western Countries*, Oñati, Sp.: IISL; 邦訳、千葉編一九九四

『中国農村慣行調査』 一九五二—五八。 六巻、同刊行会編、岩波書店

Crawford, James, ed. 1988. *The Rights of Peoples*, Oxford: Clarendon Pr.

David, René, & John Briery 1966. *Major Legal Systems in the World Today*, London: Stevens & Sons, 3rd ed. 1985, orig. 1964

"Declaration of San José" 1981. At UNESCO Conference, San José, 11 Dec. 1981, in Crawford 1988

Derrett, J. Duncan M. 1966. *Religion, Law and the State in India*, London: Faber & Faber

——— & T. K. K. Iyer 1975a. "The Hindu Conception of Law", in *IECL* II

——— & ——— 1975b. "Hindu Law," in id.

Dias, C. J., et al. 1981. *Lawyers in Third World: Comparative and Developmental Perspective*, Uppsala: Scandinavian Inst. of African Studies

Diwan, Paras 1993, *Modern Hindu Law*, 9th ed.,, Allahabad: Allahabad Law Agency

Ehrlich, Eugen 1913. *Grundlegung der Soziologie des Rechts*, Berlin: Dunker & Humblot; 邦訳、エールリヒ『法社会学の基礎理論』(河上倫逸＝M・フープリヒト訳)みすず書房一九八四

Elias, T. O. 1956. The *Nature of African Customary Law*, Manchester: Manchester U. P.

エリアス、ノルベルト＝エリック・ダニング 一九九六。『スポーツと文明化—興奮の探求』(大平章訳)法政大学

出版局、原本一九八六

江守五夫　一九五九。「法民族学の基本問題」、『今日の法と法学』勁草書房

——— 一九六二。『法社会学方法論序説』法律文化社

Engel, David 1984. "The Oven Bird's Song: Insiders, Outsiders, and Person Injuries in an American Community," *Law & Society Rev.* 18: 551-582

——— 1987. "Law , Time, and Community," *Law & Society Rev.* 21: 605-637

Ewing, Katherine P., ed. 1988. *Shariat and Ambiguity in South Asian Islam*, Berkeley: U. of California Pr.

Feest, J., 2003. "Book review: Chiba, Masaji, *Legal Cltures in Human Society*," in *RCSL*（ISA Research Committee on Sociology of Law）*Newsletter*, Winter

———, ed. 1999. *Globalization and Legal Cultures:* Oñati, Sp.: IISL

——— & E. Blankenburg, eds. 1997. *Changing Legal Cultures*, Oñati, Sp.: IISL

Flanz, Gisbet, ed. 1997. *Constitutions of the Countries of the World*, New York: Oceana Pub.

フリードマン、ローレンス　二〇〇〇。「現代法の特徴とその正当性——世界各国の比較を通じ世界共通にみられる傾向について」、日本比較法研究所編二〇〇〇

Friedman, Lawrence M. 1975. *The Legal System: A Social Science Perspective*, New York: Russell Sage Foundation

Fuller, Lon L. 1967. *Legal Fictions*, Stanford: Stanford U. P.

Galanter, Marc 1983. "Justice in Many Rooms," *Journal of Legal Pluralism* (19)

——— 1989. *Law and Society in Modern India*, ed. by G. Dahvan, Delhi: Oxford U. P.

Gessner, Volkmar, et al., eds. 1996. *European Legal Cultures*, Aldershot: Dartmouth

Gilissen, John, ed. 1972. *Le pluralisme juridique*, Bruxelles: l'Université de Bruxelles

Gluckman, Max 1955a *Custom and Conflict in Africa*, Oxford: Basil Blackwell

——— 1955b. *The Judicial Process among the Barotse of Northern Rohdesia*, Manchester: Manchester U.P.

——— 1965a. *The Ideas in Barotse Jurisprudence*, New Haven, Conn.: Yale U.P.

——— 1965b. *Politics, Law and Rituals in Tribal Society*. Chicago; Aldine

グロスフェルト、ベルンハルト　二〇〇〇。「法比較の実践的意義」、日本比較法研究所編二〇〇〇

ガスフィールド、J.　一九八八。「公的行為のドラマ」（神長百合子訳）法律時報六〇巻10号

Gusfield, Josef 1963. *Symbolic Crusade: Status Politics and the American Temperance Movement*, Urbana, Ill.: U. of Illinois Pr.

——— 1981. *The Culture of Public Problems: Drinking-Driving and the Symbolic Order*, Chicago: The U. of Chicago Pr.

萩原金美　一九九九。「スポーツ事故と民事上の違法性阻却——その実体法的・訴訟＝裁判法的検討」、年報6号

ホール、エドワード　一九七〇。『かくれた次元』（日高敏隆＝佐藤信行訳）みすず書房、原本一九六六

「藩王」　一九九二。＝「マハラジャ——黄金の王たち」、『てんとう虫』二四巻5号、アタック発行

ハラクシン、クシャ　一九九四。「トリニダードのイギリス法と移植インド法」、千葉編一九九四

Hargreaves, J. 1986. *Sport, Power and Culture: A Social and Historical Analysis of Popular Sports in Britain*, Cambridge: Polity Pr.

Harvey, J., & H. Cantelon, eds. 1988. *Not Just a Game: Essays in Canadian Sport Sociology*, Ottawa: U. of Ottawa

Pr.

Hazard, John N. 1994. "Furniture Arrangement as a Symbol of Judicial Roles," in Renteln & Dundes 1994, orig. 1962

樋口陽一＝吉田善明編　一九九一。『解説　世界憲法集』改訂版、三省堂

日野一男　一九九五。「スポーツ事故の予防――社会状況の変化及び過失理念から見る指導上の注意」年報2号

廣濱嘉雄　一九三七。『法理学』日本評論社

Hoebel, E. Aamson 1940. *The Political Organization and Law-Ways of the Comanche Indians*, Memoire of the American Anthropological Ass. 54

——— 1954. *Te Law of Primitive Man: A Study of Comparative Legal Dynamics*. Cambridge, Mass.: Harvard U.P.; 邦訳『法人類学の基礎理論――未開人の法』（千葉正士＝中村孚美訳）、成文堂一九八三

——— 1972. *Anthropology: The Study of Man*, 4th ed., New York: McGrawhil:

Hohfeld, W.N. 1919. *Fundamental Legal Conceptions*, New Haven: Yale U.P.

Holmes, G.E., ed. 1980. *New Dimentions in Product Liability: Sports Injuries*, Ann Arbor, Mich.: The Institute of Continuing Legal Education

Hooker, M.B. 1975. *Legal Pluralism: An Introduction to Colonial and Neo-Colonial Laws*, Oxford: Clarendon Pr.

——— 1978. *A Concise Legal History of South Asia*, Oxford: Clarendon Pr.

——— 1986-88. *Laws of South East Asia*, 2 vols., Singapore: Carrollton Pr.

堀本武功　一九七七。「保留議席（指定カースト）の成立経緯とその後の展開」、大内編一九七七

『法社会学の新地平』　一九九八。日本法社会学会編、有斐閣

『法哲学会の歩み』　一九九八。日本法哲学会五〇周年記念刊行委員会編、同学会発行

穂積陳重　一九二四―二七。『法律進化論』岩波書店

IECL=*International Encyclopedia of Comparative Law*, Tübingen: J.C.B.Mohr, 1962

IJSL=*International Journal of Semiotics of Law*, Intl. Ass. for the Semiotics of Law

今枝利昭監修　一九九五。『会員権紛争の上手な対処法』民事法研究会

International Legal Center　1975.　*Legal Education ina Changing World*, New York: ILC

稲垣正浩　一九九一―九六。「スポーツ文化の周縁」21編、三省堂『ぶっくれっと』連載　九一―一一四号、同一九九五に再録

――　一九九四―九五。『スポーツを読む』I―III、三省堂

――　一九九五。『スポーツの後近代――スポーツ法文化はどこへ行くか』三省堂

井上洋一　一九九九。「スポーツにおける違法性阻却――アメリカの免責事例から」、年報6号

ISA RCSL　1991.　*30 Years for the Sociology of Law*, Oñati Proceedings, Oñati, Sp.: International Institute for the Sociology of Law

石井紫郎=樋口範雄編　一九九五。『外から観た日本法』東京大学出版会

石井米雄　一九七五。『上座部仏教の政治社会学』創文社

Ishii, Yoneo, ed.　1978.　"A Preliminary Biography for the Study of Customary Law of Southeast and Taiwan,"『国立民族学博物館研究報告』三巻4号

伊藤　尭　一九九四。「スポーツ法事故判例にみる当事者関係――スポーツの本質的危険性をめぐって」、年報（1）

――他編　二〇〇〇。『スポーツの法律相談』青林書院

Jackson, Bernard　1988.　*Law, Fact and Narrative Coherence*, Liverpool: Deborah Charles Pub.

JLPUL　1981-.　*Journal of Legal Pluralism and Unofficial Law*, pub. by Fred B. Rothman, Littleton, CO.

Johnson, A. T., & J. H. Frey, eds.　1985.　*Government and Sport: The Public Policy Issues*, Tonowa, NJ: Borman & Allanheld.

Jones, M. E., ed.　1980.　*Current Issues in Professional Sports*, Durham, NH: U. of New Hampshire

Jones, S. G.　1988.　*Sport, Politics and the Working Class*, Manchester: Manchester U. P. Manchester: Manchester UP

堅田　剛　一九八五。『法の詩学』新曜社

加藤雅信　二〇〇一。「『所有権の誕生』三省堂

加藤哲美　一九九一。『法の社会史』三嶺書房

河合隼雄＝加藤雅信編著　二〇〇三。『人間の心と法』有斐閣

川島武宜　一九七八。『或る法学者の軌跡』有斐閣

ケルゼン、H.　一九三八。『純粋法学』（横田喜三郎訳）岩波書店、原本一九三四

Khadduri, Magid　1984.　*Islamic Conception of Justice*, Baltimore: Johms Hopkins U. P.

季　衛東　一九九九。『超近代の法―中国法秩序の深層構造』ミネルヴァ書房

キダー、ロバート　一九九四。「アジア法システム研究における文化概念のイデオロギー化」、千葉編一九九四

Kidd, B., & M. Eberts　1982.　*Athletic Rights in Canada*, Toronto: Ministry of Tourism and Recreation

Kikuchi, Kyouko　1976.　"Acculturation among the Kiangan Ifgao: as revealed through several civil cases," *Sha*

木下　毅　一九九九。『比較法文化論』有斐閣

北村隆憲　一九八五。「法の象徴的側面と劇的過程」、東京都立大学法学会雑誌二六巻2号

――――　一九八七。「法文化と法の〈レトリック〉」、同誌二八巻2号

Kitamura, Takanori 1998. "Une anthropologie du droit non-occidental: dans un sillage," in Capeller & Kitamura 1998

北村隆憲＝千葉正士　一九八七。「A－J・アルノオ」、長尾龍一編著『現代の法哲学者たち』日本評論社

Klatell, D.A., & N.Marcus 1988. *Sports for Sale: Television, Sports and the Fans*, Oxford: Oxford U.P.

小林直樹　一九七二。「人権理念の根本的検討」、公法研究34号

――――　二〇〇三。『法の人間学的考察』有斐閣

孝忠延夫　一九九二。『インド憲法』関西大学出版部

――――　一九九五a。「インド憲法における〝マイノリティ〟」、関西大学『法学論集』四五巻2＝3号

――――　一九九五b。「インド憲法の改正」、同上誌同巻4号

Kohler, Josef 1885. *Das Recht als Kulturerscheinung: Einleitung in vergleichende Rechtswissenschaft*, Würzburg: Stahel'schen Uivers. -Buch- & Kunsthandlung

―――― 1902. *Einfürung in vergleichende Rechtswissenschaft*, Leipzig: A. Dechert

小谷寛二　一九九九。「高校生〝運動会〟事故紛争関係における〝安全提供義務〟に関する一考察」、年報6号

小谷真男　一九九六。「親子関係をめぐる国家制定法とくに〈私人たちの法〉」（2）、社会科学研究四七巻6号

Krahe, Ch., Herg. 1987. *Wassersport auf Binnengewassern und Bodensee*, "Recht und Sport" 8

Krstić, Durica 1994, "Symbols in Customary Law," in Renteln & Dundes 1994

黒木三郎　一九八四。『比較法社会学研究』早稲田大学比較法研究所

来栖三郎　一九九九。『法とフィクション』東京大学出版会
Kymlicka, Will　1995.　*Multicultural Citizenship: A Liberal Theory of Minority Rights*, Oxford: Clarendon; 邦訳、角田猛之＝石山文彦＝山崎康仕監訳『多文化時代の市民権――マイノリティの権利と自由主義』晃洋書房、一九九八
『共同研究論』　一九九二。明治学院大学法学部立法研究会
Law in a Changing World　1998=*Law in a Changing World: Asian Alternatives.　Proceedings of the Fourth Kobe Lecture: Being the First Asia Symposium in Jurisprudence, Tokyo and Kyoto, 10-12, October 1996*, in ARSP Beiheft 72
Llewellyn, Karl, & E. Hoebel　1941.　*The Cheyenne Way: Conflict and Case Law in Primitive Jursprudence*. Norman, Okla.: U. of Oklahoma Pr.
Mahmood, Tahir　1977.　*Muslim Personal Law: Role of the State in the Subcontenet*, New Delhi: Vikas
松園万亀雄　一九九二。「S・M・オティエノ事件――ケニアにおける法の抵触をめぐって」、黒木三郎先生古稀記念『現代法社会学の諸問題』民事法研究会
Maine, Henry Sumner J.　1861.　*Ancient Law*, London: J. Murrey; 1917 Everyman's Library, 1986 Dorset Pr.
Malatos, A.　1988.　*Berufsfussball in europäischen Rechtsvergleich*, Kiehl: N. P. Engel
Malinowski, Bronislaw K.　1922.　*Argonauts of the Western Pacific: An Account of Native Enterprise and Adventure in the Archipelages of Melanesian New Guinea*, London: George Routledge & Kegan Paul; 邦訳、『西大平洋の遠洋航海者』（寺田和夫＝増田義郎訳）中央公論社一九六九
―――　1926.　*Crime and Custom in Savage Society*, London: Routledge & Kegan Paul;　邦訳、未開社会におけ

る犯罪と慣習』（青山道夫訳）新泉社一九六九
——— 1944. *A Scientific Theory of Culture and Other Essays*, Chapel Hill: U. of North Carolina Pr.
Mandell, R.d. 1984. *Sport: A Cultural History*, New York: Colombia U.P.
Marasinghe, M.Lakshman 1993. "Law, Custom, and Society: the Sri Lankan Experience, in Chiba, ed. 1993
——— & W.E.Conklin, eds. 1984. *Essays on Third World Perspectives in Jurisprudence*, Singapore: Malayan Law Journal
Markham, J.W., & P.Teplitz 1981. *Baseball Economics and Public Policy*, Lexington, MA.: D.C.Heath
増尾 均 一九九六。「体育授業中・クラブ活動中の事故と安全配慮義務」、年報3号
松尾敬一 一九七五。『田中耕太郎博士』佐賀新聞社
Menski, Werner F. 2000: *Comparative Law in a Global Context: The Legal System of Asia and Africa*, London: Platinium.
——— 2002: "Hindu Law as a 'Religious' System," in A.Huxley, ed., *Religion, Law and Tradition: Comparative Studies in Religious Law*, London: Francis & Taylor.
——— *Hindu Law: Between Tradition and Modernity*. New Delhi: Oxford U.P.
Messenger, Jr., John C 1994. "The Role of Proverbs in a Nigerian Judicial System." In Renteln & Dundes 1994
Minatur, Josef 1994. "The Nature of Malay Customary Law," in Renteln & Dundes 1994
三浦嘉久 一九九四。「社会体育事故とスポーツ指導者の責任——社会体育事故判例にあらわれた社会体育指導者の注意義務」、年報1号
宮崎賢太郎 二〇〇一。『カクレキリシタン——オラショー魂の通奏低音』長崎新聞新書

宮澤節生　一九九七。「法社会学の制度化と研究指導体制の課題」、六本一九九八

――――　二〇〇三。「千葉正士会員が法と社会学会の国際鐘を受賞」、日本法社会学会『学会報』65号

Miyazawa, Setsuo 1998. "Projets inachevés du Professeur Chiba," in Capeller & Kitamura 1998

水沢利栄　二〇〇〇。「大学体育におけるスキー授業のリスクマネジメント――同意書を用いた試み」、年報7号

望月浩一郎　一九九五。「スポーツ障害・事故の法律的側面の現状と課題」、年報2号

Moore, S.F. 1978. "Law and Social Change: The Semi-autonomous Field as an Appropriate Subject of Study," in L.Nader, ed., *Law as Process: An Anthropological Approach*, London: Routledge & Kegan Paul

――――　1986. *Social Facts and Fabrication: "Customary" Law on Kilimanjaro, 1880-1980*, Cambridge: U.P.

森　征一＝岩谷十郎編　一九九七。『法と正義のイコノロジー』慶應義塾大学出版会

森川貞夫　一九九八。「スポーツ法の役割・理念とその適用における今日的課題――とくに、地方自治体におけるスポーツ行政の制度的問題を中心にして」、年報5号

Mundy, Martha, ed. 2002. *Law and Anthropology*, Abingdon, Oxon: Ashgate

武者小路公秀　一九九二。「国際共同研究について」、『共同研究論』一九九二

Nader, Laura, ed. 1965. "Ethnography of law," Special issue of *American Anthropologist* 68(6)

Nafziger, J.A.R. 1988. *International Sports Law*, Dobbs Ferry: Transactional Publishers

長尾龍一　一九八一。『日本法思想史研究』創文社

中田　誠　二〇〇一。『ダイビングの事故・法的責任と問題』杏林書院

――――　二〇〇二。『ダイビング事故とリスクマネジメント』大修館書店

中川　剛　一九七九。『日本人の法感覚』講談社現代新書

中村浩爾　一九九八。「〝人間の尊厳〟と〝個人の尊厳〟についての一考察」、大阪経済法経大学法学論集41号

Nanda, Ved P., & S.P.Sinha, eds. 1996. *Hindu Law and Legal Theory*, Aldershot: Dartmouth

Narocobi, Bernard 1992. "Law and Custom in Melanesia," in Sack & Aleck 1992

——— 1993. "Searchig for a Melanesian Jurisprudebce," in Chiba 1993; 邦訳、「移植国家法と固有法の衝突——メラネシア法学の探究」、千葉一九九四

NCAA 1985a. *Manual of the National College Athletic Association 1985-86*, Mission, Kansas: NCAA

——— 1985b. *NCAA Guide for the College-Bound Student Athlete*, Mission, Kansas: NCAA

Nelken, David 1996. "Disclosing/Invoking Legal Culture; An Introduction," *Social & Legal Studies* 4

———, ed. 1997. *Comparing Legal Cultures*, Aldershot: Dartmouth

年報　一九九四—。日本スポーツ法学会年報1号—

日本文化会議　一九七二。『日本人の法意識』至誠堂

日本比較法研究所編　二〇〇〇。『多文化世界における比較法』中央大学出版部

西野基継　一九九三—九四「人間の尊厳の多義性」一—四、『愛知大学法経論集』一三一—四号

西澤憲一郎　一九八七。『ネパールの社会構造と政治経済』勁草書房

Noda, Yoshiyuki 1975. "The Far Eastern Conception of Law," *International Encyclopedia of Comparative Law*, Vol.2, ch.1ü

野間口英敏　一九八七。『キャンプ指導の安全と健康管理』御茶の水書房

———　一九八八。『体育・スポーツ指導の安全』御茶の水書房

及川　伸　一九九五。「スポーツ事故と〝危険引受の法理〟」、年報2号

大木雅夫　一九八三。『日本人の法観念』東京大学出版会

奥山甚一　一九九七。「スリランカのムスリム村落における紛争処理」、千葉編一九九七

小野清一郎　一九八七。「現代法学より見たる仏教の法律思想」、『宗教法制研究』34号、初出一九三二

太田秀通　一九八六。「オーストラリアのジンガー」、東京大学出版会『UP』一六二号

尾高朝雄　一九四二。『実定法秩序論』岩波書店

大内　穂編　一九七七。「インド憲法の制定と運用」アジア経済研究所

Paine, Robert　1992　"Jewish Ontologies of Time and Political Legitimation," in H. J. Rutz, ed., *The Politics of Time*, American Ethnological Society Monograph Series, No. 4

Panikkar, R.　1992.　"Is the Notion of Human Rights a Western Concept?," in Sack & Aleck 1992, orig. 1982

Patterson, Dennis, ed.　1994.　*Postmodernism and Law*, Aldershot: Dartmouth

ペレス-ペルドーモ、ロヘリオ　一九九四。「ラテンアメリカ法社会学における西欧対非西欧」、千葉一九九四

Petersen, Hanne　1997.　*Home Knitted Law: Norms and Values in Gendered Rule-Making*, Aldershot: Dartmouth

――――　1998.　"On Law and Music," *Journal of Legal Pluralism* (41)

―――― & Henrik Zahle, eds.　1995.　*Legal Polycentricity: Consequences of Pluralism in Law*, Aldershot: Dartmouth

Podgorecki, A.　1974.　*Law and Society*, London: Routledge & Kegal Paul

―――― et al.　1973.　*Knowledge and Opinion about Law*, London: Martin Robertson

Pospisil, Leopold　1971.　*Anthropology of Law*, New York: Harper & Row

Post, Albert Hermann　1880-81.　*Bausteine für eine allgemeine Rechtswissenshaft auf vergleichend-ethnologischer*

Basis, 2 Bde., Oldenburg: Schulzsche Hof

——— 1884. *Die Grundlagen des Rechts und die Grundzüge seiner Entwicklungsgeschichte*, ibid.

——— 1886. *Einleitung in das Studien der ethnologischen Jurisprudenz*, ibid.

Ramakant, & R. C. Misra, eds. 1996. *Bhutan: Society and Polity*, New Delhi: Indus Pub. Co.

Ratio Juris 1998. Special issue on Cultural Pluralism and Legal Liberation, vol. 11(3)

Raz, Joseph 1998. "Multiculturalism," *Ratio Juris* 11(3)

RCSL 1991. *30 Years for the Sociology of Law*, Oñati, Sp.: IISL

Reik, Theodor 1994. "The Euro-American Trial as Expiatory Oral Ordeal," in Renteln & Dundes 1994, orig. 1945

Renteln, Alison D. 1988a. "Relativism and the Search for Human Rights," *American Anthropologist* 90(1); repr. in Renteln 1990

——— 1988b. "Culture and Culpability: A Study of Contrasts," *Beverly Hills Bar Journal* 22(1); repr. in Sack & Aleck 1992

——— 1990. *International Human Rights: Universalism versus Relativism*, Newbury Park: Sage Publications

——— & Alan Dundes, eds. 1995. *Folk Law: Essays in the Theory and Practice of Lex Non Scriupta*, 2 vols, New York: Garland

Reschke, E., Herg. *Sport als Arbeit: Zur rechtlichen Stellung von Amateuren und Profits*, "Recht und Sport" 4

Reuter, D. 1988. *Einbindung des nationalen Sportrechts in internationale Bezuge*, "Reccht und Sport" 7

李 素玲 一九七七。「インド憲法の制定過程におけるマイノリティ問題」、大内編一九七七

六本佳平責任編集 一九九八。『法社会学の新地平』日本法社会学会編、有斐閣

Roberts, Simon 1979. *Order and Disputes: An Introduction to Legal Anthropology*, London: Pengun Books; 邦訳、『秩序と紛争——人類学的考察』(千葉正士監訳) 西田書店

ローゼン 一九九四—九五。「ジェイト (Jeito)」(佐藤明夫訳)、新潟大学『法政理論』二七巻2号、二八巻1号

Rouland, Norbert 1988. *Anthropologie juridique*, Paris: PUF; 英訳：*Legal Anthropology*, London: Athlone Press

——— 1990. "Bibliographie: Masaji Chiba, *Legal Pluralism*," *Revue internationale de droit comparée*, nr. 4

Ruxin, R. H. 1982. *An Athlete's Guide to Agents*, Blumington, Ind.: Indiana U. P.

Sack, Peter 1993. "Perspectives occidentales et non-occidentales du droit," in Arnaud 1993 & Capeller & Kitamura 1998

———, ed. 1982. *Pacific Constitutions: Proceedings of the Canberra Law Workshop VI*, Canberra Law Dept., Australian Nat. U.

——— & E. Minchin, eds. 1986 *Legal Pluralism: Proceedings of the Canberra Law Workshop VII*, Canberra Law Dept., Australian Nat. U

——— & J. Aleck, eds. 1992 *Law and Anthropology*, Aldershot: Dartmouth

齋藤　勝他編　一九九三。『スポーツ安全管理の要点・事故事例・判例』東海大学学務部

坂本徳松＝加藤長雄＝長弘毅　一九八九。『インド入門』三省堂

佐藤節子　一九九七。『権利義務・法の拘束力』成文堂

Schauer, F. 1991. "*Playing by the Rules: A Philosophical Examination of Rule-Based Decision-Making in Law and in Life*, Oxford: Clarendon Pr.

Scheffen, E., Herg. 1985. *Haftung und Nachbarschutz im Sport*, "Recht und Sport" 2

島村　博　一九八三。「タルカーニ-スュッチ・エルヌー『ハンガリー民衆の法慣習』」、法律時報五五巻11号
Sloan, P.S. 1983. *The Athlete and the the Law*, New York: Law-Arts Publ.
寒川恒夫　一九九二。「スポーツ民族性と普遍性」、サントリー不易流行研究所編『スポーツという文化』TBSブリタニカ
――――一九九四。『スポーツ文化論』杏林書院
――――監修　一九九五。『二一世紀の伝統スポーツ』（伝統スポーツ国際会議実行委員会編）大修舘書店
シュォーツ、リチャード・D　一九六八。「アーノルド・M・ローズ教授（一九一八―六八）を悼む」（千葉正士訳）、法律時報四〇巻7号
杉浦健一　一九四七。『未開人の政治と法律』彰考書院
――――一九五〇。『未開社会における法』日本評論社
スポーツ法問題研究会　一九九七。『スポーツの法律問題』民事法研究会
諏訪伸夫　一九九二。「現代ドイツスポーツの光と影――大衆スポーツの振興とスポーツ事故の実態」、『体育・スポーツ法規研究』6号
――――一九九八。「スポーツ事故における危険引受けの法理に関する考察」、年報5号
鈴木　賢　一九九七。「中国のイスラーム法」、千葉編　一九九七
多田道太郎　一九九二。「共同研究の手法と取り組み――京大人文研の場合」、『共同研究論』一九九二
高橋統一　一九八七。『年齢階梯制』、石川他編『文化人類学事典』弘文堂
武田　旦　一九六四。『民俗慣行としての隠居の研究』未来社
竹下賢＝角田猛之編　一九九八。『マルチ・リーガル・カルチャー――法文化へのアプローチ』晃洋書房、二〇〇二

改訂
————＝————編　一九九九。『恒藤恭の学問風景』法律文化社
Tan, Poh-Ling, ed. 1997. *Asian Legal Systems: Law, Society and Pluralism in East Asia*, Sydney: Butterworths
田中淳子　一九九七。「スポーツ事故における〝安全配慮義務〟理論の機能」、年報4号
田中耕太郎　一九五〇a。『生きてきた道』世界の日本社
————　一九五〇b。『よき隣人たれ』朝日新聞社
田崎博識　二〇〇〇。「指導者制度の簡素化と法制度化」、年報7号
徳永賢治　二〇〇〇a。「転換期の国家法一元論」、沖縄国際大学公開講座『転換期の法と政治』同委員会
————　二〇〇〇b。「多元的法体制」、沖縄法政研究2号
Tso, Tom 1992. "The Process of Decision Making," in Sack & Aleck 1992, orig. 1989
土屋恵一郎　一九八五。『社会のレトリック——法のドラマトゥルギー』新曜社
恒藤　恭　一九六九。『法の精神』岩波書店
角田猛之　一九九七。『法文化の諸相』晃洋書房
————　一九九九。「千葉・法文化論における法哲学・法思想史ファクター、法主体論とアイデンティティ法原理論をてがかりに」、法の理論18
Varga, Csaba 1992. *Comparative Legal Cultures*, Aldershot: Dartmouth
若原　茂　一九九一。「佛教系宗教団体の〝宗制・宗憲〟とその問題点」、宗教法制研究38号
渡辺洋三＝利谷信義編　一九七二。『現代日本の法思想』日本評論社
ヴィンクラー、ギュンター　一九九六。「法と時間」（森秀樹訳）、比較法史研究5号

ウッドマン、ゴードン・M　一九九四。「アフリカ固有法の非国家性・無境界性・反体系性」、千葉一九九四
Woodman, Gordon　1992.　"Book Review: Masaji Chiba, *Legal Pluralism*, 1989," *Journal of Legal Pluralism* (32)
――――　1993.　"Non-State, Unbounded, Unsystematic, Non-western Law," in Masaji Chiba, ed., *Sociology of Law in Non-Western Countries*, Oñati Sp.: IISL
――――　1998.　"Droit comparé général," in Capeller & Kitamura 1998
山田二郎　一九九五。「スポーツ事故と自己責任による加害者側の減責」、年報2号
――――　一九九九。「スポーツ事故と違法性阻却」、年報6号
山中鹿次　二〇〇〇。「市民マラソンの安全対策、法的問題――全国市民マラソンサミットの報告から」、年報7号
山西哲郎　一九九九。「スポーツにおける健康診断書・誓約書の現状と課題――ランニングとトライアスロンに関して」、年報6号
山折哲雄　一九九一。「宗教学」、同監修『世界宗教大事典』平凡社
矢崎光圀＝野口寛＝佐藤節子編　一九八九。『転換期世界と法』国際書院
安田信之　一九八七。『アジアの法と社会』三省堂
――――　一九九二。「サティ殺人事件と反サティ法――ヒンドゥー法の潜勢力」、湯浅他編一九九二
――――　一九九六。『ＡＳＥＡＮ法』日本評論社
――――　一九九七ａ。「シャー・バーノー事件をめぐるイスラームと世俗国家インド」、千葉編一九九七
――――　一九九七ｂ。「千葉正士の〝３つのダイコトミー〟とアイデンティティ法原理」、法律時報六九巻10号
――――　二〇〇〇。『東南アジア法』日本評論社、『ＡＳＥＡＮ法』一九九六の改定
――――編　一九九二。『第三世界開発法学入門』アジア経済研究所

Yasuda, Nobuyuki　1995.　"The Evolution of the East Asian Law Region," in K. Kroeshell & A. Cordes, Herg., *Vom nationalen zum transnationalen Recht*,, Heiderberg: C. F. Müller

――――　1998.　"Human Rights, Individual or Collective?: The Southeast Asian Experience," in *Law in a Changing World* 1998

Yilmaz, Ihsan　2000.　"Chiba's Theory of Legal Postulates and Evidence from Turkey," to be published

ヨンパルト、ホセ　一九九〇。『人間の尊厳と国家の権力』成文堂

――――　一九九四。「教会法――国家法と国際法との比較」、上智法学論集二七巻3号

――――　一九九五。『日本国憲法哲学』成文堂

――――他　一九八一。「はしがき」、『法の理論』1

吉田勝光　一九九九。「日本高等学校野球連盟の打撃練習での注意事項に関する通達の検討」、年報6号

吉田禎吾　一九八七。「文化」、石川栄吉他編『文化人類学事典』弘文堂

吉田善明　一九八六。『現代比較憲法論』敬文堂

湯浅道男　一九九七a。「インド・イスラーム法の近代化」、千葉編一九九七

――――　一九九七b。「パキスタンとバングラデシュ」、同上書

――――＝小池正行＝大塚滋編　一九九二。千葉古稀記念『法人類学の地平』成文堂

あとがき――法文化の花園にて夢を追う

角田猛之

千葉正士先生は本書の「はしがき」をつぎの一文ではじめられている。「法学の中で人間の居場所はどこか、それを探す夢に誘われて私は研究人生を始めた。」そしてその後の、わが国の伝統的慣行法から人類学の対象たる未開法、そして人類とくに非西欧の固有法、さらには、スポーツ法、時間制、等々、じつに多様なテーマを渉猟された六〇年余にわたる研究生活を振り返って、「実は法文化の花園に紛れこんでいた」とも吐露されている。

先生は長い研究人生を、手塩をかけて自らも育てられた「法文化の花園」ですごされ、生涯にわたって「法文化への夢」を追いつづけられていたといえるだろう。

遺著『法文化への夢』というタイトルは本書第一二章と共通するが、そこにはサブタイトルとして「その道程」が付加され、つぎの補注が付されている。「原文は、「法観念の比較文化論」、研究代表者／上山安敏『法観念の比較文化論』高等研報告書〇三二〇：財団法人国際高等研究所、二〇〇三で、この報告書発行の約三年前に同研究所で行われた研究会で発表したものの速記録である。ただし本章はその速記録ではなく手許の発表原稿を再録したから、趣旨はまったく同じだが文章は異なっている。」（傍点・角田）

このプロジェクトに関して研究代表者の上山安敏は、報告書の「まえがき」でつぎのようにのべている。

「『法観念の比較文化論に関する研究』は、(財)国際高等研究所の課題研究の一つとして、二〇〇〇年四月から二〇〇二年三月まで続けられた共同研究である。……会の目的は従来の日本の法社会学、比較法学に定着していた法意識論が現状分析、法現象の実態調査に重きをおいているのに対して、それを包摂しながらも比較文化の観点から法を再検討してみようとするものであった。……研究会の催しは、招へいした各報告者を囲んで二日にわたる質疑応答がなされた。招へいした方々は千葉正士、土居健朗、笠原芳光、ホセ・ヨンパルトの四人の諸先生であった。」

このプロジェクトにはわたし自身も参加していた。また事務局的役割を仰せつかり、とくに千葉セミナーに関しては先生との連絡役だけではなく、先生をお呼びすること自体をも含めて、企画立案等についてもコミットしていた。千葉先生はそのようなことをも踏まえて、上の(補1)の文章につづいてつぎのようにのべられている。「この研究会を組織し同書に精細なコメント「千葉・操作的定義におけるアイデンティティ法原理――安田信之の評価を手がかりにして」[同報告書一四一―一五〇頁]を寄せた角田猛之教授に、長年法文化研究をリードして来た努力を合わせて感謝する。」

そこで、本書全体のタイトルとも共通する「第一二章　法文化への夢――その道程」(補1)(以下、「第一二章」と表記)を手がかりにして、千葉先生の研究人生の最晩年期たる、二〇〇〇年(セミナー開催年)から二〇〇三年(第一二章の最終作成年)ころに関連するいくつかのことがらをのべて、先生の遺著『法文化への夢』へのわたしの「あとがき」にかえたい。ちなみに、先生が「法文化の花園」で夢を追い求めてこられた、その来し方を、後進へのアドヴァイスという、強い意図、意味をこめて振りかえりつつ連載された「夢の旅路の拾い物」シリーズは、二〇〇三年一二月刊行の「法学と法学部の行方――夢の旅路の拾い物1――」(東海法学、第三〇号)からスタートしている(このシリーズは、二〇〇七年の「夢の旅路の拾い物⑧」「文化と人間を学ぶ」で一応のところ完結している。先生は最後の最後まで「法文化への夢」を追い求められていた！（ただし、東京都立大学解体、再編（二〇〇五年）を目の当たりにされた千葉先生は、さらに二〇〇八年に「夢の旅路の拾い物・補遺」として「大学の存在意義を一大学の死に看る」を追加されている）。

1．研究人生の最晩年期での「アイデンティティ法原理下での3ダイコトミー」に対する「自己点検・自己評価」報告の一端

上で参照したように、千葉先生は（補1）で、「ただし本章はその速記録ではなく手許の発表原稿を再録したから、趣旨はまったく同じだが文章は異なっている。」とのべている。しかしながら、報告書掲載の論文（「四―二―一　法観念の比較文化論」（以下、「速記録」と表記））と第一二章とを比較すると、第一二章には一定の加筆、修正があって、速記録とは「趣旨はまったく同じ」とはいえないと思われる。しかもその追加、修正の部分は、先生の研究人生の最晩年期での、千葉・法文化論の理論展開の中核を担う「アイデンティティ法原理下での3ダイコトミー」に対する、先生ご自身による文字通り最終段階での「自己点検・自己評価」を反映しているのではないかとわたし自身は考えている。

以下で、両者のパラグラフを対照させてみよう。この比較において特に注目すべきは、速記録のむすびの章たる「9　概念枠組の妥当性」の締めくくりの文章として、つぎのパラグラフ1で終わっているのに対して、第一二章ではさらに以下のパラグラフ2が新たに追加されている点である。

速記録むすびのパラグラフ1：「それだけに、日本の研究者こそそういうこと［非西欧の生ける法を研究するための非西欧的視点の不可欠性］がわかる有資格者、しかも世界の中で西欧の法学を最ものにしている国に属しています。そうだとすると、私よりも若い皆さんが、もしも私の感じているような非西欧法に共

感してくださって、世界に対して、非西欧法にふさわしい理解の仕方、理論の立て方、そして非西欧法ばかりではなく、西欧法を含めて世界の法に通ずるような法理論を一層錬磨してくだされればありがたいと思いますし、それが私の願望でもあります。時間が長くなりましたが、これで終わりたいと思います。」（高等研報告書、一三四―一三五頁）

それに対して第一二章では、パラグラフ1とほぼ同趣旨のパラグラフにつづいて、つぎのパラグラフ2が新たに追加されている。

第一二章のむすびのパラグラフ2：「ただしこの概念枠組［つまり「アイデンティティ法原理下での3ダイコトミー」］にはまだ欠陥があることを私自身痛感している。たとえば、公式法と非公式法とは、両概念を区別する基準に国家法を用いているが本来は国家法ではなく客観的な基準によるべきであり、また両法の実態における交錯情況を整理できる下位概念を欲しい。固有法と移植法とにも、とくに相互のコンフリクトあるいは同化の諸過程を分別できる下位概念が要る。法規則と法前提とも、とくに非公式法における形態と相互関係を明確に分別できる下位概念を整理しないと応用しにくい。アイデンティティ法原理の概念はよしとしても、各法主体ごとの実体は私の表現だけでは不十分である。たとえば、アメーバ性情況主義は日本だけはなく東アジア諸国にも通ずるという批判（Tan 1997: 三九三［Poh-Ling Tan,ed. *Asian Legal Systems: Law, Society and Pluralism in East Asia*, Sydney: Butterworths］）には私自身も賛成であり、とくに欧米諸国のアイデンティティ法原理に関する私見は既知の観念の言い換えにすぎず新発見はないと自己批判している。それらの補正はすべて若い皆さんに託するほかはない。そのことを切望して私の報告を結びたい。」（本書二四二頁）（傍点・角田）

第一二章に追加されたこのパラグラフでは、まず3ダイコトミーに関して、従来からなされてきた批判、とくに人類学者からの批判では、たとえば、千葉は国家法を公式法・非公式法の区別のメルクマールとしており、人類学の基本スタンスとは相いれない、という批判を受け入れるかたちで、「それらの補正はすべて若い皆さんに託する」旨表明している。また、「両法の実態における交錯情況を整理できる下位概念を欲しい」および「固有法と移植法とにも、とくに相互のコンフリクトあるいは同化の諸過程を分別できる下位概念が要る」という指摘は、これらのダイコトミーの構成要素間の相互作用によるダイナミックな法変容、すなわち法哲学者の長谷川晃が近年精力的に提唱している「法のクレオール」（異法融合）（長谷川晃編著『法のクレオール序説　異法融合の秩序学』（北海道大学出版会、二〇一二年））への視点という、従来の先生の3ダイコトミー論では明確にはのべてこられなかった新たな視点を、肯定的に示唆しているといえる。

そしてアイデンティティ法原理に関しては、上で参照した三つの傍点部分に着目したい。まず最初の傍点部分である。千葉先生は、人類学者や法社会学者、法史学者、等々から、本質主義として厳しい批判を加えられてきたアイデンティティ法原理に関して、最晩年期においても「アイデンティティ法原理の概念はよし」とされている。つまり、「一法文化の文化的同一性を基礎づける最終原理」という概念そのものの妥当性と、その当然の前提としての、アイデンティティ法原理の存在に関しては、最晩年期においても自らの見解を維持されていたのである。それに対して、さまざまな法主体（日本、韓国、中国、インド、イギリス、ドイツ……）が有していると想定された、具体的なアイデンティティ法原理の「実体」＝なかみに関しては「私の表現だけでは不十分」であった、とくに欧米諸国に関しては「既知の観念の言い換え」にすぎないものとして自己批判している、と明言されている。そしてこの点についても、3ダイコトミーと同様、「それらの補正はすべて若い皆さんに託する」ことを表明して、第一二章をむすんでおられるのである。

第一二章の最後に追加されたこのパラグラフは、まさに、「アイデンティティ法原理下での3ダイコトミー」に対して、研究人生の最晩年期において千葉先生自らが表明した簡潔なる「自己点検・自己評価」報告の一端、しかもそのエッセンスを明示しているといえるだろう。

わたし自身も、先生のアイデンティティ法原理の「概念」に関する自己評価、すなわち「アイデンティティ法原理の概念はよし」と考えている（拙稿「千葉・法文化論における法哲学・法思想史ファクター――法主体論とアイデンティティ法原理を手がかりに」（『法の理論』一八号、一九九九年、所収）、「第一章　千葉・法文化論再考――アイデンティティ法原理を中心にして」（角田猛之・石田慎一郎編著『グローバル世界の法文化　法学・人類学からのアプローチ』（福村出版、二〇〇九年）所収）参照）。そこで、千葉・法文化論のまさにアイデンティティの一端をになうこのアイデンティティ法原理の問題を、国際学界において千葉理論を最も高く評価し、自らの多元的法体制論の中核に据えている、ロンドン大学東洋アフリカ学院（SOAS）のヴェルナー・メンスキーの理論を手がかりにして若干検討してみたい（かれの理論の一端は上記『グローバル世界の法文化』の拙稿および角田猛之「ロンドン大学東洋アフリカ学院ロースクールにおける「アジア・アフリカの法体系」講義（二〇一一―二〇一二年）の紹介――ヴェルナー・メンスキー教授の講義資料を中心にして」『関西大学法学論集』第六三巻第六号（二〇一四年）参照）。

2．アイデンティティ法原理の実践的重要性――移民問題のコンテクストにおいて

千葉先生は、上で参照した（補1）とならべて、第一二章の最後の箇所につぎの「追記」を付加している。

「［追記］　本章の元の研究会報告［速記原稿］が印刷されるまで三年近くの間そしてその後本書に再録されるまでの間に、法文化関係の情報は数多く現れた。（改行）そのうち…概念論［つまり、先生が「よし」とされたアイデンティティ法原理の「概念」］については、最後に述べた点［第一二章の「七　私の概念枠組

の妥当性」を指している」に関して私にとって大事な言及が二あったので紹介しておく。一は、ロンドン大学アジア・アフリカ研究所でインド法［正確には、「東洋アフリカ学院」(‘School of Oriental and African Studies’ SOAS) にて南アジア法」を担当しているWerner F. Menskiが、近著の *Comparative Law in a Global Context: The Legal Systems of Asia and Africa*, London: Platinium, 2000でも、*Hindu Law: Between Tradition and Modernity*, Newdelhi: Oxford U.P., 2004でも、私の枠組［つまり、「アイデンティティ法原理下での3ダイコトミー」］を非西欧法を正確に把握する理論と評価していること、二は、国際法社会学会会長のJohannes Feestがその最近の会報［RCSL NEWSLETTER Winter 2003, p. 4］で私の近著 *Legal Cultures in Human Society*, Tokyo: Shinzansha International, 2002を書評し、私のI原理をケルゼンの根本規範に比べて検討するように訴えたこと、である。」（上で言及された *Comparative Law in a Global Context: The Legal Systems of Asia and Africa* の第二版をメンスキーは二〇〇六年に刊行したが、この扉のページで〝Dedicated to Emeritus Professor Masaji Chiba for his eighty-sixth birthday〟という献呈の辞を掲げている。）

法はそれぞれの文化に固有であるが故に本質的に多元的である、という千葉・法文化論を貫く——西洋・非西洋法に共通する、つまり人類の法全体に共通する——基本的法把握を、メンスキーは踏襲している。そして、ドイツ系英国人たるメンスキーは、極端な法実証主義＝〝Gesetz ist Gesetz〟のもとで「合法的に」独裁体制を敷いたナチス・ドイツに言及しつつ、千葉理論への極めて高い評価を表明している。「このように法が権威や権力を排他的に要求することが危険であり、問題のある逸脱へと簡単に行き着きうることを、私はナチス・ドイツの孫世代として十分すぎるほど自覚している。法理論において多元主義的モデルを探求する過程で、私は元東海大学教授の千葉正士の著作から大きなインスピレーションを与えられた。千葉氏は、いまや九〇歳近くのご高齢で、もちろんすでに退任なさっている。だが、法の内面的多元性という本質に関する彼の独創的な仕事は、世界規模で大きな意味をもっている。私の見るところでは、法の多様な役割を射程に入れた地域研究がもつ領域横断的な本質を理解するうえで、まさに中心的なものである。」（ワーナー・メンスキー（柏崎正憲訳）「グローバル化の空に揺れる凧、不安定な天気予報――エスニック・マイノリティの法をイギリスで適用する」『多言語多文化――実践と研究』vol. 2、二〇〇九年一二月、三一頁）（傍点・角田）

SOASの南アジア法教授たるメンスキー（二〇一四年より名誉教授）の関心は、古代から近現代にわたるヒンドゥー法、現代ムスリム家族法、移民法、そしてグローバルな視点に立つ比較法学、等々、極めて多彩である（その講義の一端については、上記の角田の拙稿「ロンドン大学東洋アフリカ学院ロースクールにおける「アジア・アフリカの法体系」講義（二〇一一―二〇一二年）の紹介」参照）。なかでもかれは、南アジアやアフリカからのロンドンへのおびただしい数の移民（たとえば二〇一〇年現在の英国全体で、ムスリムのみで二八六万人、そのうちの大半がロンドンに居住している。その一端については、角田猛之「ロンドン特別区・タワーハムレッツでの「コミュニティ・リーダーシップ・プログラム」の紹介――ロンドン大学東洋アフリカ学院（SOAS）との連携でのロンドンに現出する超多元社会（plurality of pluralities: POP）への取り組み」（『関西大学法学論集』第六四巻第二号（二〇一四年）所収）参照）がもたらす諸問題、とりわけ、英国法とムスリム固有法とのコンフリクトについて多大の関心を有している。それは――千葉先生は移民問題を明示的には念頭においておられなかったものの――第一二章パラグラフ2で千葉先生が指摘していた問題、すなわち、「両法の実態における交錯情況」、「固有法と移植法（の）……相互のコンフリクトあるいは同化の諸過程」の問題に他ならない。

そしてメンスキーは、千葉先生の「アイデンティティ法原理下での3ダイコトミー」をモデルとして、グローバルな法の操作的定義たる「法のカイトモデル」を構築し、移民がロンドンにもたらす超《スーパー》・多元的《ディバーシティ》な法状況を分析している。その故に、メンスキーにとって千葉理論は、「法の多様な役割を射程に入れた地域研究［メンスキーにおいては、ロンドンのムスリム移民の固有法と英国法とのコンフリクトに関する研究］がもつ領域横断的な本質［つまり、本の本質としての多元性］を理解するうえで、まさに中心的なもの」に他ならないのである。

英国に定住する移民に関してつぎのようにメンスキーは指摘している。「アジア系英国人たちは「［英国］法を学び」、徐々にそれらを実践しているようである。しかしながら、そこから生まれてくるものは、単に支配的な英国法への一方的な同化ではなく、新たなハイブリッドな多様性である。英国のヒンドゥー教徒…やムスリム…が、どのようにして、ここ数十年の間に自分たちの法的環境を再構築し、いまやかれら自身の非公式の属人法システム［とくに家族法］を運用しているのかということに関する研究は、［南アジアからの英国への移民問題を専門とした社会人類学者］バラッドが明らかにした事実と極めて類似している。また、たかだか一九八〇年代のあいだに英国にやってきた、多数のソマリア人に関する近年の研究は、かれらもまたソマリアの規範と英国の法的要素を混ぜあわせて、『英国流ソマリア法』のようなものを作り上げているということを明らかにしている。」(*Comparative Law in a Global Context: The Legal Systems of Asia and Africa*, *p.* 64)（傍点・角田）

移民たちが、たとえばロンドンにおいて「自分たちの法的環境を再構築し、…かれら自身の非公式の属人法システムを運用」するためには、かれらの固有法とは相対立する英国の国家法とも、同化を拒否しつつも、すくなくともうまく相和していかなければならない。メンスキーは、移民が母国から携えてきた固有法をも含む独自の文化を文化の手荷物《カルチュラル・バゲージ》とよび、かれらのアイデンティティの維持にとって不可欠なものと考えている。そして、移民が携えてきた固有法とは異質の世界にありながら、英国の国家法ともうまく相和し、かつ、独自の法的環境を再構築している人々、すなわちヒンドゥー教徒、ムスリム、ソマリア人、等々を、メンスキーは「巧みな法のナビゲーター」とよんでいる。

この「巧みな法のナビゲーター」というメンスキーのキー概念は、本書終章のサブタイトルにおいて、「法の精神」の具体化として表明された「人間のスジと社会のキマリ」と通底する概念である。それは千葉・法文化論において「アイデンティティ法原理下の3ダイコトミー」の根幹を支える法主体の概念と直結している。つまり、マイノリティたるムスリムやヒンドゥー教徒が、英国の国家法に同化されることなく、自らの固有法を巧みにナビゲートしつつ、維持するためには、確固とした法主体として、マイノリティおよびそのコミュニティとしての――時代や状況に応じて変容、修正を被りつつも、一定の持続性をもって保持されている――「スジとキマリ」を維持していなければならない。そして、法を巧みにナビゲートする際にかれらが根底において依拠しているものが、かれらの固有法をも意味する「スジとキマリ」の中核たるアイデンティティ法原理に他ならない。かれらは、このアイデンティティ法原理に支えられつつ、巧みな法のナビゲーターとして、英国の国家法とならんで固有法としての独自性を維持し、そして結果的には、英国における「新たなハイブリッドな［法の］多様性」を出来させるのである。

つまり、千葉先生のアイデンティティ法原理は、移民問題を分析する際には、より一層重要な、というよりは不可欠の概念なのである。千葉先生が「アイデンティティ法原理の概念はよし」とされ、反面に、クレオール現象にも対応しうる、公式法・非公式法、固有法・移植法というダイコトミーの「補正」と、アイデンティティ法原理の具体的内容の再検討を示唆しているのは、以下の理由によると思われる。すなわち、メンスキー――と、「追記」で第二に言及されている、ヨハネス・フィースト――の千葉理論に対する高い評価とともに、メンスキー理論から学んだ、移民が携えてきた固有法と国家法との動態的な相互関係、つまりクレオール現象の分析の必要性ゆえに、その現象にも応用できる「アイデンティティ法原理下の3ダイコトミー」論が必要であると、研究生活の最晩年期において気づかれたからに他ならない。しかしながら、二〇〇三年現在で八四歳というご高齢故に、「それらの補正はすべて若い皆さんに託するほかかない。そのことを切望してわたしの報告を結びたい。」とのべられているのである。

3. 学友のすすめ――学友論

わたしが千葉先生と直接に交流する絶好の機会を得たのは、最初の論文集として一九九七年三月に刊行した『法文化の諸相―日本とスコットランドの法文化』を先生に献本し、それに対して四月一八日付で非常に丁寧なお礼状をいただいたときであった。先生は手紙の冒頭でつぎのようにしたためられている。「このたびの『法文化の諸相』のご完成は多年の念願を達成したものとお察しし、何よりもまず祝意を申し上げます。また、それが私も追い求めていたテーマを展開させたものであること、そしてその業に私の考えがお役に立ったことうれしく思います。」（千葉先生とわたしのこの『法文化の諸相』を含む学問的交流については、拙稿「法文化のフロンティア・千葉正士――千葉正士先生追悼プロジェクト」(1)・(2)『関西大学法学論集』第六四巻五号・六号参照）

ここで先生が言及する「私も追い求めていたテーマ」とは、法文化を意味していることはいうまでもない。本「あとがき」冒頭で指摘したように、先生はこのテーマを、一九四三年から広濱嘉雄の下で法哲学を専攻するなかで日本の村落の慣習法を探求して以来、六〇年余りにわたって生涯一貫して追求されたテーマであった。

先生ご自身は、当初は孤高の道＝「法学界には所属不明の放浪児」（「第二章　法の主体的意義」『アジア法の多元的構造』三九頁）と思われていたが、ユニークなさまざま業績を発表されていくにつれ、徐々に多くの研究仲間と手を携えて進まれるようになった。また特筆すべきは、日本国内のみならず海外の多くの研究者とも、欧文であらわされた論文、著書のみならず、私信やさまざまな国際学会への出席の機会をとらえて、学会報告やセミナーでの討論、直接の私的な会話、等々を通じて交流されてこられた。このような経験を踏まえて先生は、本書「第一五章　研究手法の一側面（補1）」と「第一六章　法学の国際舞台（補1）」で、海外の研究者との交流を含む、共同研究、研究協力のありかたについて自らの見解をのべておられる。そこで、本書では展開されていないが、研究生活にとって必須の要素として、先生が強く提唱された「学友のすすめ」たる学友論について最後に言及しておきたい。

千葉先生は「研究作業の難所——夢の旅路の拾い物3——」（『東海法学』第三二号、二〇〇四年一二月）において、かねてから力説し自らも座右の銘のひとつとされてこられた、有意義な研究を進めていく必須条件としての共同研究の重要性を強調するとともに、さらにもう一歩進めて、「研究協力というべき第三の手法」としての「学友論」を展開されている。

「私の研究は、その時々には自分自身が発想し企画遂行したことばかりと思っていたところ、あにはからんや、そのテーマのでも始めからこれに協力してくれた友人たちがいたからこそできたので、いわばそういう学友との協力の産物であったこと、したがってそういう学友を持つことといやつくることが決定的に大事だったことである。」（「研究作業の難所」一一頁）。そして、このような経験とそれにもとづく実践知を踏まえて、法文化に関心を有し、かつ、批判的にであれ、肯定的にであれ、千葉・法文化論に関心を有する者はすべて自らの学友と認識され、年齢や専門のいかんを問わず、ましてや地位やキャリアのいかんにかかわらず、じつに多くの研究者を千葉先生は貴重な学友として遇され、かれらとも手を携えて、実り多い研究生活をつづけてこられたのである。

わたし自身の「法文化への夢」は、まずは、学部の法哲学演習以来、大学院、助手時代に直接指導を受けた故・矢崎光圀（一九二三—二〇〇四）先生と、時代は前後するが故・恒藤恭（一八八八—一九六七）先生の法哲学、法思想、そして、法文化論・比較法文化論にはじまっている。そのような文字通り「弟子筋」には当たらないわたしのような者を、学友のひとりとして遇していただき、法文化をめぐるさまざまなプロジェクト——上記1．のセミナーを皮切りにして、二〇〇一年度法社会学会ミニシンポジウム「法文化にアプローチする方法——個別研究を軸とした比較をも視野に入れて」、法文化研究会（二〇〇二年からスタートして、心身ともに出席が極めて困難となった二〇〇五年まで、大きな負荷を負われつつも先生は毎年出席され、研究会のメンバーを励ましていただいた）、二〇〇二年度法哲学会統一テーマ「法と宗教——聖と俗をめぐる比較法文化」（企画責任者・角田猛之）報告、等々——を通じて文字通り公私にわたってお導きいただいた。そして、願ってもないそのような処遇をいただけたのは、千葉先生が、閉鎖性という弊害を伴うリスクのある「師弟関係」と対比して、開放性のある「師も弟子も一個の自由な研究者間の随時かつ継続的な協力関係」を「学友関係」（「研究作業の難所」一二頁）とよんで、その重要性を強調され、自ら実践されたからに他ならない。

生涯にわたって追求された「法文化への夢」をわれわれ後進の学友が引き継ぎ、先生が最後の最後にいたるまで切望されていた、千葉・法文化論に補正を施しつつ新たに展開していくことが、先生の切なるご遺志を継ぐものであると考えている。

（二〇一五年二月）

〈著者紹介〉

千 葉 正 士（ちば まさじ）、1919年誕生

1948　東北大学大学院後期課程修了（法哲学）
1949—83　東京都立大学勤務（法哲学）、現名誉教授
1981—　国際法人類学会理事
1983—93　東海大学勤務（法社会学）
1988—91　日本法社会学会理事長
1992—95　日本スポーツ法学会会長

主な業績

『学区制度の研究』（勁草書房1962），『現代・法人類学』（北望社，1969），『祭りの法社会学』（弘文堂，1970），Ed., *Asian Indigenous Law*, London: KPI（1986），*Legal Pluralism*, Tokyo: Tokai University Press（1989），『アジア法の多元的構造』（成文堂，1998），『スポーツ法学序説』（信山社，2001），*Legal Cultures in Human Society*, Tokyo: Shinzansha International（2002），『法と時間』（信山社，2003）

学術選書
148
法社会学

法文化への夢

2015年（平成27年）2月25日　第1版第1刷発行
6748-8:P400　¥8800E-012:040-005

著　者　千　葉　正　士

発行者　今井 貴 稲葉文子
発行所　株式会社 信山社
〒113-0033　東京都文京区本郷6-2-9-102
Tel 03-3818-1019　Fax 03-3818-0344
info@shinzansha.co.jp
笠間才木支店　〒309-1600　茨城県笠間市笠間515-3
笠間来栖支店　〒309-1625　茨城県笠間市来栖2345-1
Tel 0296-71-0215　Fax 0296-72-5410
出版契約2015-6748-01011　Printed in Japan

印刷・製本／松澤印刷・牧製本
ISBN978-4-7972-6748-8 C3332 分類329.601-b005 法律一般
6748-0101:012-040-005

千葉正士 著

◆ 法と時間

◆ スポーツ法学序説
法社会学・法人類学からのアプローチ

◆ Legal Cultures in Human Society
A Collection of Artticles and Essays

— — —

◆ 比較法学の課題と展望 大木雅夫先生古稀記念
滝澤正 編集代表 千葉正士「1 総合比較法学の推進を願う」収載

◆ ブリッジブック法哲学〔第2版〕
長谷川晃・角田猛之 編

◆ ブリッジブック法システム入門〔第3版〕
宮澤節生・武蔵勝宏・上石圭一・大塚浩 著

信山社